Michael Roßmeier
Sandra Schennach

TRICKTIONARY

DIE ULTIMATIVE WINDSURF BIBEL

www.tricktionary.net

Legende

Folgende Symbole und Ausdrücke kommen im ganzen Buch vor und sollen helfen, sich auf jeder Seite schnell zurechtzufinden.

Intro: Kurze Einführung, Wissenswertes über das Manöver

Knackpunkt(e): Wichtige Stelle(n) während der Ausführung des Manövers

Ø Problem, falsche Ausführung

✓ Lösung, richtige Ausführung

! Tipp zur Ausführung

Shortcuts: Zusammenfassung des Manövers in Stichworten

Windpfeil. Zeigt die aktuelle Windrichtung an

Empfohlene Wasserbedingungen zum Lernen (Flachwasser, Chop, Welle)

Empfohlene Windbedingungen zum Lernen, angegeben in Beaufort (Bft.)

„Tricktionary - Die ultimative Windsurf Bibel"
Website: www.tricktionary.net
Michael Roßmeier, Sandra Schennach
Autorengemeinschaft Roßmeier - Schennach

1. Auflage

Deutsche (Original) Ausgabe:	ISBN-10 3-9502157-1-9	ISBN-13 978-3-9502157-1-7
Englische Ausgabe:	ISBN-10 3-9502157-3-5	ISBN-13 978-3-9502157-3-1
Französische Ausgabe:	ISBN-10 3-9502157-5-1	ISBN-13 978-3-9502157-5-5
Italienische Ausgabe:	ISBN-10 3-9502157-2-7	ISBN-13 978-3-9502157-2-4

Fotos: Sandra Schennach, Michael Roßmeier. Kapitel Wave: S. 192-195 Melanie Rögner; S. 197 Fanatic (John Carter)
Druck: Weber Offset, München
Printed in Germany 2006

Die Manöverbeschreibungen in diesem Buch basieren auf eigenen Erfahrungen und Recherchen. Die empfohlenen Lösungsansätze und Lernmethoden sind einer von mehreren möglichen Wegen zum Erfolg.

INTRO

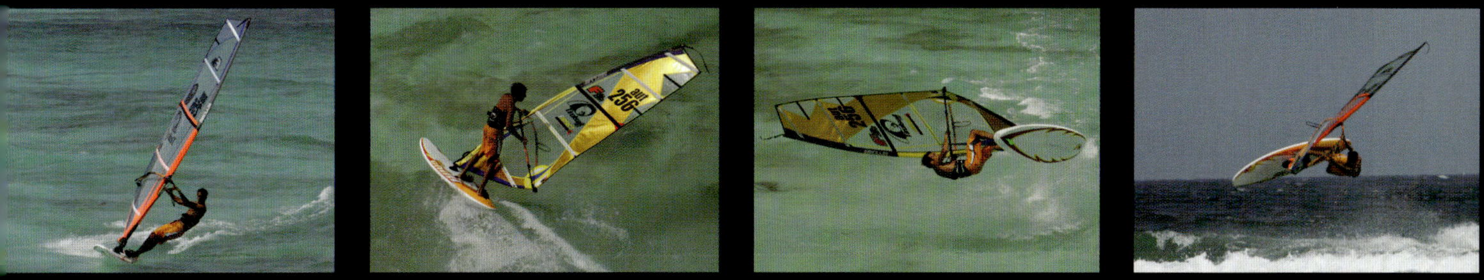

Viele kommen im Urlaub oder in der Schulsportwoche das erste Mal mit Windsurfen in Berührung. Meist beschränkt sich diese Begegnung auf den Grundschein. Leider ist es aber bei einem Anfänger-Kurs sehr schwierig, Windsurfen so zu vermitteln, wie es wirklich ist: Rasant, Action geladen und faszinierend.
Es kommt natürlich auch auf den Lehrer, das Talent und auf die Wasser- und Windbedingungen beim Lernen an, aber eines kann mit Bestimmtheit gesagt werden: In diesem Wassersport braucht es für erste wirkliche Erfolgserlebnisse Zeit und Geduld.
Mach dir also keine Gedanken, wenn nicht alles sofort klappt - Übung macht den Meister!
Egal ob du 12 oder 64 bist, klein oder groß, schwer oder leicht, solange dir Windsurfen gefällt und du locker an die Sache ran gehst, kannst du alles lernen!

Durch die in Englisch gehaltenen Manöverbezeichnungen ist eine sprachübergreifende Verständigung mit anderen Windsurfern - vor allem im Ausland - möglich.

Das Tricktionary richtet sich bewusst an alle Könnerstufen:

Bist du Einsteiger?
Die „Beginner"- und „Basics"-Seiten helfen dir, das Material und den Sport selbst von Grund auf kennen zu lernen. Vielleicht finden sogar etwas Fortgeschrittenere den einen oder anderen Tipp!

Du möchtest deine Halse oder Wende perfektionieren?
Schmöker mal in den Kapiteln „Jibes" und „Tacks" - neben Powerhalse und Sinkerwende gibt es noch einige andere Varianten ...

Den 360 wolltest du immer schon beherrschen?
„Old school" zeigt sogar sämtliche Abwandlungen davon!

Alles nix - Springen ist dein Ziel?!
Widme dich der „Jumps"-Abteilung ... da ist sicher was dabei!

„Je verdrehter desto besser" lautet deine Devise?
Dann schlag die „Switch" oder „Extreme" Seiten auf ...

Du bist mehr der Wellentyp?
Für dich heißt es: Ab zum „Wave"-Kapitel!

Keine Ahnung?
Am besten schaust du dir vor allem anderen noch den Lernguide an. Er entwirrt den ganzen Manöverdschungel und zeigt, wie die einzelnen Moves in ihrer Schwierigkeit zueinander stehen.

So, nun aber keine Zeit mehr verlieren. Viel Spaß und: Wir sehen uns auf dem Wasser!

Michael Rossmeier
AUT-256

Normen Günzlein
G-186

Tine Slabe
SLO-6

Das Tricktionary ist derzeit auf Deutsch, Französisch, Englisch und Italienisch erhältlich.

Unsere Übersetzer:

Laure Treboux SUI-4
français

Laure, eine der besten Freestyle Windsurferinnen, stammt aus der Schweiz und nahm sich der französischen Übersetzung an.

Simon Hurrey K-61
english

Simon, geprüfter Windsurflehrer und einer der besten Freestyler aus Großbritannien, hat neben der englischen Übersetzung auch den Grundkurs ausgearbeitet.

Daniel Grumer I-72
italiano

Dani, langjähriger Surflehrer am Gardasee und Lago-Local aus Südtirol, war für die italienische Übersetzung verantwortlich.

HINTER DEN KULISSEN ...

Remko de Weerd
H-23

Simon Hurrey
K-61

André Paskowski
G-2

Peter Kerle
AUT-11.7

Endlich geschafft! Das war ein ganzes Stück Arbeit! Über 1 Jahr hat's gedauert, bis aus unserer Idee nun das „Tricktionary" entstanden ist.

Das erste Photoshoot: Zuerst nur wir beide, Rossi, der derzeit beste österreichische Freestyle Windsurfer, und Sandra, Freundin und Fotografin, auf Boracay Island (Philippinen). Ab sofort hieß es Tag für Tag vom ausgeliehenen Bambustower Manöver nach Manöver ablichten.

Das zweite Photoshoot: Dahab (Ägypten). Dasselbe nochmal, nur mit Aluturm und sechs weiteren Jungs - wieder ein echtes Highlight.

Danach Seite für Seite produzieren. Das Layout erstellen, den Text verfassen, aus rund 30.000 (!) Fotos die besten raussuchen und zusammenstellen, das Design ausarbeiten ... alles in Eigenregie.

Nun sind wir stolz, das „Tricktionary" präsentieren zu dürfen und hoffen, möglichst viele Leute für das Windsurfen zu begeistern und alle, die die Faszination dieses Sports bereits erfasst hat, weiterhin anzuspornen.

Rossi & Sandra

INHALT

INHALT

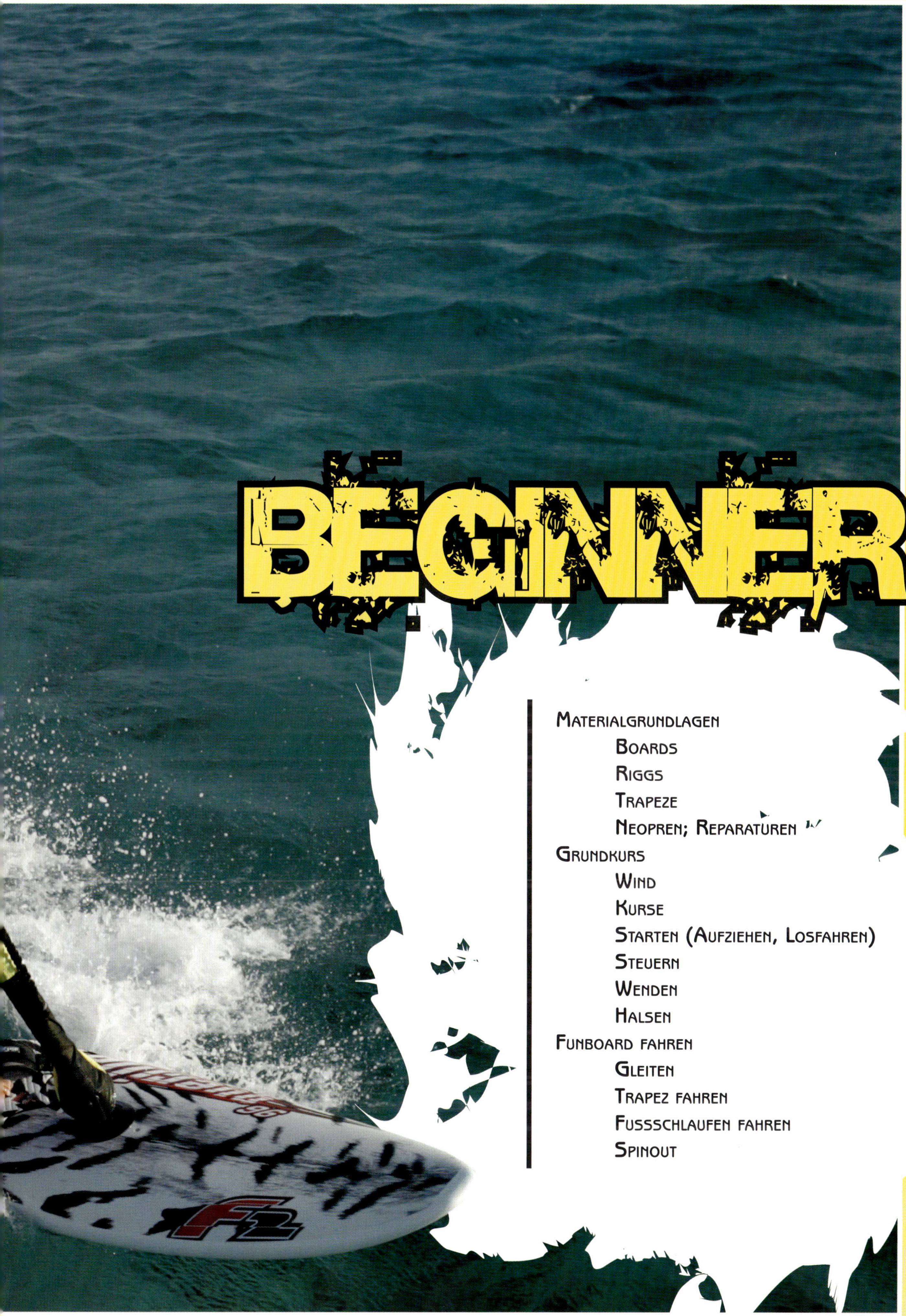

BEGINNER

Windsurf BOARDS

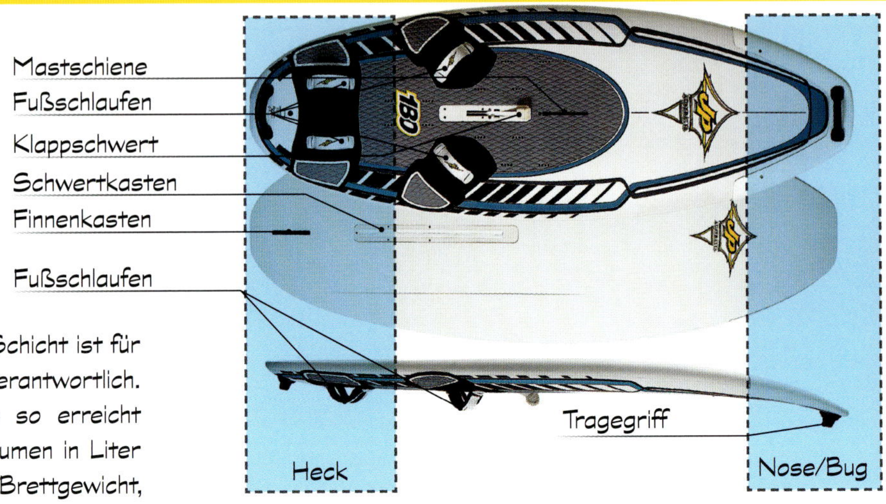

Allgemein sind Windsurfboards heute durch die modernen Produktionsweisen und Materialien sehr leicht. Die meisten Bretter bestehen aus einem Schaumkern, über den verschiedene Gewebe (Carbon/Glas) mit Epoxidharz auflaminiert sind. Diese einige Millimeter dicke Schicht ist für die Steifigkeit und Haltbarkeit der Bretter verantwortlich. Durch das geringe spezifische Gewicht, das so erreicht wird, haben Boards einen Auftrieb, der als Volumen in Liter angegeben wird. Dieses Volumen, abzüglich Brettgewicht, Rigggewicht und dem eigenen Körpergewicht ergibt das Überschussvolumen. Als Faustregel für Anfänger sollte das Überschussvolumen in etwa dem eigenen Körpergewicht entsprechen.

Für die Stabilität am Wasser hat jedes Windsurfboard am Heck eine Finne (siehe Finnentypen). Zusätzlich bieten Anfängerboards mit einem ausklappbaren Schwert höhere Kippstabilität.

Gab es früher viele verschiedene Systeme um Brett und Segel zu verbinden, so sind Mastfuß und Mastschiene heute weitestgehend normiert.

Für einen guten Halt beim späteren Gleiten sorgen Fußschlaufen. Unter ihnen (im üblichen Stehbereich) befinden sich dünne Schaumstoffmatten,sogenannte Footpads, welche neben zusätzlichem Halt auch Schutz bei härteren Landungen nach Sprüngen bieten.

Board TYPEN

Wie in den meisten Sportarten, gibt es je nach Bedingungen und persönlichen Vorlieben geeignete Materialtypen:

In der Vergangenheit wurden die Boards vor allem durch ihre Länge voneinander unterschieden - heute gibt es fast keines mehr über drei Meter. Wenn wir über die Größe sprechen, ist deswegen auch meist entweder das Volumen oder die Breite gemeint.

Die Allround-Beginner-Boards sind breit, stabil, haben deutliches Überschussvolumen und sind mit Schwert oder Zusatzfinne ausgestattet um mehr Stabilität zu gewährleisten. Ideal für Einsteiger, bieten diese Boards gute Leistung und vor allem Spaß bei schwachem bis mäßigem Wind.

In die nächste Kategorie ordnen sich die Freeride (Widebody)-Bretter ein. Sie eignen sich trotz dem nicht vorhandenen Schwert durchaus für leichtgewichtigere Anfänger. Mit 130 bis 160 Litern sind sie aber vor allem für Personen, die überwiegend mit größeren Segeln bei schwächerem Wind früh angleiten wollen, ideal.

Freemoveboards stellen eigentlich die kleinere Ausführung von Freerideboards und gleichzeitig ein Kompromiss zwischen Geschwindigkeit und Manöverhandling dar.

Freestylebretter werden wegen ihrer Kürze, Sprungfreudigkeit und der eingebauten Extras zur Lernerleichterung bei einer Vorliebe für Sprungmanöver dringend empfohlen.

Ihren idealen Einsatzbereich finden Freestyle/Wave-Bretter bei Leichtwind-Wave-Bedingungen oder stärkerem Wind am See. Breiter, als die eigentlichen Wellenbretter und schmäler, als Freestyler drehen sie gut und gleiten früher an. Reine Waveboards sollten dann bei richtigen Wellen oder Starkwind verwendet werden. Sie drehen radikal und sind auch für hohe Sprünge (>2m) stabil genug gebaut.

Wettkampforientierte Race-Slalom-Boards setzen auf maximale Geschwindigkeit und weniger auf Manöverhandling. Die high-tech ca. 1m breite Variante für den Renneinsatz heißt Formula Race und wird mit Segeln bis zu 12,5m² gefahren.

Junior-Boards bieten mit ihrem kompletten Mattenüberzug idealen Schutz für lernfreudige Kids.

Allround Beginner (Longboard)	Freeride (Widebody)	Freemove SuperX	Freestyle	Freestyle Wave	Wave	Race Slalom	Formula Race	Junior
V: 170-250l	V: 125-175l	V: 85-120l	V: 90-120l	V: 75-100l	V: 65-90l	V: 90-135l	V: 150-180l	V: 70-120l
L: 270-300cm	L: 255-275cm	L: 235-250cm	L: 230-245cm	L: 235-250cm	L: 235-250cm	L: 235-255cm	L: 235-250cm	L: 230-245cm
B: 75-95cm	B: 70-85cm	B: 56-70cm	B: 56-70cm	B: 55-62cm	B: 55-62cm	B: 60-80cm	B: ca. 100cm	B: 55-72cm

Ungefähre Daten und Shapes (Formen) zum Vergleich - Stand 2006

Finnen

SPEED/SLALOM/RACE: Sehr gerade für höchste Geschwindigkeit

FREERIDE: Viel Fläche, lang, leicht nach hinten gebogen

FREESTYLE-WAVE: Viel Fläche, kurz, gebogen. Für Manövereigenschaften

FREEMOVE/FREESTYLE: Schnell, relativ kurz und trotzdem Manöver-orientiert

FREESTYLE EXTREME: Extrem kurz und breit, maximale Drehfreudigkeit

WAVE: Kurz und stark nach hinten gebogen. Sehr drehfreudig, meist US-Box

FINNENBOXEN

» US-BOX: Überwiegend bei Wave-Finnen zu finden. Vorteil: Die Position der Finne ist nach vorne und hinten verstellbar. Sie wird eingelegt und von unten mit einem Finnenplättchen (Mutter) festgeschraubt.

» POWERBOX: Heutzutage bei den meisten Boards Standard. Eine Schraube, die von oben durchs Brett durch geschraubt wird, hält die Finne im Kasten.

» TUTTLEBOX: Bei großen Finnen, va. im Racebereich üblich. Die Finne wird von unten in den Kasten gesteckt und von oben mit zwei Schrauben befestigt.

» DEEP TUTTLEBOX: Hauptsächlich bei Formulaboards. Die Finne wird in einem extra tiefen Kasten mittels zwei Schrauben von oben befestigt.

! TIPP für Freestyler: Alle Finnentypen haben ihre Berechtigung und ihren Einsatzbereich. Freestyle extreme Finnen können anfangs wesentlich zu einem schnelleren Lernerfolg beitragen, da sie nicht so leicht verkanten (weil kürzer) und extrem gut drehen. Bei ca. 75 kg Körpergewicht, einer Segelgröße von 5,8m² sowie einem 100l Board ist z.B. eine 21er Freestyle extreme bzw. eine 23er Freemove oder Freestyle-Wave Finne zu empfehlen.

Mastfuß

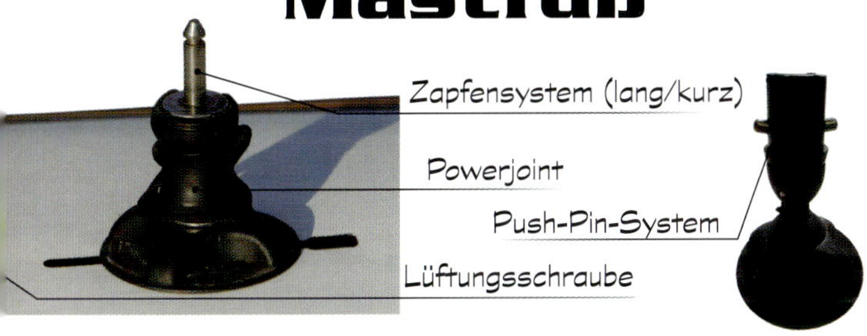

Der Mastfuß ist das Verbindungsstück zwischen Segel und Brett. Er besteht aus einem Zapfen- oder einem Push-Pin-System, plus einem Gummigelenk (Powerjoint) oder einer Sehne, beides eventuell durch einen Gurt oder einen Tampen gesichert. Als Befestigung in der Mastschiene dient eine Platte mit Schraube und Mutter im unteren Bereich des Matfußes. Für welches System man sich entscheidet, hängt von den persönlichen Vorlieben ab. Abnützungserscheinungen (spröde Stellen und Risse an den Gummigelenken) sollten von Zeit zu Zeit überprüft werden. Im gut sortierten Fachhandel gibt es Teile von Mastfüßen nachzukaufen.

DIE POSITION wird bei den meisten Boards wie folgt eingestellt: Ausgangsposition ist die Mitte der Schiene, es sei denn, auf dem Brett befinden sich Angaben über die passende Position für die jeweilige Segelgröße oder Windstärke.

Grundsätzlich gilt aber Folgendes:

Mastfuß weiter hinten: Wendigeres Brett, höhere Endgeschwindigkeit.

Mastfuß weiter vorne: Mehr Kontrolle, geringere Drehfreudigkeit.

Weitere Richtlinien: Luvt das Board automatisch an, wenn du in die Schlaufen gehst, sollte der Mastfuß einige Millimeter weiter nach vorne gerückt werden. Tendiert es dazu, von alleine abzufallen, muss die Position nach hinten korrigiert werden.

Lüftungsschraube

Diese Schraube schließt ein Loch, das direkt ins Innere des Brettes führt. Bei Flügen, größeren Höhen- und damit Luftdruckunterschieden sowie besonders hohen Temperaturen sollte sie zum Druckausgleich geöffnet werden um Schäden zu verhindern.

Fußschlaufen

Fußschlaufen erfüllen ab dem Moment des Gleitens ihren Zweck. Sie geben besseren Halt. Auf den meisten Boards sind für die (normalerweise) zwei Schrauben jeder Schlaufe mehrere sogenannte Fußschlaufenplugs eingelassen. So können sie je nach Vorliebe und Einsatzbereich positioniert werden. Bei Manöver-orientierten Boards geringerer Breite befinden sich die vorderen Schlaufen näher an der Brettlängsachse; hinten gibt es außerdem meist nur eine. Rotationen (Freestyle) und enge Turns (Wave) sind so möglich.

Freerideboards und andere, mehr auf Geschwindigkeit ausgelegte Bretter, bieten die Möglichkeit, die Schlaufen weiter außen zu platzieren. Durch die stärkere Kantenbelastung wird das Höhelaufen verbessert und die am Wasser aufliegende Fläche verringert, was schlußendlich zu mehr Speed führt.

Manöver-orientiert Freestyle | Geschwindigkeitsoptimiert Freeride

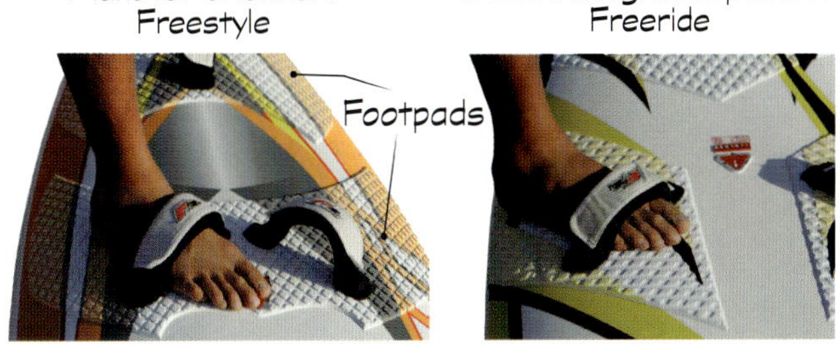

Windsurf SEGEL

Ein komplettes Segel, wie es rechts zu sehen ist, nennt man Rigg. Daraus leitet sich das auf den nächsten Seiten beschriebene auf- und abriggen ab.
Grundsätzlich besteht das Rigg aus:

» Segel: Heutzutage hauptsächlich aus Monofilm (teils eingefärbt oder mit eingearbeiteten Kevlarfäden für die Stabilität). Eine bestimmte Anzahl von Latten spannen das Segel auf.
» Mast (plus Verlängerung/Adapter): Teilbare Stange, die in die Masttasche des Segels gesteckt wird und es so vertikal mit Hilfe des Adapters aufspannt.
» Gabelbaum: Bietet die notwendige Festhaltemöglichkeit; wird mit dem Frontstück am Masten befestigt und spannt das Segel horizontal.

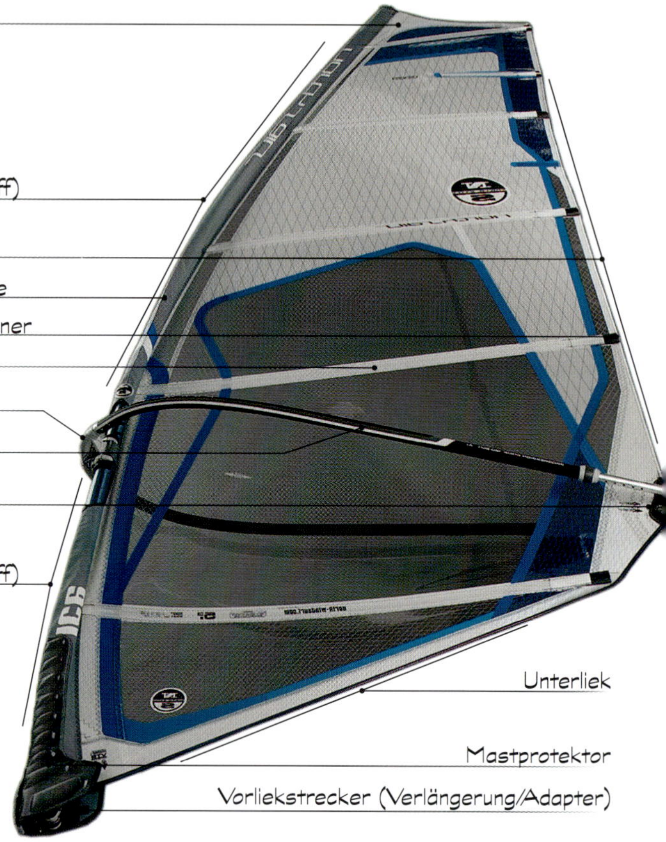

Vorliek: Gesamte vordere, leicht gebogene Kante des Segels.
Achterliek: Segelkante zwischen Schothorn und Segeltop.
Unterliek: Unterkante zwischen Schothorn und Segelhals.
Segeltop: Dort wird der obere Teil des Mastens festgehalten. Es gibt 2 Varianten:

» Fixtop: Fest vernäht, keine Einstellungsmöglichkeiten
» Variotop: Der Mast kann mittels Gurt und Klemme über das Top herausstehen, was ein Fahren mit längeren Masten ermöglicht. Trotzdem sollte er von den technischen Daten her zum Segel passen!

Masttasche: In diese Tasche, die sich über das gesamte Vorliek zieht, findet der Mast seinen Platz.
Schothorn: Äußerstes Ende des Segels zwischen Achterliek und Unterliek, mit einer (bzw. je nach Hersteller auch 2 oder 3) Öse(n), durch die ein Tampen (eine Schnur) zum Spannen des Segels gefädelt wird. Dieser Tampen ist am Endstück des Gabelbaumes befestigt und wird mittels einer Klemme gespannt.
Vorliekstrecker (Verlängerung/Adapter): Meist verwendet man zusätzlich zum Mast noch eine Verlängerung, in welche ein Adapter integriert ist. Dieser Flaschenzug dient als Trimmvorrichtung und spannt das Vorliek auf den Masten auf.
Segellatten: Sorgen für ein stabiles Segelprofil und müssen heutzutage zum Zusammenrollen des Segels nicht mehr herausgenommen oder entspannt werden. Bricht eine Latte, kann sie im gut sortierten Fachhandel nachgekauft werden. Die Spannersysteme sind bei den meisten Herstellern unterschiedlich, jedoch mit dem gleichen Ziel: Dem Segel Profil zu geben.
Camber: „Zangen", die am Masten anliegen, die Latten von diesem wegdrücken und ein starres Profil bilden (ähnlich einer Tragfläche). Cambersegel verfügen über einen breiteren Einsatzbereich und erreichen höhere Endgeschwindigkeiten. Andererseits sind sie in der Manövertauglichkeit sehr eingeschränkt (ruckartiges Umschlagen usw.) und haben große Masttaschen, in denen sich das Wasser sammelt, sollte es zum liegen kommen (schwierigerer Wasserstart).

Segel TYPEN

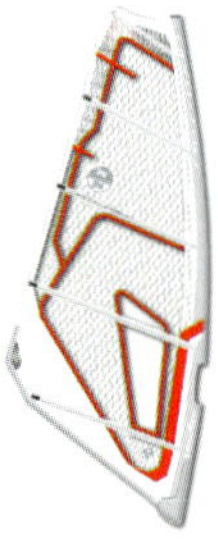

Wave: Für den Einsatz in der Welle, je nach Type mit viel Power (für Onshore-Wellen) oder weniger (Sideshore-Wave). Oft mit X-Ply-Monofilm (Folie mit eingeschweißten Carbon/Kevlar-Fäden) verstärkt. Bei Starkwind (unter 5m²) aufgrund der Stabilität durchaus für jedermann, auch bei Flachwasser zu empfehlen. Das Unterliek ist für besseres Handling steil nach oben geschnitten.

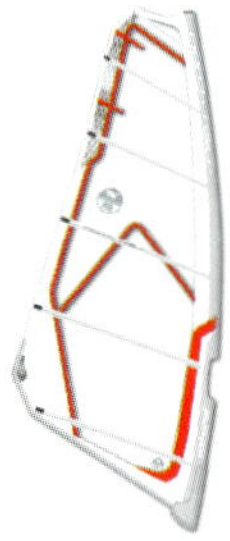

Freeride: Segel ab ca. 5,5 bis fast 10 Quadratmeter. Heutzutage meist ohne Camber und im Unterliek relativ weit nach unten geschnitten. Gebaut, um früh anzugleiten, gut Höhe zu laufen und hohen Endspeed zu erzielen. Beim Manöverhandling etwas schwächer, jedoch immer noch gut. Kurz, alles was sich ein „Normalverbraucher" erwartet.

FREESTYLE: Besonders leichte und trotzdem haltbare Segel. Auf frühes Angleiten und maximale Manövertauglichkeit ausgelegt. Von ca. 5 bis 7 Quadratmeter erhältlich und durchaus auch für Normal-Surfer zu empfehlen.

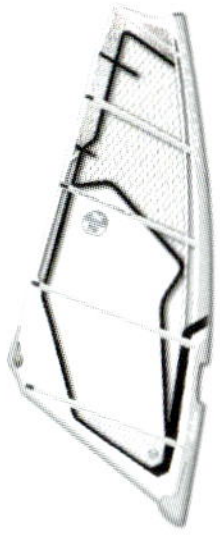

FREEMOVE: Ebenfalls sehr leicht und vom Einsatzbereich her zwischen Freeride und Freestyle einzuordnen. Für Ein- Aufsteiger, Frauen oder Gelegenheitssurfer sind diese Segel im Bereich zwischen 5 und 7 Quardatmeter eine gute Lösung. Leichte Materialien (weniger X-Ply) machen sie allerdings auch empfindlicher.

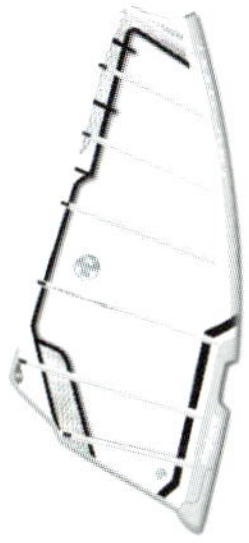

RACE: Meist zwischen 5 und 10 Quadratmeter, mit Cambern, die ein starres Profil bilden. Maximale Leistung im Endspeed, beim Höhelaufen und vom Einsatzbereich (Wind) her. Durch ein weit nach unten geschnittenes Unterliek und hartes, ruckartiges Umschlagen der Camber sind Einbußen bei der Manövertauglichkeit zu verzeichnen.

FORMULA-RACE: Noch mehr Camber und Latten. Bei 10-12,5 Quadratmetern sind extralange Masten und Gabeln erforderlich. Zusammen mit einem Formula-Board, sind sie derzeit das Maß aller Dinge zum früh Gleiten und Höhelaufen.

Masten

Masten haben heute normierte Längen und sind teilbar. Die zwei Teile können platzsparend ineinander geschoben werden. Es gibt normierte Kombinationen von Längen und Härten/ Biegekurven, auf welche die Segel geschnitten sind.

TABELLE DER HAUPTLÄNGEN UND HÄRTEN:

Länge (cm)	370	400	430	460	490	520
Härte / IMCS	17	19	21	25	28	32

Bei den „Grenzlängen“ gibt es auch heute noch bei manchen Herstellern andere Kombinationen, z.B. 380/18 oder 510/30. Auch gibt es für Kinder kürzere Masten (meist aus Alu bzw. Epoxy) bzw. für extreme Segel Masten über 520cm.

Masttypen

Grundsätzlich sind alle Masten in Gabelbaumhöhe verstärkt.

STANDARD: Konischer Mast - wird kontinuierlich von unten nach oben dünner.

DROP SHAPE: Unten normaler Durchmesser, für normale bzw. ältere Verlängerungen. Dann wird der Mast stark dünner.

SKINNY / RDM: Masten mit reduziertem Durchmesser (reduced diameter = RDM) aber erhöhter Wandstärke werden wegen der erhöhten Haltbarkeit vor allem in Wellen bevorzugt und erfordern spezielle Mastverlängerungen. Für Segel unter 5,5m² durchaus zu empfehlen. Das Segel hat meist etwas mehr Power und fühlt sich weicher an.

Neben Durchmesser und Stärke eines Masten spielt für die Fahreigenschaften aber vor allem der Carbonanteil eine entscheidende Rolle. Angefangen bei 15% geht es in Abständen hoch bis zu 100% Carbon. Je weniger Carbon, desto stabiler, aber auch wesentlich schwerer ist ein Masten. Für mehr Carbon muss deutlich tiefer in die Tasche gegriffen werden.

Warum also ein teurer hochprozentiger Mast?

Von den Gewichtsangaben her scheint kein sonderlich großer Unterschied zwischen einem 30-prozentigem und 100% Masten zu bestehen. Die Vor- bzw. Nachteile sind erst auf dem Wasser für jeden deutlich spürbar!

VORTEILE:

» Das Segel fühlt sich wesentlich leichter, lebendiger an.

» Schnellerer Reflex des Tops. Das Segel kann bei stärker werdendem Wind länger gefahren werden. Böen werden schneller ausgeglichen.

NACHTEILE:

» Höherer Preis

» Empfindlicher. Heute brechen die hochprozentigen Carbonmasten nur noch selten, sie sind jedoch eindeutig empfindlicher.

Mastverlängerungen

Eine Mastverlängerung gleicht die normierten Längen der Masten den größeren Vorlieksländen der Segel an. Die Länge der benötigten Extension ist neben der Mastlänge auf jedem Segel verzeichnet. Ein Verstellsystem, entweder mit Metallring oder Pinlock, sorgt für die genaue Einstellung.

Damit das Segel auch richtig gespannt (getrimmt) werden kann, befindet sich am unteren Ende der üblichen Verlängerungen ein Adapter mit Rollen und einer Klemme.

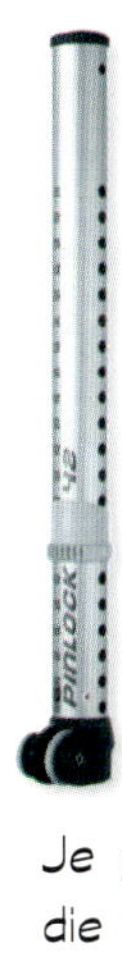

Gemeinsam mit einem Tampen wird ein Flaschenzug hergestellt. Hier gibt es zwei Systeme, die wiederum mit dem System am Segel zusammenpassen müssen (hängt vom Hersteller ab):

» ROLLENHAKEN: 3- oder 4-fach Rollenhaken, der mit Hilfe eines Tampen an der Verlängerung bleibt und anschließend in eine Öse am untersten Ende des Segels einfädelt.

» ROLLENBLOCK: Durch den Rollenblock, der fest mit dem Segel vernäht ist, wird ein Tampen gefädelt, welcher wiederum an der Verlängerung festgeklemmt wird.

Je größer die Segel, desto länger und härter werden die Masten und desto mehr Kraftaufwand muss zum Festziehen betrieben werden. Zur Unterstützung dienen Trimmhilfen (siehe nächste Seite).

Bei der North Sails PowerXT ist die Trimmhilfe in Form einer Ratsche bereits eingebaut.

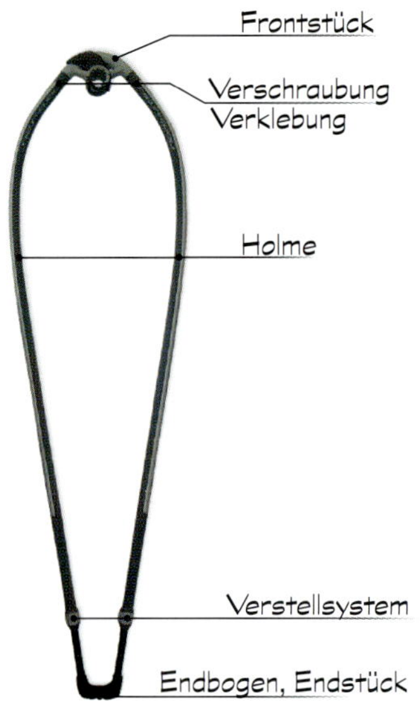

Gabelbäume

Der Gabelbaum besteht eigentlich aus drei Teilen: Dem Frontstück, den Holmen und dem Endbogen mit der Trimmvorrichtung. Der Bogen wird in den Holmen versenkt und kann meist um ca. 50 cm verstellt werden.

! TIPP: Wähle die Gabelbaumlänge so, dass bei deinem größten Segel die Gabel noch nicht ganz ausgezogen ist. Maximal ausgefahren sind Booms wesentlich weniger stabil, was du dann auch am Wasser (Einsatzbereich) deutlich merkst.

Frontstück: Hartplastikteil, das sich wie eine Zange um den Masten legt und einen gummierten Einsatz haben sollte (um ein Aufscheuern des Mastens zu vermeiden). Gut, aber nicht zu stark verschließen, sonst wird der Mast gequetscht.
Holme: Rohre aus Carbon oder Aluminium mit - je nach Hersteller - unterschiedlichen Durchmessern. Heutzutage Gott sei Dank wesentlich dünner und daher schonender für die Unterarme. Leicht zu greifen, vor allem auch für Frauen oder Kinder.
Endstück: Klemme, durch die ein Tampen gefädelt wird um so das Schothorn aufzuspannen.

Pinsystem, verschraubt, Carbon?
Alugabeln werden meist durch ein Pinsystem oder Schrauben zusammengehalten, wobei letztere Technik etwas stabiler ist, dafür aber auch aufwändiger auseinander zu nehmen (bei Flugreisen wichtig). Beide Systeme liegen preislich etwa gleich auf. Carbongabeln hingegen verlangen etwas größere finanzielle Investitionen. Die zusätzliche Steifigkeit bedeutet für die Praxis erneut einen erweiterten Einsatzbereich, die Holme können außerdem nicht (wie bei den Alu-Gabeln) verbiegen.

Aufriggen

» Rolle das Segel mit dem Wind (nach Lee) aus und achte (va. bei stärkerem Wind) darauf, dass es nicht davonfliegt.
» Verbinde die beiden Mastrohre und stecke sie in die Masttasche. Oft muss das Segel wegen der geschneiderten Biegekurve zusammen und auseinander geschoben werden um den Mast ganz hineinzubekommen. Keine Angst, das Material hält das aus.
» Stelle die Mastverlängerung laut den Vorgaben am Segel ein, stecke sie unten in den Mast, fädle den Tampen ein und strecke das Vorliek leicht vor.
» Befestige das Frontstück des Gabelbaumes am Masten.
» Fädle den Tampen, der sich am Endstück des Gabelbaumes befindet, am Schothorn ein und spann das Segel leicht.

! TIPP: Die Abmessungen, die am Segel stehen, stimmen nicht immer zu hundert Prozent. Stelle Verlängerung und Gabel am Ende so ein, dass das Segel im aufgespannten Zustand möglichst nahe an den Trimmvorrichtungen steht.

! TIPP: Die Gabelbaumhöhe hängt von deiner Körpergröße ab. Bei aufgestelltem Segel sollte sich der Boom im Bereich zwischen Brust und Kinn befinden.

Funktion des Loose Leech:
» Herstellung eines optimalen Profils
» Dämpfung von Böen

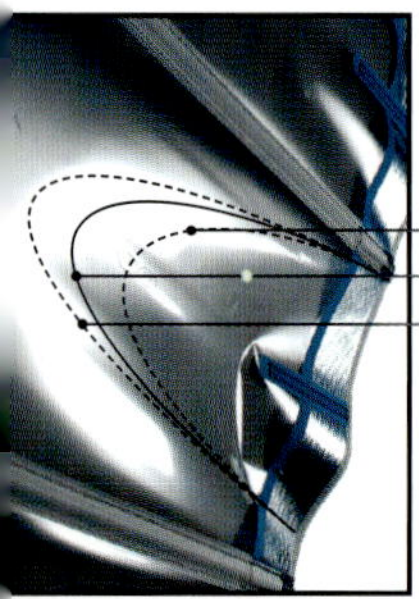

Je nach Wind

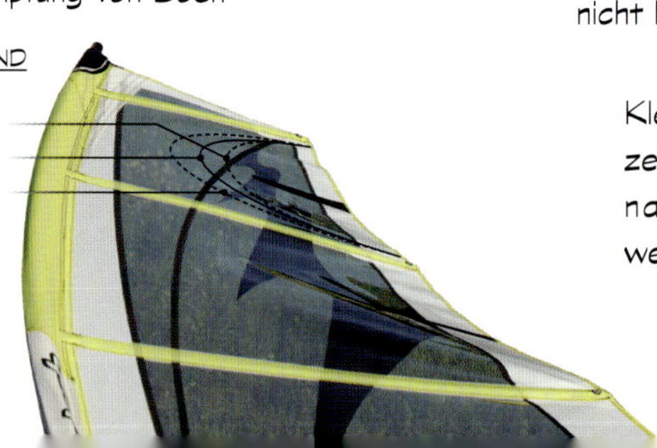

Trimmen

Damit das Segel am Wasser richtig funktioniert, muss es noch eingestellt, sprich getrimmt werden:
» Setze dich vor das Vorliek, stemme einen Fuß gegen die Verlängerung, so, dass du den Tampen gut ziehen kannst. Benutze den Trapezhaken oder eine Trimmhilfe (Trimmgriff) um den Tampen besser greifen zu können.

» Blicke zum Top und zieh so lange, bis du die typischen Falten, das Loose Leech erkennst. Sollten sich auf deinem Segel keine Trimmpunkte befinden, die zeigen, wie weit diese Falten gehen sollen, kannst du dich an unseren Abbildungen unten orientieren. Der Mast biegt sich beim Spannen relativ stark und sorgt so für eine optimale Funktion des Segels.
» Geh jetzt zum Gabelbaumende und zieh hier so lange, bis sich die Latten leicht vom Mast entfernt haben. Wie weit, ist von Schnitt zu Schnitt verschieden und daher eher Erfahrungssache als fix vorgegeben. Werte von anderen Surfern, die dasselbe Segel verwenden, sind hier eine große Hilfe! Drücke probehalber mit der Hand ins Segel (wie später der Wind) und achte darauf, dass es nicht zu sehr an der Gabel anliegt. Bei Schwachwind trimmst du es bauchiger, bei Starkwind flacher. Jetzt kontrollierst du nochmal, ob der Trimm des Vorlieks stimmt. Das Profil sollte schön stehen, das heißt, es sollte im unteren Bereich alles gespannt sein, oben je nach Wind, mehr oder weniger Loose Leech. Trifft das nicht zu, spanne das Vorliek nochmal nach.
» Zum Schluß verstaust du noch alle Tampen so, dass sie nicht herumhängen.

Kleine Fältchen entlang der Lattentaschen zeigen, dass auch die Latten nochmal nachgezogen werden sollten.

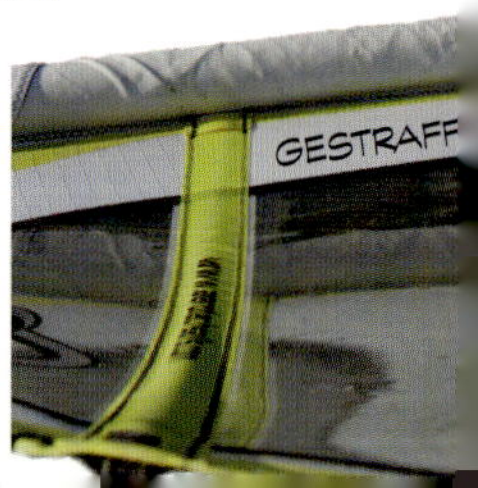

Trapeze

Hüfttrapez

Ein Trapez ist wie ein überdimensionaler Gurt mit einem vorne angebrachten Metallhaken, den man in die Trapeztampen einhängt und der so quasi den dritten Arm bildet.
Derzeit unterscheidet man grundsätzlich zwischen Sitz- und Hüfttrapezen. Sitztrapeze verfügen über Schlaufen, die zwischen den Beinen durchgeführt werden, wodurch man sich während des Surfens mehr „hinsetzen" kann. Freestyler und Wavefahrer benutzen hauptsächlich Hüfttrapeze, da man durch den etwas höheren Haken aufrechter am Board steht und sich leichter ein- bzw. aushängen kann.
Prinzipiell ist es eine Gewöhnungssache, die man am besten durch Ausprobieren (z.B. in Surfshops) entscheidet.

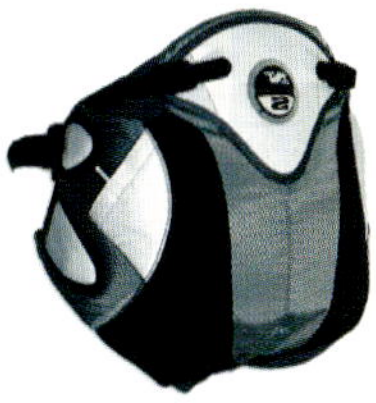

Sitztrapez

Trapeztampeneinstellung

Trapeztampen sind u-förmige Schnüre, die auf jeder Seite des Gabelbaumholmes angebracht werden. Ihre Einstellung ist für viele schon fast ein Mysterium, und dabei ist es eigentlich ganz einfach.
Maßbänder, gezählte Handbreiten oder Ellenlängen sind hier zwar ein guter Anhaltspunkt für die Erstmontage, die genaue Einstellung muss jedoch möglichst im Gleiten, nach Gefühl vorgenommen werden. Idealerweise werden die Trapeztampen am Gabelbaum in eine Position gerückt, dass sie im Prinzip die Arme ersetzen könnten und sie somit gleichmäßig entspannen.

Moderne Segel sind so druckpunktstabil, dass die Tampen nur eine Hand breit auseinander befestigt werden müssen (wo man früher einen halben Meter Spannweite gebraucht hat).

Die Grundregeln:

» Musst du, um das Segel dicht zu holen (Geschwindigkeitsaufbau), dauernd mit der Segelhand (Hand näher beim Schothorn) ziehen, so sind deine Tampen zu weit vorne - schiebe sie einige Zentimeter nach hinten.

» Ist es umgekehrt notwendig, immerwährend mit der Masthand (Hand näher am Masten) zu ziehen um nicht das Übergewicht nach vorne zu bekommen, sind sie zu weit hinten. Verstellen nach vorne schafft Abhilfe!

Neopren/Reparaturen

Shorty: Kurze Arme und Beine, ca. 1-2mm dick für warme Gewässer.

SS (Short Sleeved) Steamer: Kurze Arme, lange Beine, ca. 2-3mm dick, ev. als „convertible" mit Neoprenarmen erweiterbar!

Semidry: Lange Arme, lange Beine, ca. 3-5mm. Optimaler Wärmeschutz bei kühleren Temperaturen.

Trockenanzüge: Aus Neopren mit Trockenzip, 5-6mm. Für extrem niedrige Temperaturen.

Lyrca: Kurz- oder langärmeliges Oberteil. Wasser und winddurchlässig. Ideal als UV-Schutz!

Surfschuhe: Aus Neopren, zum Schutz vor felsigen und steinigen Untergründen und für besseren Halt auf rutschigen Boards. Hohe Modelle sorgen für wärmere Füße an kalten Windsurftagen.

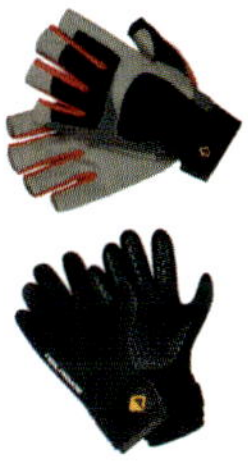

Handschuhe: Finger- oder Fäustlingmodelle bieten guten Kälteschutz (aus Neopren). Bei Gelegenheitssurfern oder in Gebieten mit sehr warmem Wasser schützen dünne, fingerlose Handschuhe vor möglichen Blasen.

Reparatur von Windsurfboards:

Für kleine, provisorische Reparaturen dienen sogenannte Sticks (2-Komponenten Knetepoxy) oder Spachtelsets. Für professionellere oder größere Reparaturen sollten oder müssen Epoxidharz und Glasfasermatten verwendet werden.

Reparatur von Windsurfsegeln:

Kleinere Monofilmrisse können mit Aufklebern oder besser mit Mylar-Tape (beidseitig!) geklebt werden. Größere Risse und jene, die in die Nähte oder den Segelstoff hineinreichen, müssen professionell genäht werden (Fachhandel).

Der Wind

Stärke • Richtung • Eigenschaften

Windstärke

Eine kurze theoretische Einführung schadet in fast keinem Sport und so hilft es auch hier, das Grundniveau des Wissensstandes für Windsurfer herzustellen. Diese Basics helfen auch, die komplexeren Bewegungsabläufe in den fortgeschritteneren Manövern wesentlich leichter zu verstehen.

Wind kennen wir alle. Er bewegt Zweige und Blätter und kann von einer leichten Brise bis zu einem ordentlichen Sturm anwachsen.

Um dieses für einen (zukünftigen) Windsurfer äußerst wichtige Kriterium Wind richtig einschätzen und angeben zu können, bedient man sich der von Sir Francis Beaufort im Jahre 1806 erfundenen 12-teiligen Beaufort-Skala. Mit Hilfe dieser allgemein gültigen Aufstellung wird die Windstärke, durch die Auswirkungen des Windes, eingeschätzt. Eine Tabelle mit Umrechnungsdaten in gängige Einheiten (Knoten, km/h, m/s) für die Windgeschwindigkeit ist auf S. 198 zu finden.

Windrichtung

Neben der Windstärke ist es vor allem notwendig, die Windrichtung zu erkennen. Die Himmelsrichtung ist dabei weniger von Bedeutung als die relative Richtung vom Ufer aus gesehen. Dabei gibt es mehrere grundlegende Möglichkeiten:

» Auflandiger Wind (onshore): Trifft im Großen und Ganzen im rechten Winkel vom Wasser aufs Ufer. Die Windwellen sind dabei am höchsten, die Gefahr des Abtreibens hingegen relativ gering, da man vom Wind automatisch wieder zum Ufer getrieben wird.

» Ablandiger Wind (offshore): Weht ungefähr im rechten Winkel vom Land aufs Wasser. Wellen gibt es erst ab einer gewissen Entfernung vom Ufer, was diese Windrichtung, bezüglich der Gefahr des Abtreibens am gefährlichsten macht. Zusätzlich ist der Wind erst weiter draußen stärker, da die Abdeckung in Ufernähe nicht mehr besteht.

» Sideshore Wind: Bläst ungefähr parallel zum Strand, wobei man zwischen Sideshore von rechts und Sideshore von links unterscheidet. Die Windwellen fallen etwas kleiner aus, die Gefahr des Abtreibens ist gering. Starten und aus dem Wasser gehen sind bei dieser Windrichtung am leichtesten.

» Mischformen: Z.B. Side-onshore, Side-offshore.

Die relative Windrichtung:

Es ist weiters notwendig, für den Wind relative Bezeichnungen von der eigenen Position aus gesehen einzuführen.

Man unterscheidet zwischen: » Luv: Dem Wind zugewandte Seite
» Lee: Dem Wind abgewandte Seite

Ein Windsurfer oder ein Objekt, das sich in Lee von dir befindet, sieht dich wiederum in Luv von sich.

Zusätzliche Begriffe, die zwar im Windsurfen weniger gebräuchlich, aber trotzdem gut zu wissen sind:

» Steuerbord: Rechts, in Fahrtrichtung gesehen
» Backbord: Links, in Fahrtrichtung gesehen

Kräfte, die aufs Board wirken:

Da das Segel aerodynamische Eigenschaften wie ein Flügel hat, sollte der Wind, für optimale Eigenschaften, immer seitlich (über den Mast) aufs Segel treffen.

Um Fahrt aufzunehmen, nimmt man das Segel mit der hinteren Hand (= Segelhand) zu sich (dichtholen). So fährt der Wind hinein und es entwickelt sich eine gewisse Kraft. Diese Kraft wird über die Verbindung zwischen Segel und Brett in Fahrt umgewandelt. Durch die Finne (und das Schwert, falls vorhanden) wird die seitliche Kraft zum Großteil in Vortrieb umgesetzt. Je stärker du das Segel dichtnimmst und je stärker der Wind bläst, desto schneller fährst du.

Bremsen: Um deine Fahrt zu stoppen, lässt du entweder die Segelhand locker (öffnest das Segel bzw. fierst es auf) oder lässt es fallen (dann treibst du allerdings auch noch ein Stück!). Im dringendsten Fall kannst du das Segel sogar gegendrücken - das stoppt deine Fahrt sofort.

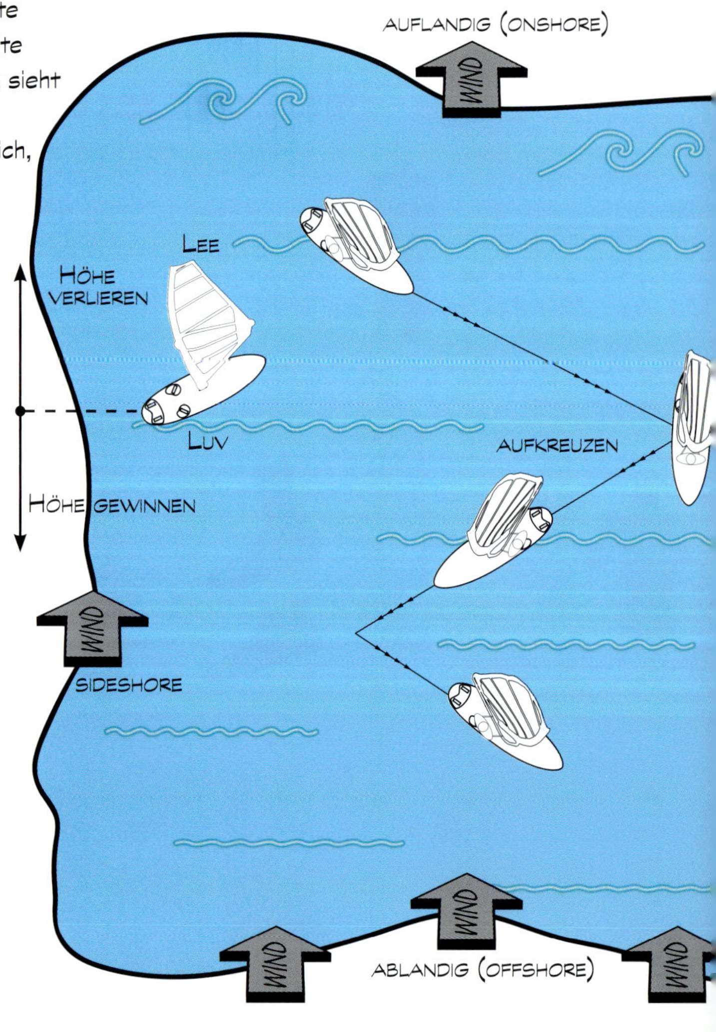

Kurse • Regeln • Sicherheit

Kurse

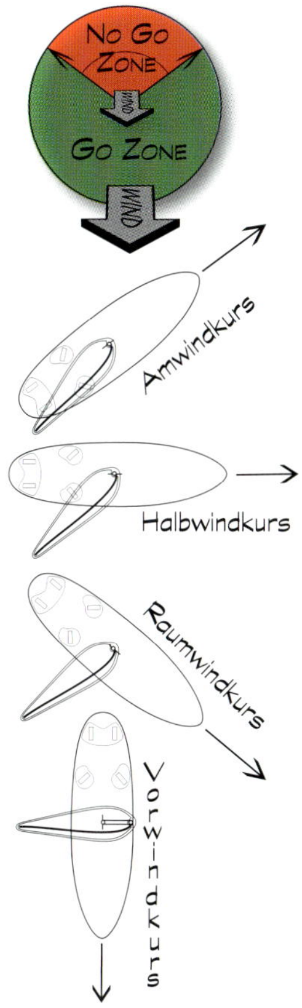

Hast du das Prinzip verstanden, so ist dir vielleicht schon klarer, dass man sich nur bis zu einem gewissen Winkel gegen den Wind bewegen kann. Den restlichen Bereich haben wir rechts als „No Go Zone" eingezeichnet. Hierhin kommst du nur durch aufkreuzen (siehe Bild links unten).

Der übrige Bereich (hier als „Go Zone" bezeichnet) teilt sich in vier grundsätzliche Kursrichtungen:

» Amwindkurs: Schräg gegen den Wind. Hier sind die Segelkräfte am stärksten, deine Fahrt am langsamsten und die Abdrift am größten. Das bedeutet, dass du, um ein Ziel in Luv zu erreichen, immer einen etwas steileren Kurs einschlagen solltest, da du nicht ohne seitliche Bewegung dort hinfahren kannst. Wie steil gegen den Wind du surfen kannst, hängt von deiner Brett-, Segel- und Finnengröße sowie -type ab und ob du mit oder ohne Schwert unterwegs bist (mehr dazu im Materialteil - siehe vorhergehende Seiten).

» Halbwindkurs: Parallel zum Wind. Das Board fährt normal (also im rechten Winkel) zum Wind. Du verlierst keine Höhe, gewinnst aber auch keine.

» Raumwindkurs: Schräg mit dem Wind. Der schnellste Kurs, bei dem das Segel jedoch am wenigsten Zug entwickelt. Außerdem vernichtest du Höhe und erreichst so Ziele, die in Lee von deinem Ausgangspunkt liegen. Achte hier besonders auf andere Wassersportler, die eventuell steiler am Wind fahren und deine Richtung kreuzen könnten!

» Vorwindkurs: Genau mit dem Wind. Das Brett zeigt genau nach Lee, das Segel parallel dazu, was eine relativ instabile Position hervorruft. Das Rigg wird hier nicht wie eine Tragfläche angeströmt - Verwirbelungen und schlechte Handlingeigenschaften sind die Folge.

Regeln

Wie in fast allen Sportarten, gibt es auch im Windsurfen Regeln. Aufgrund der Zugehörigkeit zum Segelsport gelten folgende Vorrangregeln untereinander:

» Lee vor Luv: Fahren zwei Segelfahrzeuge in die gleiche Richtung (Segel auf der gleichen Seite), muss jenes, welches in Luv fährt, dem in Lee befindlichen ausweichen. Dies ist darauf zurückzuführen, dass das Fahrzeug in Luv vom Wind her begünstigt ist. Speziell beim Windsurfen: Der in Lee fahrende Surfer kehrt dem Wind den Rücken zu, was ihm die Sicht auf den herannahenden anderen erschwert.

» Backbordbug vor Steuerbordbug: Fahren zwei Windsurfer aufeinander zu, hat der Vorrang, dessen Segel von sich aus gesehen auf die linke Seite (Backbord) steht.

Bei einem Aufeinandertreffen mit Fähren, Passagierschiffen, Fischerei- und Polizeifahrzeugen haben Windsurfer und Segelfahrzeuge generell Nachrang.

Gegenüber Segelfahrzeugen, Motorsportbooten oder muskelbetrieben Fahrzeugen besteht Vorrang. Kommt es aber hart auf hart, ist es als Windsurfer in jedem Fall sicherer, nicht auf sein Vorfahrtsrecht zu bestehen.

Badezonen sind für Windsurfer tabu. Meist sind diese sowieso von den Start- und Anlegeplätzen der Segelsportler per Kennzeichnung abgetrennt. Zu Schwimmern muss vorsichtshalber mindestens eine Mastlänge Abstand gehalten werden. (Man kann nie wissen ob plötzlich eine Böe einfällt oder man das Übergewicht bekommt.)

Sicherheitsmassnahmen

Windsurfen ist ein relativ ungefährlicher Sport - sofern man ein paar Grundregeln beachtet.

Nimm deine Umgebung aktiv wahr. Fährst du eine Halse (Kurve nach Lee), die eines großen Radius' bedarf, vergewissere dich immer vorher, ob sich niemand in diesem Bereich befindet.

Behalte generell deinen Ausgangspunkt am Ufer im Auge, sodass du nicht zu weit abfällst!

Überprüfe von Zeit zu Zeit dein Material! Tampen, die schon Abnutzungserscheinungen aufweisen, sollten sofort ausgetauscht werden.

Sind Risse am Mastfuß sichtbar, muss auch er einem neuen weichen.

Die Revierbedingungen (z.B. gefährliche Strömungen, Seeigel, seichte Stellen, Felsen unter Wasser, Wetterbesonderheiten) sollten bekannt sein! Erkundige dich dazu am besten bei Locals oder, falls vorhanden, in Surfstationen.

Verhalten in einer Notsituation

Wichtigste Regel: Einen Kühlen Kopf bewahren! Stelle fest, was passiert bzw. kaputt gegangen ist und überlege, ob du es provisorisch reparieren und zurück an Land fahren kannst. Ist ein Weiterfahren nicht mehr mögich, aber Wind und Strömung wehen dich zu einer geeigneten Ausstiegsstelle, so bleibe beim Material und lass dich anspülen bzw. paddle auf dem Material liegend dorthin. Bei eindeutiger Gefahr und eigener Machtlosigkeit gibst du Notsignale. Stehe oder knie am Board und mache durch Winken mit beiden Armen auf dich aufmerksam (internationales Notsignal).

INTRO: Die folgenden zwei Seiten zeigen, wie man auf das Board klettert, das Segel aufzieht und sich in eine stabile Position bringt - bereit zum Losfahren.

STARTEN

AUFSTEIGEN UND AUFZIEHEN

» Nähere dich dem Brett, sodass das Segel genau gegenüber von dir liegt und dein Rücken zum Wind zeigt (Bild 1)
» Klettere auf das Board, indem du die Hände auf der Brettlängsachse platzierst, rechts und links vom Mastfuß, und dich auf das Board kniest (Bild 2)
» Greif die Aufholleine (Startshot) zur Stabilisierung (Bild 3)
» Stell deine Füße jetzt beidseitig vom Mastfuß ca. schulterbreit auseinander und stehe auf (Bild 3)
» Vergewissere dich, dass dein Rücken zum Wind zeigt* (Bild 4)
» Halte den Rücken gerade, die Arme gestreckt und geh in die Knie. Lehn dich nach hinten und benütze dein Körpergewicht (nicht die Arme) um das Segel aufzuziehen (Bild 5)
» Sobald sich das Segel aus dem Wasser hebt, arbeitest du dich durch Umgreifen an der Startshot nach oben und langst dann an den Masten unterhalb des Gabelbaumes (Bild 6-9)
» Halte das Segel im 90 Grad Winkel zum Board, wobei der Wind über den Masten aufs Rigg trifft (Bild 10)

* Trifft der Wind nicht von hinten auf deinen Rücken, ziehst du das Rigg nur leicht aus dem Wasser und drehst das Board durch Belastung des vorderen bzw. hinteren Fußes, bis das Segel direkt in Lee steht.

Nachdem du am Board stehst und das Segel am Masten hältst (siehe Bild 10 oben), ist es Zeit, die Grundhaltung einzunehmen und loszufahren.

LOSFAHREN

» Steht das Board auf Halbwindkurs, lässt du die zukünftige hintere Hand (= Segelhand) los (Bild 2).
» Steige am Board mit beiden Füßen hinter den Mastfuß, bleib aber in der Mitte der Brettlängsachse.
» Drehe dabei den vorderen Fuß mit den Zehen leicht in Richtung Brettspitze (= Nose) (Bild 2-3).
» Blicke in die Richtung, in die du fahren willst. Visiere einen Punkt an, den du ansteuern möchtest (Bild 4).
» Bring das Segel in die Aufrechte und platziere deine Segelhand an der Gabel (Bild 4).
» Ziehe das Rigg mit der hinteren Hand leicht zu dir (= dichtholen). Lehne dich dabei ein bisschen nach hinten und winkle das hintere Bein etwas an um den aufkommenden Segeldruck kontrollieren zu können (Bild 5).
» Greifst du jetzt auch mit der Masthand (= vordere Hand) an die Gabel (Bild 6), ist die Grundstellung zum Losfahren erreicht.

Schnellstart

Hast du das Aufziehen und Losfahren schon etwas besser im Griff, kannst du das Ganze ein wenig beschleunigen:

» Der Ablauf ist zu Beginn genau gleich wie links beschrieben - also aufs Board klettern, Startshot greifen und mit dem Körpergewicht (Arme gestreckt, Rücken gerade) das Segel aufziehen (Bild 1-2).

» Hebt es sich aus dem Wasser, arbeitest du dich an der Startshot hoch und greifst jetzt direkt mit der zukünftigen Masthand über Kreuz zum Gabelbaum (nahe dem Frontstück) (Bild 3-4).

» Ziehe das Segel aufrecht vor dich und platziere jetzt auch die Segelhand an der Gabel (Bild 5-6).

» Steige am Board mit beiden Füßen hinter den Mastfuß (Bild 7).

» Nimm es dicht und verlagere dabei dein Körpergewicht auf den hinteren Fuß (Bild 7).

» Fahre abschließend in normaler Grundstellung los (siehe Bild „Fahrt aufnehmen" unten).

Fahrt aufnehmen

» Deine Segelhand wirkt jetzt wie ein Gaspedal. Je stärker du damit ziehst, desto schneller fährst du.

» Eingeschränkt wirst du nur durch den Wind und deine Segelgröße. Bei Schwachwind kann das Segel auch leicht überzogen werden. Dann nimmt der Druck wieder ab, da es nicht mehr richtig angeströmt wird.

» Den idealen Anstellwinkel zum Aufnehmen der Fahrt findest du durch etwas Übung und Gefühl schnell heraus.

Knackpunkte der Grundstellung:

» Halte dein angestrebtes Ziel immer im Blickfeld um zu sehen, wo du hinfährst (schau nicht dauernd nach unten!).

» Halte das Segel mit gestreckten Armen vom Körper entfernt um die Balance zu halten.

» Lehne dich mit deinem Körpergewicht nach hinten.

» Strecke das vordere Bein und winkle das hintere an.

» Halte deine Füße auf der Brettlängsachse.

ACHTUNG: BEVOR DU DAS STEUERN, WENDEN UND HALSEN NOCH NICHT GELERNT HAST, SOLLTEST DU WÄHREND DER ERSTEN FAHRTEN UNBEDINGT IM STEHBEREICH BLEIBEN!

Steuern

Nachdem du die Grundstellung kennst, musst du als nächstes dringend das Steuern beherrschen. Nicht nur um Hindernissen am Wasser auszuweichen, sondern vor allem auch um dorthin zu kommen, wo du hin willst. Im Folgenden zeigen wir, wie man nach links und rechts lenkt. Außerdem bekommst du mit den Übungen ein besseres Gefühl für den Wind, was das Steuern um ein Vielfaches vereinfacht.

Anluven (in den Wind steuern)

- Suche einen Punkt in Luv, den du erreichen möchtest, der aber nicht in der unansteuerbaren Zone (No Go Zone) liegt (siehe Seite 17).
- Ausgehend von der Grundstellung verlagerst du dein Körpergewicht stärker auf den hinteren Fuß und gehst leicht in die Knie.
- Lehne das Segel mit gestreckten Armen zum Heck.
- Als Gegengewicht neigst du deinen Körper nach vorne.
- Hat das Board jetzt auf den gewünschten Kurs gedreht, richtest du das Segel wieder in die Grundstellung auf und holst es dicht.

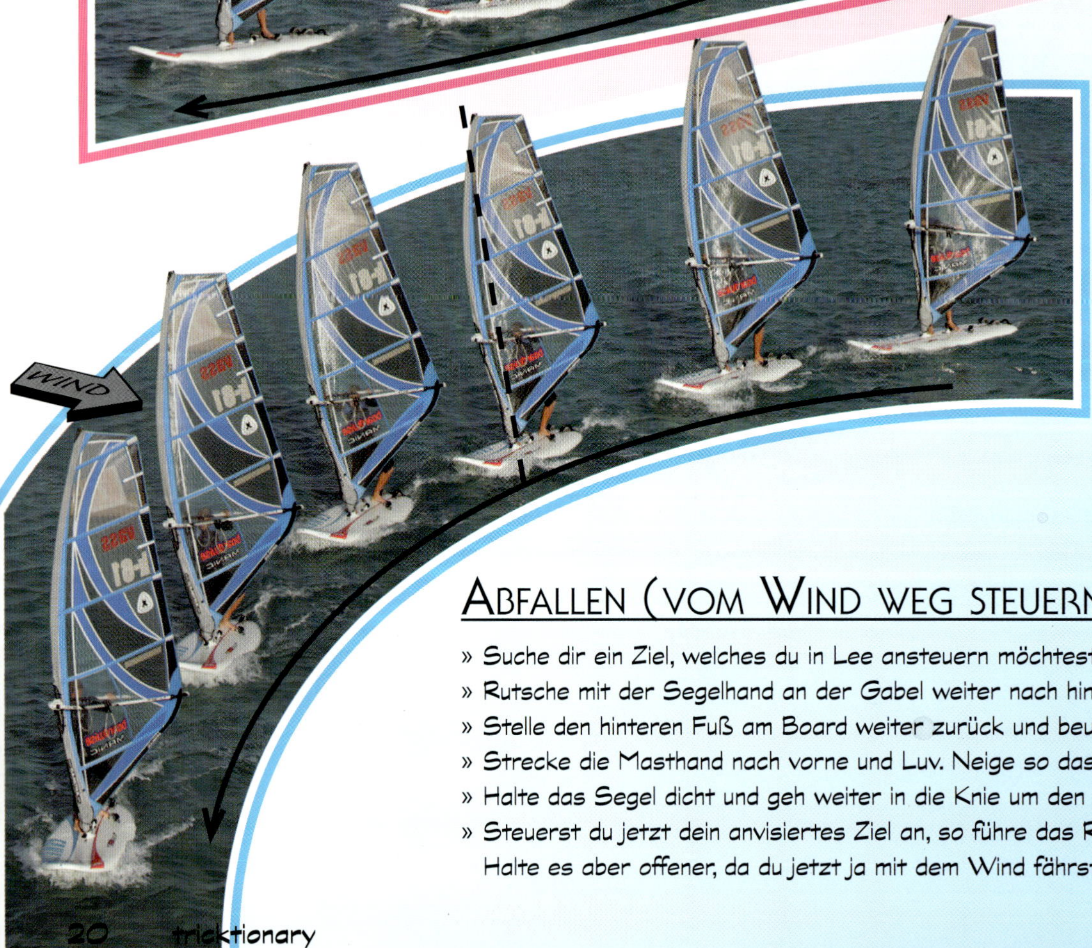

Abfallen (vom Wind weg steuern)

- Suche dir ein Ziel, welches du in Lee ansteuern möchtest.
- Rutsche mit der Segelhand an der Gabel weiter nach hinten.
- Stelle den hinteren Fuß am Board weiter zurück und beuge die Knie.
- Strecke die Masthand nach vorne und Luv. Neige so das Rigg ebenfalls dorthin.
- Halte das Segel dicht und geh weiter in die Knie um den Druck kontrollieren zu können.
- Steuerst du jetzt dein anvisiertes Ziel an, so führe das Rigg zurück in die Grundposition. Halte es aber offener, da du jetzt ja mit dem Wind fährst.

Wenden

Die Wende ist eines von zwei grundsätzlichen Umkehrmanövern. Das Board dreht hier mit der Spitze durch den Wind und du gehst vorne um den Masten herum. Das vorher erlernte Anluven kommt dir jetzt zugute.

Einfache Wende

- » Halte das Rigg am Masten und lehne es zum Heck des Boards.
- » Zieh das Segel über das Heck und gehe dabei vor dem Mastfuß mit der Drehung mit.
- » Warte, bis das Board unter dir gedreht hat und finde dich schließlich auf Halbwindkurs in die andere Richtung zeigend wieder.

Schnelle Wende

- » Verlagere dein Körpergewicht auf den hinteren Fuß und geh in die Knie (Bild 1-2).
- » Neige dein Segel mit gestreckten Armen nach hinten. Der Körper lehnt als Gegengewicht nach vorne (Bild 3).
- » Greife mit der Masthand an den Masten unterhalb der Gabel (Bild 3).
- » Stelle den vorderen Fuß vor den Mastfuß (auf der Brettlängsachse). Ziehe das Segel über das Heck (Bild 4).
- » Zeigt das Board in den Wind, verlagerst du dein Körpergewicht auf den vorderen Fuß und steigst mit dem hinteren nach vorne. Gleichzeitig nimmst du auch die Segelhand an den Masten (Bild 5).
- » Drehe das Segel weiter auf die neue Brettseite und steige vorne herum. Bleibe dabei auf der Brettlängsachse (Bild 6-9).
- » Greife wieder an den Gabelbaum und hol das Rigg auf der neuen Seite dicht (Bild 9-12).

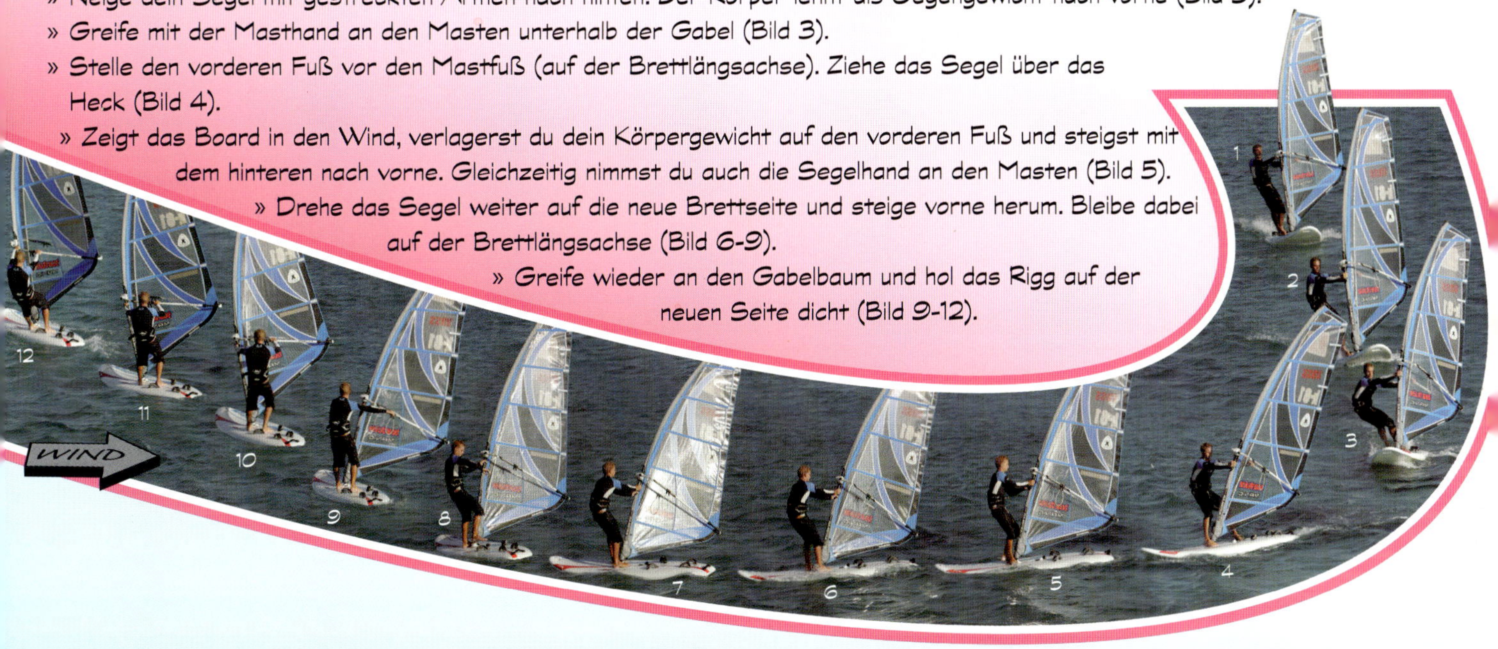

Halsen

Eine Drehung vom Wind weg (nach Lee), um in die andere Richtung zu surfen, wird Halse genannt. Willst du dieses Manöver erfolgreich meistern, musst du abfallen (siehe linke Seite).

- » Rutsche mit der Segelhand weiter zum Schothorn (Bild 1).
- » Platziere den hinteren Fuß am Board weiter hinten und geh in die Knie (Bild 2).
- » Strecke die Masthand nach vorne und zum Wind (Bild 3).
- » Nimm das Rigg mit der Segelhand dicht (Bild 3).
- » Zeigt das Board mit dem Wind (Vorwindkurs), rutschst du mit der Masthand ganz nahe zum Frontstück und greifst mit der Segelhand an den Masten (Bild 4-6).
- » Lass jetzt die ursprüngliche Masthand los (Bild 7).
- » Wechsle deine Fußstellung und drehe das Segel vorne herum (Bild 7-9).
- » Sobald das Board auf Halbwindkurs steht, richtest du das Segel auf und nimmst es wieder dicht um Fahrt aufzunehmen (Bild 10-11).

Gleiten

Sobald du auch bei etwas stärkerem Wind fahren kannst, wirst du zu gleiten beginnen. Gleiten bedeutet, dass das Board über die Wasseroberfläche hinwegrutscht, anstatt sie zu „durchpflügen“. Ab diesem Punkt wird ein besonderes Gefühl frei und ab hier beginnt Windsurfen richtig Spaß zu machen. Um richtig gleiten zu können, ist es notwendig, das Fahren im Trapez und in den Fußschlaufen zu beherrschen und so eine stabile Körperhaltung einzunehmen.

Fahren mit Trapez

Das Trapez sorgt für eine Entspannung der Arme, eine stabile Körperhaltung bei höheren Geschwindigkeiten und eine veränderte Hebelwirkung deines Körpers auf das Material. Das Ein- und Aushängen kann sehr schnell erlernt werden, vorausgesetzt die Trapeztampen sind richtig eingestellt (siehe Seite 15).

Einhängen

» Fahre auf Halbwindkurs.
» Winkle deine Arme an, ziehe dabei das Segel näher zu dir und leicht nach unten.
» Hebe die Hüften.
» Führe den Haken über den Tampen und hänge dich ans Segel (entlaste die Arme).
» Fahre weiter wie zuvor. Benutze das Trapez quasi als „dritten Arm“.

Aushängen

» Beuge die Arme und hol so das Segel näher zu dir.
» Hebe deine Hüften und fädle aus. So fällt der Tampen meist von selbst unter dem Haken heraus.

Angleiten

Bist du bei mehr als 3 Windstärken ins Trapez eingehängt, wirst du bald genug Druck haben um anzugleiten. Sobald du merkst, dass das Brett immer schneller übers Wasser rutscht und du der Gleitschwelle näher kommst, gehe wie folgt vor:

» Verlagere dein Gewicht auf den hinteren Fuß.
» Strecke das vordere Bein ganz durch (Fußballen belasten).
» Belaste das Trapez so stark wie möglich!
» Sobald du gleitest, stelle deinen hinteren Fuß am Board weiter nach hinten.

Um nun auch eine stabile Gleitposition (siehe Bild rechts) einzunehmen, solltest du jetzt noch das Fahren in den Fußschlaufen lernen.

Stabile Gleitposition

Fahren in den Fussschlaufen

Vorderer Fuss:

» Nimm das Rigg mit der Segelhand dicht.
» Geh in die Knie.
» Neige dein Segel nach vorne und den Körper nach hinten.
» Hebe den vorderen Fuß, schiebe ihn in die Schlaufe und strecke ihn.

Hinterer Fuss:

» Ziehe das Rigg nach hinten um nicht das Übergewicht zu bekommen.
» Neige den Körper nach vorne. Halte den Druck im Trapez aufrecht.
» Während du den vorderen Fußballen stark belastest um nicht automatisch anzuluven, hebst du den hinteren Fuß in die Schlaufe.
» Entspanne dich und genieße die stabile Gleitposition!

Fusssteuerung in der Gleitfahrt

Belastest du in der Gleitfahrt die Brettkante, wird es, wie ein Wellenreit- oder Snowboard, in die jeweilige Richtung carven. Versuche ein leichtes „S“ zu fahren und übe diese Steuertechnik um dein Material besser kontrollieren zu können und dich auf weitere Manöver vorzubereiten.

Abfallen durch Carven (Ausgangspunkt: Halbwindkurs)

» Hänge dich aus dem Trapez aus und benütze dein Körpergewicht um das Segel auszubalancieren.
» Winkle die Beine an und strecke die Masthand. Lehne dich nach vorne, in die Kurve hinein.
» Verlagere dein Gewicht auf die Fußballen um die Leekante zu belasten.
» Während des Carvens hältst du dein Körpergewicht nach vorne geneigt.

Anluven durch Carven (Ausgangspunkt Raumwindkurs):

» Verlagere dein Körpergewicht mehr auf den hinteren Fuß und belaste die Fersen.
» Winkle die Knie an um den Körperschwerpunkt niedrig zu halten. Lehne das Segel nach hinten.
» Fährt das Board wieder auf Halbwindkurs, bringst du dein Körpergewicht wieder über die Brettmitte, richtest das Segel auf und belastest beide Fußballen gleichmäßig.

Spinout

Ein Spinout tritt dann auf, wenn sich Luftblasen an die Finne hängen. Damit verliert sie den Halt und das Board rutscht seitlich weg. Die Ursache dafür ist entweder eine falsche Körperhaltung (etwa nach einem kleinen Sprung), eine unpassende Finne oder eine Kombination aus beidem. Um den Spinout zu korrigieren, lehnst du dich nach vorne, drückst den Gabelbaum energisch nach unten (Druck auf Mastfuß) und ziehst den hinteren Fuß zu dir her, sodass sich die Brettspitze wieder in die normale Fahrtrichtung dreht.

Spinout

Spinout korrigiert

107
chilli

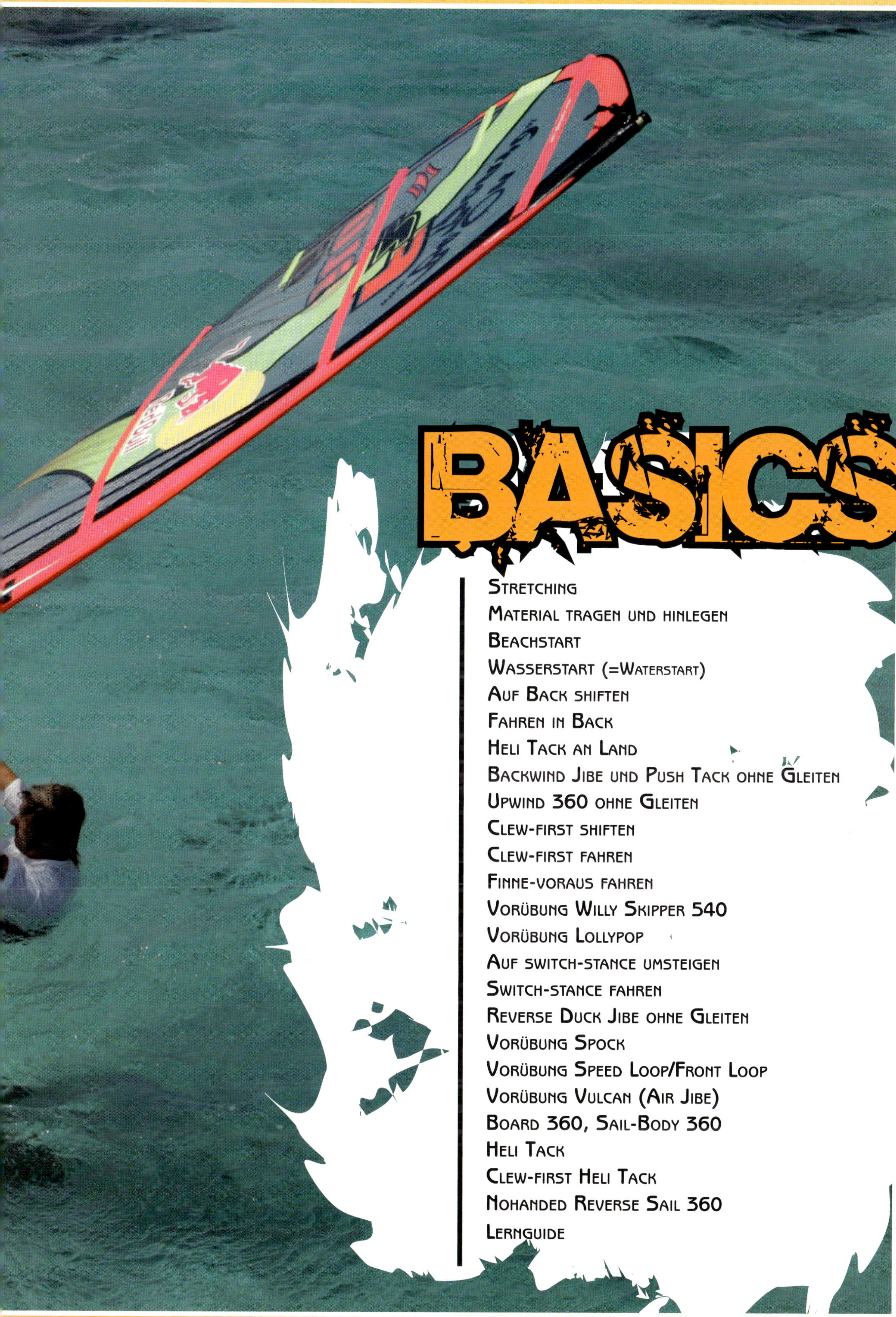

BASICS

- Stretching
- Material tragen und hinlegen
- Beachstart
- Wasserstart (=Waterstart)
- Auf Back shiften
- Fahren in Back
- Heli Tack an Land
- Backwind Jibe und Push Tack ohne Gleiten
- Upwind 360 ohne Gleiten
- Clew-first shiften
- Clew-first fahren
- Finne-voraus fahren
- Vorübung Willy Skipper 540
- Vorübung Lollypop
- Auf switch-stance umsteigen
- Switch-stance fahren
- Reverse Duck Jibe ohne Gleiten
- Vorübung Spock
- Vorübung Speed Loop/Front Loop
- Vorübung Vulcan (Air Jibe)
- Board 360, Sail-Body 360
- Heli Tack
- Clew-first Heli Tack
- Nohanded Reverse Sail 360
- Lernguide

Stretching

INTRO: Normen Günzlein, der IFCA-Weltmeister 2005, zeigt auf dieser Doppelseite ein paar einfache Dehnübungen, die den Körper konditionieren und den Geist entspannen.

Dehnen oder auf Neudeutsch „Stretching" ist ein vieldiskutiertes Thema. Was bringt es überhaupt - oder schadet es am Ende mehr als es nützt? Ärzte und Wissenschafter haben sich hier noch auf keine eindeutige Aussage geeinigt.
Grundsätzlich bietet das Dehnen von Muskeln aber bei richtiger Ausführung positive Aspekte für den Organismus und steigert außerdem das Körpergefühl und Wohlbefinden.
In erster Linie soll es die Beweglichkeit verbessern, welche dann optimal gegeben ist, wenn jene Muskeln, die sich über ein Gelenk ziehen, dieses einerseits stabilisieren und es andererseits nicht in seinem Bewegungsspielraum einschränken.

Stretching bereitet die Muskeln auf die folgende Arbeit vor und hält Sehnen und Bindegewebe elastisch sowie Gelenke beweglich, was bei regelmäßiger Durchführung das Verletzungsrisiko erheblich senkt. Außerdem beugt es Verschleißerscheinungen vor und hält die Körperbeweglichkeit bis ins hohe Alter aufrecht. Es fördert die Muskelkoordinierung und ermöglicht freiere, leichtere Bewegungen.
Eine ruhige Atmosphäre ohne Hektik sorgt zusätzlich für Entspannung, was Dehnen nicht nur für den Sport, sondern auch als Übung für Zwischendurch empfehlenswert macht.

GRUNDREGELN

AUFWÄRMEN: Beginne das Dehnen erst nach kurzen Aufwärmübungen wie etwa lockeres Laufen, wobei gleich die Arme gekreist werden können.

METHODEN: Beim Stretching gibt es unterschiedliche Methoden. Normen konzentriert sich hier auf das statische Dehnen. Hier wird die Übung ohne Wippen (!) gehalten.

VORGANGSWEISE: Begieb dich langsam in die gezeigte Stellung und dehne die Muskeln, bis ein leichtes Ziehen zu spüren ist. Strecke dich auf keinen Fall so weit, dass Schmerzen auftauchen, sondern bleibe in der als angenehm empfundenen Haltung. Unabhängig von Alter und Geschlecht muss jeder individuell für sich seine Grenzen bei den nachfolgenden Übungen abstecken.

DAUER: Führe die Übungen immer beidseitig durch und halte die eingenommene Stellung zwischen 15 und 30 Sekunden (ohne zu wippen!). Danach kurz auslockern und die Übung zwei- bis dreimal wiederholen.

ATMUNG: Bewusstes, kontrolliertes, regelmäßiges und angemessen tiefes Atmen entspannt und unterstützt die Bereitschaft der Muskeln sich zu dehnen. Auf keinen Fall die Luft anhalten!

KONZENTRATION: Lenke die Aufmerksamkeit voll und ganz auf jene Muskeln, die gerade gedehnt werden.

Hintere Oberarmmuskulatur

Stelle dich schulterbreit hin, nimm den rechten Arm hinter den Kopf und beuge ihn, sodass die Handfläche nach Möglichkeit zwischen den Schulterblättern liegt. Nimm die linke Hand und ziehe den Ellbogen in Richtung Körpermitte. Achte darauf, dass du nicht auf der zu dehnenden Seite einknickst! Vertausche die Funktion der Arme und wiederhole die Übung.

Im schulterbreiten Stand nimmst du den rechten Arm nach vorne und beugst ihn, sodass die Hand über die linke Schulter zeigt. Die linke Handfläche drückt nun den seitlichen Ellbogen nach hinten. Zur Nackendehnung drehst du den Kopf in die entgegengesetzte Richtung.

Unterarmmuskulatur

Stehe schulterbreit und strecke den linken Arm - Unterseite nach oben - nach vorne. Die rechte Hand umfasst die Finger der linken und beugt sie langsam nach unten. Vermeide das Hochziehen der Schultern. Arme wechseln.

Hintere Oberschenkel- und Wadenmuskulatur

Auf dem Boden sitzend streckst du das linke Bein nach vorne und winkelst das rechte an, sodass die Fußfläche am Oberschenkel anliegt. Die linke Hand greift sich die Zehen des annähernd durchgestreckten Beines und zieht leicht nach hinten.

Der rechte Arm kann wie hier bei Normen hinten abgesetzt werden (siehe auch großes Bild auf der linken Seite) oder aber auch leicht auf den Oberschenkel des gestreckten Beines drücken.
Füße wechseln und wiederholen.

Innere Oberschenkelmuskulatur

Grätsche die Beine. Verlagere dein Gewicht auf das linke Bein und geh damit in die Knie (nicht weiter als 90 Grad!). Strecke das rechte annähernd durch und halte den Rücken gerade. Der rechte Arm kann durch Aufstützen das linke Knie etwas entlasten. Beidseitig durchführen.

Gesäss- und Rückenmuskulatur

Lege dich auf einen weichen Untergrund und ziehe beide Beine zur Brust. Rolle in dieser Position nach links und rechts und anschließend nach hinten.

Wer es schafft (Achtung Schmerzgrenze!), kann die Füße hinter dem Kopf abstellen oder gar die Knie jeweils seitlich neben dem Kopf hinlegen.

Gesäss-, Bauch- und Nackenmuskulatur

Setz dich hin und strecke die Beine nach vorne. Winkle anschließend das rechte an und stelle es an die Außenseite des linken Beines. Ziehe es mit der linken Hand bewusst noch etwas weiter zur Brust und richte die Wirbelsäule auf. Lege den linken Arm mit dem Ellbogen ans rechte Knie und drücke leicht dagegen. Nach ca. 20-30 Sekunden greifst du mit dem rechten Arm nach hinten, stützt dich ab und hältst den Oberkörper weiterhin aufrecht! Drehe diesen, aber vor allem die rechte Schulter langsam nach hinten. Zur Rotationsunterstützung und -verstärkung der Brustwirbelsäule folgt noch der Kopf. Vermeide einen Rundrücken sowie eine seitliche Neigung. Mit der anderen Seite wiederholen.

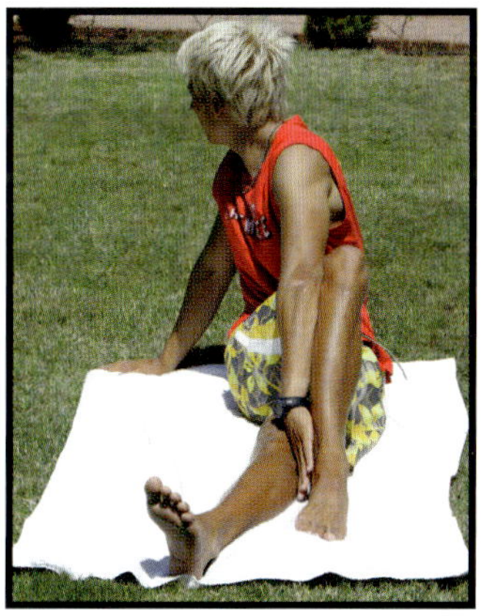

Material tragen

Die wichtigsten Punkte vorweg:
- Das Segel immer flach, parallel zum Boden halten!
- Der Wind muss immer über das Brett aufs Segel treffen (siehe Bild oben)!

und hinlegen

Material an den Strand /ans Ufer tragen und dort absetzen

Bei der üblichsten und einfachsten Tragevariante greift sich die eine Hand die vordere Schlaufe des Boards und die andere die Oberseite des Gabelbaumes. Wichtig dabei: Wissen woher der Wind kommt und die Längsachse des Masten immer ca. 45 bis 90 Grad zum Wind zeigen lassen (siehe Bild neben der Überschrift)! Damit fährt er über den Masten von unten übers Segel und hilft dir ein wenig beim Tragen. Das Brett (sofern kein Longboard, das du besser getrennt vom Rigg trägst) ist ausbalanciert.
Zum Absetzen auf weichem Untergrund (Kiesel, Gras, Sand) legst du das Board mit den Fußschlaufen nach unten hin, wodurch der Wind nicht unter das Segel fahren und es hochheben kann. Dabei darauf achten, dass der Mast nach Lee zeigt. Der Wind soll nicht zu steil auf den Masten treffen, aber auch nicht unter das Unterliek fahren können (ca. 45° zum Wind).
Auf sehr hartem Untergrund sollte man sehr vorsichtig sein bzw. Brett und Segel trennen. Da der Wind am Segel rüttelt, wird auch das Board bewegt und kann so auf Steinen Schaden nehmen. Vorsicht ist hier aber bei stärkerem Wind geboten. Beides, Segel und Brett können sich leicht verselbständigen und beschädigt werden - vor allem aber stellen herumfliegende Riggs eine große Gefahr für andere Menschen dar!

Material aus dem Wasser Tragen - Variante 1

Fahre in Ufernähe und steige vorsichtig (man weiß nie, was sich am Boden befindet) ab (Bild 1-2). Halte das Segel mit der Masthand aufrecht und greife mit der Segelhand an die vordere Fußschlaufe (Bild 3). Ziehe anschließend das Brett daran nach hinten, an dir vorbei nach Luv (Bild 4-5). Damit dreht sich das Segel herum (Bild 4-5) und du brauchst es lediglich hochzuheben und bist in der üblichen Trageposition (Bild 6-7).
Natürlich kannst du auch absteigen, das Segel nach Lee legen, auf die Oberseite der Gabel greifen und es so raustragen. Wichtig ist bei allen Windrichtungen, dass der Wind über das Board, schräg, im 45° bis 90° Winkel auf den Masten trifft.

Material aus dem Wasser tragen - Variante 2

Um das Equipment vor dem teilweise gemeinen Shorebreak zu schützen, ist es in Brandungsrevieren von Vorteil, das Material auf dem Kopf aus dem Wasser zu tragen.
Fahre dazu in Ufernähe und steige vorsichtig ab (Bild 1). Halte das Segel mit beiden Händen, richte es weiter auf und gehe dabei nahe zum Board (Bild 2-3). Bücke dich runter und greif dir die hintere Fußschlaufe (Bild 4). Der Kopf sollte sich nun unterhalb der Gabel, idealerweise oberhalb der untersten Latte befinden. Positioniere die Masthand jetzt noch am Masten, unterhalb der Gabel, und stemme so dein Material hoch (Bild 5-6). Um es an Land nun auch sicher zu Boden zu bringen, greifst du von der hinteren auf die vordere Schlaufe und richtest gleichzeitig das Rigg etwas mehr auf, sodass der Wind darunterfahren kann. Schiebst du dann den Mast nach Luv, schlägt das Schothorn über dem Kopf um. In der nun eingenommenen Trageposition kann es wie üblich abgesetzt werden.

INTRO: Sicher bist du es nach einiger Zeit Leid, am Beginn jeder Surfsession auf das Board zu steigen und dann das Segel aufziehen zu müssen. Der Beachstart kann hier Abhilfe schaffen! Mit ein bisschen Segelgefühl kann er ganz einfach erlernt werden und ist dann vor allem in Revieren mit Shorebreak sehr hilfreich!

BEACHSTART

1. Segel in Grundposition bringen

Als erstes gilt es, die Grundposition zum Aufsteigen zu erreichen. Das heißt: Das Segel muss am Ende mit beiden Händen gehalten und durch die Kraft des Windes getragen werden. Wir gehen anfangs jedoch davon aus, dass das Material vom Strand ins Wasser transportiert wurde, das Segel in Lee liegt und das Board vor dir (Bild 1).
Nimm als erstes den Masten mit beiden Händen und zieh das Segel zügig zu dir und nach oben, bis das Schothorn aus dem Wasser kommt (Bild 2-3). Die zukünftige Masthand hebt jetzt das Rigg energisch über den Kopf nach Luv, die freie Segelhand greift an die Gabel.
Anschließend lässt du den Masten los und positionierst auch die zweite Hand am Holm - so, dass sich die Trapeztampen ungefähr zwischen deinen Händen befinden (Bild 6).

2. Board drehen

Befindet sich das Segel in der Grundposition, dreht sich das Board leicht in eine Stellung, die es dir unmöglich macht, aufzusteigen. Anstatt verzweifelt zu versuchen, mit den Händen das Board zu verschieben und gleichzeitig das Segel oben zu halten, wird hier mit Druck auf den Mastfuß gearbeitet!
Auf Bild 1 zeigt das Board zu sehr in den Wind. Ein Aufsteigen hätte einen schnellen Abgang nach hinten zur Folge, da sich kein Druck im Segel befindet. Du musst das Brett zuerst mit der Nose nach Lee lenken, sprich abfallen lassen. Nur die Finne, als Fixpunkt im Wasser, bietet dem Board bei seitlichen Bewegungen einen Widerstand.
Indem du das Schothorn etwas zu dir ziehst und den Mastarm streckst, wird sich das Brett um die Finne herum nach Lee drehen (Bild 2-4). Wichtig dabei: Immer ein bisschen mit dem Board mitgehen!
Umgekehrt kann man mit dem Druck, der dabei auf den Mastfuß einwirkt, das Brett auch anluven lassen. Dazu einfach den Mastarm beugen, den Segelarm etwas nach hinten strecken und wiederum mit dem Board mitgehen, sodass das Segel nie das Wasser berührt (Bild 4-6)!
Am besten übst du diese Vorgehensweisen vor dem eigentlichen Aufsteigen, bis sie dir fast automatisch von der Hand gehen.

3. Segel schweben lassen

Achte immer darauf, dass der Wind seitlich, über den Masten ins Segel fährt. Nur so kannst du es in jeder Situation problemlos halten!
Sobald sich beide Hände an der Gabel befinden, wird die Neigung durch den Zug im Segel gesteuert. Willst du das Rigg weiter aufrichten, musst du den Mastarm leicht nach oben strecken und den Segelarm etwas anwinkeln. So fährt mehr Wind von unten ins Segel und hebt es hoch.
Entwickelt sich zu viel Druck und die Gefahr nach vorne, über die Nose gezogen zu werden, steigt, winkelst du den Mastarm an und streckst den Segelarm oder lässt ihn überhaupt los.
Der Segelarm funktioniert nämlich wie ein Gaspedal, das den Druck steuert.

1 2 3

4. Aufsteigen und Losfahren

Steuere das Board mit der vorher erlernten Brettsteuerung auf Halbwind- bis Raumwindkurs (Bild 1). Richte das Segel durch Strecken des Mastarmes und Anwinkeln des Segelarmes auf (dichtholen) und gehe dabei ganz nahe an das Board (Bild 2). Anschließend setzt du deinen (später am

WATERSTART

Wasserstart

Intro: Beherrschst du den Beachstart, wird dir der Wasserstart nicht schwer fallen! Er ist eines der wichtigsten Manöver um bei zu kleinem Material oder Wellengang noch starten zu können.

1. Segel aus dem Wasser heben

Wenn wir davon ausgehen, dass das Material genau richtig zum Starten im Wasser liegt (ansonsten Material drehen, nächste Seite), so muss als erstes das Wasser vom Segel runter. Dazu hältst du es am Masten, oberhalb der Gabel, und bewegst es (bzw. schwimmst) ein wenig nach Luv (Bild 1). Ist das Wasser abgeflossen, greift eine Hand an die Unterseite der Gabel (Bild 2) und zieht das Segel gegen den Wind und leicht nach oben (Bild 2-3). Während das Rigg so mit wenig Kraftaufwand aus dem Wasser kommt, legst du auch die zweite Hand an den Holm und befindest dich nun in der Ausgangsposition. Nur bei sehr großen Riggs mit breiten Masttaschen (und Cambern) ist dies schwieriger und kraftaufwändiger.

1 2 3 4

3. Wasserstart

Wurden Brett- und Segelsteuerung verstanden, kann es ja jetzt losgehen: Hebe als erstes das Segel hoch (Bild 1). Steuere anschließend das Board auf Halbwind- bis Raumwindkurs und drehe dich und das Rigg so, dass du in Luv relativ nahe beim Brett schwimmst (Bild 2-3). Der Druck, den du durch das Dichtholen ins Segel bringst, wird zum Hochziehen genützt (Bild 3-4).

1 2 3 4

Brett) hinteren Fuß mit gebeugtem Knie zwischen die vordere und hintere Fußschlaufe (Bild 3). Stelle das Rigg immer weiter auf und positioniere nun auch den zweiten Fuß - knapp hinter dem Mastfuß - auf dem Brett (Bild 4-5). Abschließend den Segelarm wieder leicht entspannen, stabilisieren und den Kurs korrigieren (Bild 6).

2. Steuerung

Segelkontrolle

Um mehr Gefühl für das Segel zu bekommen, eignet sich eine kleine Trainingseinheit am Strand am besten. Setz dich mit deinem Material in Wasserstartposition hin und gehe die Steuermöglichkeiten durch.

Holst du das Rigg durch Anziehen des Segelarmes dicht, erzeugst du Druck, den du zum Aufsteigen benützen kannst. Lässt du hingegen locker, schwebt das Segel auf dem Wind (da du es mit der Masthand festhältst).

Brettsteuerung

Die Steuerung des Boards funktioniert exakt nach dem Prinzip des Beachstarts. Da die Finne der Fixpunkt ist, bestimmt der Druck am Mastfuß die Drehrichtung. Neigst du das Segel also nach vorne bzw. paddelst nach Lee, so fällst du dabei ab. Schwimmst du nach Luv oder legst das Rigg nach hinten, steuert das Brett in den Wind.

Leg den hinteren Fuß zwischen die hintere und vordere Fußschlaufe aufs Board und strecke deine Arme (Bild 4). Je weiter das Segel sich aufrichtet, desto mehr Wind und damit Druck kommt hinein.

Wichtig dabei: Hinteres Bein anwinkeln um noch näher zum Board zu kommen (Bild 5-6)! Steht das Segel nahezu aufrecht, steigst du wie auf eine sehr hohe Stufe auf das Brett, streckst dabei das Bein und hievst dich klimmzugmäßig an der Gabel aufs Board. Das andere Bein, welches sich noch im Wasser befindet, sollte mit Schwimmbewegungen das Aufstehen unterstützen (Bild 6). Sobald du das auf dem Brett Stehende durchgestreckt hast, ziehst du das Schwimmende ebenfalls hoch und platzierst es in Mastnähe in der Mitte des Brettes (Bild 7-9).

4. Material drehen

Du hast gerade einen Sturz fabriziert oder bist vom Brett gedrückt worden und natürlich liegt das Material unmöglich für einen Wasserstart. Wie du in solchen Situationen ganz einfach und schnell umdrehen und wieder aufsteigen kannst, zeigen wir hier:

Greife mit beiden Händen an den Masten (Bild 1-2). Während die linke Hand daran zieht, schiebt die rechte, sodass Segel und Board sich drehen (Bild 1-3). Erst wenn der Mast fast im rechten Winkel zum Wind steht, kann an die Unterseite der Gabel gegriffen und das Rigg dabei durch einen kräftigen Zug nach Luv hochgehoben werden (Bild 4-5). Abschließend das gesamte Material mit beiden Händen an der Gabel nach vorne und Lee schieben um das Board abfallen zu lassen (Bild 6).

Es liegt natürlich nahe, in dieser Situation das Schothorn einfach aufzuheben und so das Segel umzudrehen. Dabei sinkt aber meist das Rigg mit dem Masten voran ab und das anschließende Hochholen beansprucht einiges mehr an Zeit.
Schneller und vor allem mit viel weniger Kraftaufwand funktioniert es, wenn du erst mit dem Board gegen den Wind schwimmst (Bild 2-3), anschließend auf die andere Brettseite wechselst und dann das Board vor dir her schiebst (Bild 3-4). Dabei dreht sich das Segel automatisch über Lee. Bläst der Wind dann im rechten Winkel über den Masten, greifst du an die Unterseite der Gabel, ziehst das Rigg nach Luv und oben und startest wie üblich (Bild 6). Du wolltest aber lieber in die andere Richtung aufsteigen? Unter Punkt „C" und „D" steht, wie's geht!

Du hältst die Gabel schon in beiden Händen, das Segel „schwebt" über dir und du könntest einen Wasserstart machen, willst aber eigentlich in die entgegengesetzte Richtung? Dann muss logischerweise das Material komplett umgedreht werden.
Indem du das Segel dichtholst (Segelarm beugen, Mastarm strecken) und - wie beim Beachstart bereits gelernt - Druck auf den Mastfuß gibst, wandert das Board um den Fixpunkt Finne nach Lee (Bild 1-3). Derweil baut sich im Segel so viel Druck auf, dass dieser nach dem Vorwindkurs nicht mehr gehalten werden kann. Gib ihm einfach nach, indem du die Segelhand los und das Rigg nach Lee klappen lässt (Bild 4-6). Fällt es dort ins Wasser, hebst du es, wie eingangs gelernt, wieder hoch. Noch besser ist, wenn du das Segel mit der Masthand gleich über deinen Kopf ziehst, die andere Hand an die Gabel legst und dort dann auch die Masthand positionierst (Bild 6-8). Das spart nochmal Zeit und bringt dich schneller in die Ausgangsposition.

In die entgegengesetzte Richtung starten - Segel über der Nose drehen

Liegt das Segel mit dem Masten Richtung Nose, drehst du am besten wie folgt um: Lange mit breitem Griff an den Masten. Schwimmend drehst du das Rigg so, dass der Wind im rechten Winkel über die Masttasche streifen kann und hebst es aus dem Wasser (Bild 1-3). Schwimmst du jetzt mit der Masthand drückend und der Segelhand ziehend nach Luv, dreht das Board in die gewünschte Startposition (Bild 4). Inzwischen hat sich Druck im Segel aufgebaut, dem du durch Loslassen der Segelhand nachgibst (Bild 5). Achte aber darauf, dass sich der Mastfuß bereits in Lee von dir befindet (Bild 8)! Das Rigg dreht sich automatisch um und du kannst es, indem du über Kreuz auf die andere Gabelbaumseite greifst, oben halten und schließlich wasserstarten (Bild 8 -10).

5. Board liegt verkehrt

Variante 1

Halte das Segel sehr flach (Bild 1). Ziehe es zu dir nach Luv und führe deine Beine unter das Brett (Bild 2). Nimm kurz Druck aus dem Segel und trete von unten auf die Luvkante des Boards (Bild 3), so, dass es sich umdreht (Bild 4). Mittels der üblichen Segelsteuerung bringst du es abschließend auf den richtigen Kurs (Bild 5).

Variante 2

Segel aufrichten, an die Gabel hängen und zum Board schwimmen (Bild 1-2). Da das Brett aufgekantet ist, kann es nicht mehr wegtreiben. Das Segel hingegen zieht dich nach Lee und so näher zum Board (Bild 3). Bei gutem Druck stellst du die Füße auf die Kante (Bild 4), sodass das Brett leicht untergeht, schließlich aufkippt und du obendrauf stehst (Bild 5).

6. Clew-first Wasserstart

Schothorn-voraus funktioniert der Wasserstart fast wie in normaler Position. Du musst nur darauf achten, dass das Brett nicht zu sehr anluvt und du das Schothorn immer nach oben hältst, damit der Wind darunterfahren kann.

AUF BACK SHIFTEN

An Land

Das Fahren in Back zu beherrschen, hilft dir in vielen Situationen den jeweiligen Move erfolgreich abzuschließen oder noch zu retten. Bereits bei Einsteigermanövern wie Heli Tack oder aber auch beim 360, der Duck Tack, Conca Tack, Monkey Jibes ja sogar beim Spock oder den Willy Skipper Variationen wirst du froh sein, das Fahren in Back geübt zu haben. Am besten automatisiert man die Griff- und Fußtechnik des Shiftens in Back bereits an Land.

Stelle dazu das Segel ohne Brett auf und platziere einen Fuß ganz knapp vor dem Mastfuß (Bild 1). Anschließend das Rigg näher zu dir kommen lassen, das Körpergewicht auf den vorderen Fuß verlagern und über Kreuz auf die andere Gabelbaumseite greifen (um den Masten herum) (Bild 2-4). Ziehe damit das Segel an dir vorbei nach Luv und bleibe mit dem Körpergewicht über dem Mastfuß. Automatisch verlässt die ursprüngliche Masthand den Boom und positioniert sich auf der neuen Seite als Segelhand weiter hinten (Bild 5). Der ehemals hintere Fuß wird auf der Backseite an den Mastfuß gestellt, was das andere Bein weiter nach hinten, in Fußschlaufennähe verdrängt (Bild 5-6) .

Während du das Rigg weiterhin etwas nach Luv schiebst, kann eine normale Griffposition an der Gabel erreicht werden (Bild 7). Die nun eingenommene Haltung bezeichnet man als Back. Das Segel steht sozusagen zwischen dir und dem Wind, das Brett fährt in die gleiche Richtung. Das einzige, was bei der Vorübung wie auch beim Fahren in Back beachtet werden muss: Der Segelarm bleibt angewinkelt und dosiert den Gegendruck!!

Auf dem Wasser

1. Während der Geradeausfahrt auf die andere Seite umsteigen (siehe auf Back shiften an Land)
Nachdem du die Grifftechnik aus den Übungen an Land schon gut beherrschen solltest, liegt die volle Konzentration auf der Fußtechnik, da es auf dem Brett und dem Wasser natürlich etwas wackeliger wird, als an Land. An der Ausführung selbst ändert sich überhaupt nichts. Einfach die Schritte aus der Trainingseinheit nun auf dem Wasser wiederholen. In der Back-Position selbst ist es dann wichtig, das Segel mit gebeugten Armen immer hinten zu halten, sonst fällt das Board ab!

2. In eine Wende fahren und durch Steuerung in Back abfallen
Luve mittels Segelsteuerung an, platziere den vorderen Fuß vor dem Masten und steuere das Board mit der Nose in den Wind. Richte dann das Rigg auf und schiebe es nach vorne um mit dem Board abzufallen. Hast du in Back Amwindkurs erreicht, muss nur noch das Segel nach hinten gelegt werden um nicht zu weit abzufallen.

Heli Tack an Land

FAHREN IN BACK

WICHTIGSTE REGEL: Das Segel in Back grundlegend relativ stark nach hinten halten!

GERADEAUS FAHREN:
Lass die Arme immer leicht angewinkelt um Spielraum zur Steuerung zu haben. Das Segel bleibt konstant nach hinten geneigt. Richtest du es zu weit auf, fällt das Board zu weit ab und du wirst nach hinten ins Wasser gedrückt.

ANLUVEN:
Überlege, wie du normalerweise anluvst: Segel nach hinten neigen und dabei Druck auf den hinteren Fuß geben. So schiebst du praktisch das Heck nach Lee, wobei die Nose in den Wind dreht.
In Back funktioniert das genau gleich, nur auf der anderen Segelseite. Neigst du also das Rigg nach hinten, leitest du das Anluven ein. Strecke dann den Segelarm und pushe damit leicht gegen den Wind. Der Mastarm bleibt etwas angewinkelt und hält ebenfalls gegen. Dabei übst du Druck auf den hinteren Fuß aus, der dann die Spitze zum Wind drehen lässt.

ABFALLEN:
Wie in den Grundlagen gelernt, neigst du das Rigg mit Hilfe der normalen Segelsteuerung nach vorne, gibst dadurch Druck auf den Mastfuß und fällst so ab. Achte besonders darauf, dass du das Segel immer mit gebeugtem Segelarm hältst um den Druck nicht „abzuwürgen" und nicht abgeworfen zu werden.

HELI TACK AN LAND

VORÜBUNG FÜR: HELI TACK

Stelle dein Rigg auf, simuliere eine Fahrt auf Halbwindkurs und platziere dabei den vorderen Fuß vor dem Mastfuß (Bild 1-3). Luve nun mit dem Segel an (nach hinten lehnen) und nimm es leicht dicht (Bild 4-5). Am Wasser würde das Board jetzt in den Wind steuern. Um die richtige Stellung des Segels dazu zu erreichen, richtest du es auf, schiebst es in den Wind und gehst dabei mit der Drehung des Riggs mit (Bild 6).
Anschließend legst du es mit gebeugten Armen auf den Wind (Back-Position) (Bild 7-8) und schiebst es nach vorne um Druck auf den Mastfuß zu geben. (Auf dem Wasser bewirkt dies ein Abfallen des Boards.) Dazu den Mastarm strecken und den Segelarm beugen (Rigg bleibt nahe beim Körper).
Bevor der Druck zu stark wird, streckst du den Segelarm, damit das Schothorn durch den Wind dreht und lässt ihn anschließend komplett los. Gleichzeitig dreht das Rigg herum, bis der Mast wieder in Luv und das Schothorn in Lee steht (Bild 10-13). Während dieser Rotationsphase steigst du mit den Beinen um (sonst würdest du switch-stance ausleiten) und greifst mit der freien, ursprünglichen Segelhand über Kreuz auf die andere Seite der Gabel (Bild 11-12). Ziehe das Rigg sofort mit der Masthand aktiv nach Luv (Bild 13-14) beschleunige so die Rotation und reduziere die notwendige Kraft, die sonst zum Aufrichten aufgewendet werden müsste.

9 10 11 12 13 14 15

Backwind Jibe ohne Gleiten

Vorübung für: Backwind Jibe, Upwind 360, 360 Ausleitung, Bender, Monkey Jibe, Spock+Variationen, Funnell

Die Voraussetzung für die Backwind Jibe ist das Fahren in Back. Beherrschst du auch das Steuern in dieser Stellung, bildet die Backwind Jibe ohne Gleiten den nächsten Schritt zu den oben genannten Moves.

Fahre mit hinten gehaltenem Segel in Back (Bild 1), stelle zur Einleitung als erstes den hinteren Fuß weiter zurück (zwischen die vordere und hintere Fußschlaufe) und rücke so mit dem Körperschwerpunkt hinter den Mastfuß. Schiebst du jetzt das Rigg leicht nach Luv (mittels Segelsteuerung in Back abfallen), steuert das Board nach Lee. Je weiter du so abfällst, desto mehr muss der Mastarm gestreckt sowie der Segelarm gebeugt werden (Bild 2-4). Indem du weiter hinten stehst, sinkt das Heck etwas ab, wodurch das Brett steiler im Wasser steht und ohne große Kraftaufwendung auf der Stelle drehen kann. Hat das Board über Vorwindkurs rotiert, wird es Zeit, das Schothorn durch den Wind zu führen (Bild 5). Zum sofortigen Druckaufbau öffnest bzw. drehst du das Segel mit gebeugten Armen (Bild 6-7). Sobald der neue Halbwindkurs erreicht ist, neigst du es abschließend nach vorne (durch Segelsteuerung abfallen) und vermeidest so ein Überdrehen (Bild 8). Wichtig: Den Körper während des gesamten Moves über der Brettmitte halten!

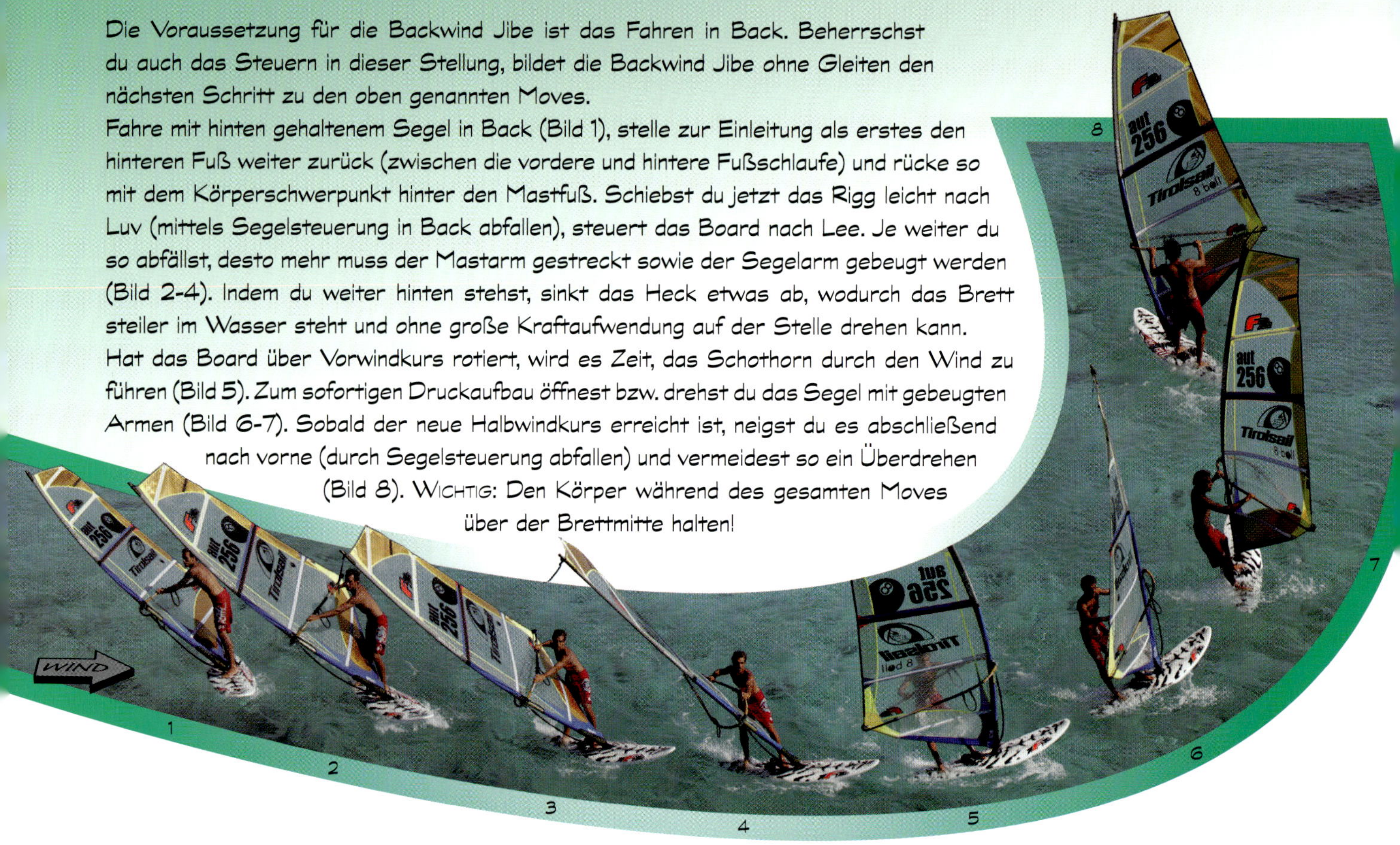

Push Tack ohne Gleiten

Vorübung für: Push Tack, Conca Tack, Reverse Monkey Jibe, Donkey Jibe, Sail-Body 360, Flaka (Swayze)

Fahre auf Halbwindkurs, stelle dich näher zum Masten und winkle die Arme an. Nimm Druck aus dem Segel, schiebe es nach Luv und steige gleichzeitig mit dem hinteren Fuß verkehrt vor den Masten (Bild 2-3). Nun muss das Segel halbkreisförmig gedreht werden. Halte es gegen den Wind und unterstütze die Boarddrehung, indem du es nach hinten neigst (Steuerung in Back). Gleichzeitig belastest du hier den vorderen Fuß, so, dass die Nose leicht untergeht, wodurch das Board wesentlich leichter dreht (Bild 4-6). (Bei der Push Tack im Gleiten, S. 84, wird hier der hintere Fuß belastet!). Während das Board rotiert, verlagerst du dein Körpergewicht wieder weiter nach hinten (Bild 6-8), bevor du das Schothorn dann durch den Wind führst um wieder Druck aufzubauen (Bild 8). Stabilisiere deine Schothorn-voraus Position und shifte schließlich (Bild 9-12).

Upwind 360 ohne Gleiten

Vorübung für: Upwind 360, Backwind Jibe, Heli Tack, Flaka (Swayze)

Stelle den vorderen Fuß knapp vor den Mastfuß, nimm so einen etwas breiteren Stand ein (Bild 1) und luve mittels Segelsteuerung an (Bild 2). Damit das Heck jetzt nicht untergeht, lehnst du deinen Körper durch Anwinkeln des vorderen Beines leicht nach vorne. Überziehe anschließend das Segel, damit das Board in den Wind dreht (Bild 3). Noch bevor du beginnst rückwärts zu fahren, richtest du das Rigg auf und schiebst es nach Luv (Bild 4). Dabei bleibt der Mastarm eher gestreckt und der Segelarm stärker gebeugt (in Back abfallen).

Gib wie bei der Heli Tack Druck auf den Mastfuß und lass das Board abfallen. Winkle dabei den Segelarm immer weiter an (Bild 5-7), schiebe aber auf keinen Fall das Segel gegen den Wind, sonst wirst du nach hinten ins Wasser gedrückt. Hast du neuen Halbwindkurs erreicht, müsstest du jetzt für die Heli Tack shiften. Beim Upwind 360 hängst du jedoch eine Backwind Jibe dran.

Positioniere dich dazu in der Nähe der Fußschlaufen (beide Füße hinter dem Mastfuß!) damit das Board leichter dreht (Bild 7). Rotierst du über Raumwindkurs, öffnest du das Rigg um das Schothorn durch den Wind zu führen und wieder Zug ins Segel zu bekommen (Bild 8). Fang den Druck ab (Bild 9) und neige das Segel nach fertiger Drehung noch nach vorne um abschließend die Rotation zu stoppen (Bild 10).

Ø Problem: Beim Abfallen in Back treibst du rückwärts. Folge: Drehung nicht möglich.

✓ Lösung: Den Segelarm unbedingt gebeugt halten! Segel nahe beim Körper lassen! Mittels eines gestreckten Mastarmes das Segel nach Luv/vorne schieben um Druck auf den Mastfuß auszuüben und weiterzurotieren!

Ø Problem: Wenn das Schothorn durch den Wind dreht, wird der Druck zu stark. Folge: Es reißt dir das Segel aus der Hand - Abgang nach vorne.

✓ Lösung: Gehe am Board einen Schritt zurück (leichtere Brettrotation). Arme sind angewinkelt!

Ø Problem: Board dreht nach dem Öffnen des Segels auf ca. Vorwindkurs nicht weiter. Folge: Abgang zur Seite.

✓ Lösung: Am Board weiter zurück steigen (leichtere Brettrotation)! Rigg hinten halten (Segelsteuerung).

Clew-first shiften

VORÜBUNG FÜR: DUCK JIBE, DONKEY JIBE, CONCA TACK, ALLE CLEW-FIRST MANÖVER

AN LAND

Bei 1-2 Bft. stellst du dein Rigg - (mit Board nur auf weichem Untergrund) - mit dem Mast zum Wind gerichtet auf und nimmst eine normale Haltung ein (Bild 1). Anschließend platzierst du die Segelhand etwas weiter hinten an der Gabel (Bild 2). Hol das Rigg dichter zu dir, lass die Masthand los und greife mit dieser gleich über Kreuz ans Schothorn (Bild 3). Hast du den Holm fest in der Hand, nimmst du die ehemalige Segelhand von der Gabel und ziehst das Rigg aktiv vor dem Kopf vorbei nach Luv (Bild 4). In dieser Position kann das Segel relativ stabil gehalten werden (solange nicht zu starker Wind weht). Lange nun mit der freien Hand auf der neuen Gabelbaumseite so weit wie möglich in die normale Griffposition der Masthand. (Ist das nicht mit einem Mal möglich, einfach öfter umgreifen.) Lass dann die alte Seite komplett los und nimm mit der anderen Hand die übliche Segelhandposition am Holm ein (Bild 5-7). Damit wäre das Schothorn-voraus Shiften geschafft.
Indem die Segelhand nun etwas länger gelassen wird, kommt mehr Druck auf, welchem du schließlich nachgibst, indem du loslässt und das Rigg mit der Masthand in die Ausgangsposition zurückshiftest. Damit das Umgreifen automatisiert wird, sollten einige Trainingseinheiten an Land auf dem Stundenplan stehen. Es wird dir schlußendlich helfen, dich am Wasser auf die Beinarbeit konzentrieren zu können (z.B. Duck Jibe).

1 2 3 4 5 6 7

AUF DEM WASSER IM GLEITEN

Der Bewegungsablauf beim clew-first Shiften gleicht jenem der Duck Jibe, nur dass hier keine Halse gefahren wird.
Damit das alles aber auch im Gleiten passiert, hier nochmal der genaue Ablauf: Fahre in beiden Schlaufen, gut im Gleiten, anfangs möglichst nicht überpowered (Bild 1). Falle auf tiefen Raumwindkurs ab und rutsche mit der Segelhand weiter zum Schothorn (Bild 2).
Die folgenden Standardgriffe sollten jetzt genau ausgeführt werden, denn lasche Grifftechnik oder Unachtsamkeiten können einem leicht das Rigg aus der Hand reißen. Halte das Segel dicht, richte den Körper dabei auf und greife mit der Masthand über Kreuz zum Schothorn (Bild 3-4). Sobald du festen Griff hast, lässt du die ursprüngliche Segelhand los und ziehst das Rigg am Kopf vorbei (in die Aufrechte) (Bild 5).
Hast du es soweit geschafft, kann schon nicht mehr viel passieren. Die freie Hand nun auf der neuen Gabelbaumseite möglichst weit vorne an der Gabel, in Masthandposition platzieren, dann die alte Gabelseite komplett loslassen und

1 2 3 4 5

Auf dem Wasser ohne Gleiten

Auch auf dem Wasser sollte das Schothorn-voraus Shiften zuerst bei Dümpelbedingungen geübt werden. Im Grunde genommen gibt es zwei Möglichkeiten, das Segel auf clew-first zu drehen. Entweder du fährst eine Halse ohne zu shiften (rechts) oder du drehst das Rigg während der Geradeausfahrt um, was als Vorübung natürlich mehr bringt und im Folgenden ausführlich beschrieben wird: Fahre auf Halbwind- bis Raumwindkurs und nimm einen etwas breiteren Stand auf dem Brett ein, indem du den vorderen Fuß nahe am Mastfuß positionierst (Bild 1). Nun folgen die gleichen Schritte wie bei den Übungen an Land: Mit der Segelhand Richtung Schothorn rutschen, Rigg leicht dichtholen, Masthand loslassen und über Kreuz zum Schothorn greifen (Bild 2-3). Während dieser Arm das Rigg am Kopf vorbeizieht (Bild 4), verlässt die ehemalige Segelhand die alte Gabelbaumseite und platziert sich auf der neuen so weit wie möglich in normaler Masthandposition (Bild 5). Sekunden später folgt auch die andere Hand und die Schothorn-voraus Position wäre eingenommen.
Für das clew-first Steuern des Riggs gilt Folgendes: Anluven: Segel nach hinten legen. Abfallen: Segel nach vorne schieben und Druck auf den Mastfuß geben. Halte die Arme gestreckt und den Schwerpunkt über dem vorderen Bein. Achte dabei darauf, dass das Schothorn gerade so viel vom Wind weggedreht ist, dass es dir genügend Druck gibt. Öffnest du das Rigg zu weit, zieht es dich vorne drüber, steht das Schothorn zu steil zum Wind, wirst du nach hinten ins Wasser gedrückt.

! TIPP: Luvt das Board automatisch an, wird das Segel instabil und drückt dich nach hinten. Richte es deshalb weiter auf und neige es nach vorne (vorderer Fuß steht nahe am Mastfuß!).

Clew-first fahren

auch die zweite Hand auf die neue Seite holen (Bild 6-7). Nimm eine breite Griffposition ein und achte darauf, dass das Schothorn nicht zu flach zum Wind steht. Um jetzt im Gleiten zu bleiben, streckst du die Arme und öffnest das Segel ein wenig um Wind einzufangen (Bild 8). Gleichzeitig musst du dich, wie üblich, nach hinten bzw. Luv lehnen um das Gegengewicht zu bilden.

Clew-first fährt man normalerweise auf Raumwind- bis tiefem Raumwindkurs. Luvst du auf Halbwind oder noch steiler an, werden die Kräfte, die auf das Segel einwirken, schnell so groß, dass es hin und her zu schlagen beginnt und dich schließlich meist nach hinten ins Wasser drückt. Wie beim normalen Gleiten gibt es auch hier den richtigen Druckpunkt. Beim clew-first Fahren ist dieser nur etwas schwieriger zu finden, aber mit etwas Übung erwischst du die richtige Segelhaltung dann immer leichter und schneller.

Finne-voraus fahren

Vorübung für alle Willy Skipper Variationen

Luve mittels Segelsteuerung an, bis das Board in den Wind zeigt (Bild 1-4) und platziere dann deinen vorderen Fuß ein Stück vor dem Mastfuß und den hinteren knapp hinter dem Mastfuß (Bild 4). Richte das Segel jetzt auf, nimm es dicht und halte es wieder nach hinten (durch Segelsteuerung anluven) (Bild 5).

Währenddessen startest du die Brettdrehung, indem du mit dem hinteren Fuß (beim Mastfuß) schiebst, mit dem vorderen (Nose-Fuß) ziehst und dein Körpergewicht auf den Bug verlagerst.
Beginnt das Board jetzt zu drehen, stellst du den hinteren Fuß verkehrt zum vorderen auf die Brettspitze und

Vorübung Willy 540

Um speziell den Bewegungsablauf beim Willy 540 zu lernen, drehst du dein Board zuerst auf Finne-voraus und nimmst Fahrt auf (Bild 1). Zum Abfallen neigst du das Segel nach vorne und setzt so die Segelsteuerung ein (Bild 2-3). Sobald die Finne in Lee greift, geht dieser Vorgang relativ schnell vonstatten - sei also darauf vorbereitet. Während das Board abfällt, lässt du die Segelhand los, greifst hier entweder zum Mast oder gleich Boom-to-Boom und ziehst das Rigg vor deinem Körper vorbei nach Luv (Bild 4-6). Allein durch die noch bestehende Fahrt und das zusätzliche Vorschieben des Segels sollte das Brett durch den Wind drehen und du jetzt in Back dastehen (Bild 7). Platziere nun den vorderen Fuß hinterm Mastfuß und den hinteren ebenfalls etwas weiter hinten. So sinkt das Heck ab und das Board rotiert durch eine angehängte Backwind Jibe (Segel nach Luv schieben, Segelarm anwinkeln und Mastarm strecken - Bild 8) die restlichen 180 Grad (Bild 8-10). Nach einem gesprungenen Willy Skipper geht das natürlich alles viel schneller, die Grifftechnik bleibt aber dieselbe.

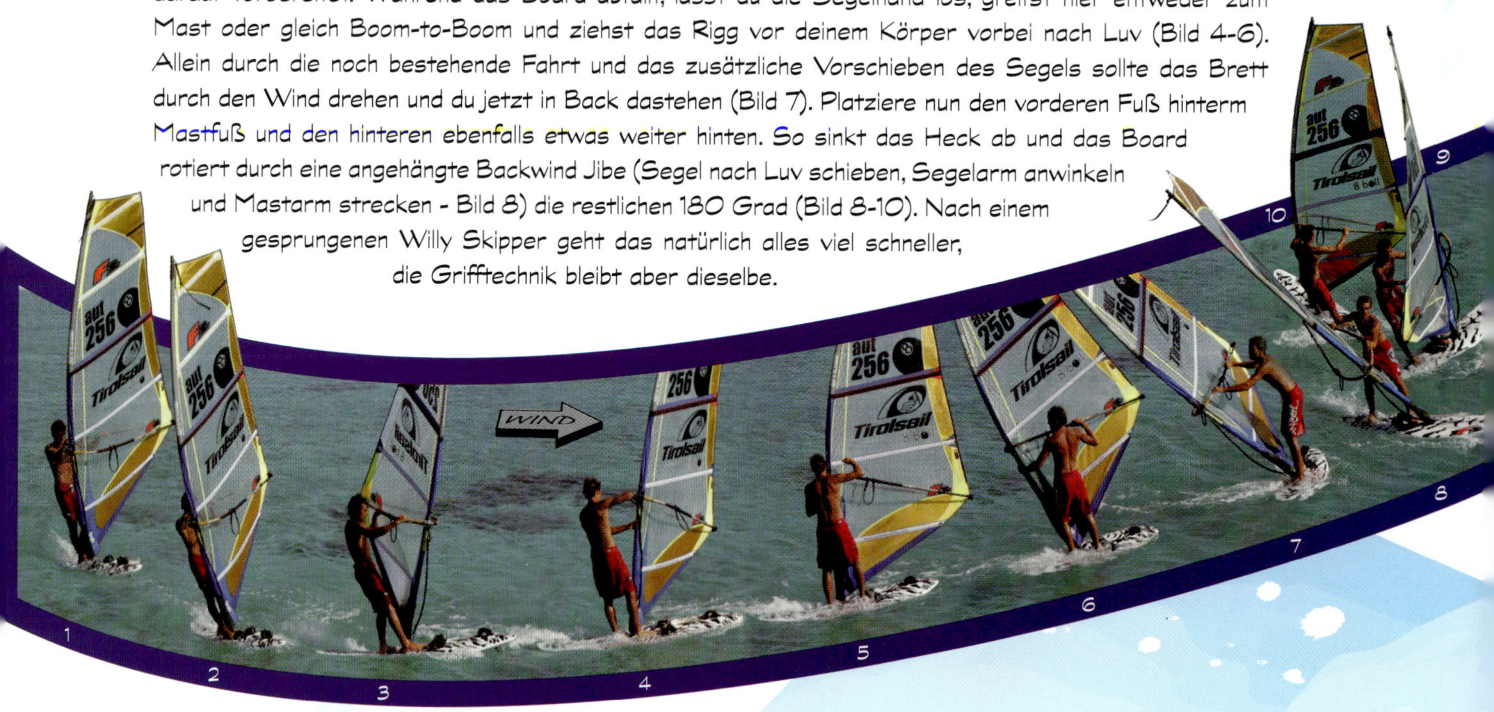

platzierst diesen verkehrt knapp hinter dem Mastfuß (Bild 5-6). Hiermit ist die Position fürs Finne-voraus Fahren erreicht (Bild 7-9).
Hast du Fahrt aufgenommen, muss das Board auf Kurs gehalten werden. Die Finne zeigt jetzt in die Fahrtrichtung und verschneidet leicht. Normalerweise luvt das Board von selbst an. Um dem entgegenzuwirken, muss viel Druck auf den vorderen Fuß ausgeübt und das Segel unter Zug gehalten werden. Fällt das Brett zu sehr ab, neigst du das Segel nach hinten (mittels Segelsteuerung anluven) und gibst damit Druck auf den hinteren Fuß.

Vorübung Lollypop

Der Lollypop ist eine der schönsten Willy Skipper Variationen, aber auch eine der schwierigsten (lässt man Remkos Sleepy Hollow außer Acht). Mit der folgenden Vorübung kommst du dem „Lolly" aber einen Schritt näher.
Fahre Finne-voraus und lenke das Board durch starke Segelsteuerung und Druck auf den vorderen Fuß energisch nach Lee (Bild 1). Machst du diese Bewegung schnell genug, greift die Finne sofort und lässt das Brett automatisch drehen. Hole jetzt das Rigg dicht und schiebe es mit dem Schothorn nach Luv, bis du leichten Gegendruck verspürst (Bild 2-4). Ein gestreckter Segelarm sowie kurzer Mastarm halten das Segel nun gegen den Wind um Druck auf den Mastfuß auszuüben und das Board weiterrotieren zu lassen (Bild 5-7). Verharre in dieser Position, bis das Brett alten Halbwindkurs erreicht hat. Erst dann öffnest du das Segel, gibst dem Druck nach und steigst dabei mit dem vorderen Fuß verkehrt zum hinteren (Fußwechsel!) (Bild 8). Hole abschließend dicht und stelle den ehemals hinteren Fuß verkehrt nach vorne (Bild 9). Im Gleiten geht das Ganze sehr viel schneller, das Board dreht wesentlich leichter und stärkerer Gegendruck kommt auf. Automatisierst du diese Bewegung, kannst du dich voll und ganz auf das schwierige Timing konzentrieren.

Auf switch-stance umsteigen

Vorübung für: Vulcan (Air Jibe), Duck Jibe, Reverse Duck Jibe, alle switch Manöver

Switch-stance (clew-first) durch eine Halse in den Schlaufen

Ohne Gleiten

Um das Gefühl des switch-stance Fahrens kennen zu lernen, übe das Umsteigen zuerst ohne Gleiten. Fahre bei wenig Wind auf Halbwindkurs, richte das Segel auf und wechsle deine Fußstellung. Verkehrt solltest du dann relativ nahe beim Mastfuß stehen um nicht hinten abzusinken.

Im Gleiten

Das Umsteigen im Gleiten kann mit Hilfe zweier Techniken gemeistert werden:

1. Eine Halse fahren, einfach in den Schlaufen bleiben und das Segel shiften.
2. Während der Geradeausfahrt die Fußstellung wechseln.

Für die zweite Variante fährst du mit gutem Speed auf Raumwindkurs und versuchst das Segel konstant unter Druck zu halten um nicht aus dem Gleiten zu kommen (Bild 1). Richte deinen Körper auf und steige mit dem hinteren Fuß zwischen die vordere und hintere Schlaufe (Bild 2). Anschließend nimmst du den vorderen aus der Schlaufe, drehst ihn um und platzierst ihn daneben. Der Unterkörper wird hier nach Luv gedreht, der Oberkörper zeigt weiterhin in Richtung Segel (Bild 3). Der ehemals hintere Fuß wandert jetzt in die vordere switch Schlaufe (Bild 4), danach folgt der zweite in die hintere (Bild 5-6). Hier tritt die instabilste Position des Umsteigeprozesses auf. Während der hintere Fuß in die Schlaufe wandert, befindet sich der Körperschwerpunkt sehr weit vorne (du stehst auf einem Bein), wobei auch das Segel gleichzeitig nach vorne zieht. Pass also auf, dass du nicht das Übergewicht bekommst.
Besonders anfangs verfehlt man häufig die Schlaufen und kommt so aus dem Gleiten. Mit etwas Übung werden sie später dann aber ohne Hinschauen getroffen. Die Füße sollten übrigens gut in den Schlaufen und somit weiter in der Brettmitte stehen, da beim Fahren die Luvkante belastet werden muss.

Switch-stance fahren

Vorübung für: Vulcan (Air Jibe), Duck Jibe, Reverse Duck Jibe, alle switch Manöver

Körperhaltung beim switch fahren ohne Gleiten

Stehen beide Füße verkehrt in den Schlaufen, so sollte die übliche switch-stance Haltung eingenommen werden. Auch hier gibt es verschiedene Techniken, welche sich einfach aus Übung und Gewohnheit ergeben.
Auf jeden Fall musst du dich, wie sonst auch, nach Luv lehnen um ein Gegengewicht zu bilden. Dabei ist der Oberkörper nach Lee, zum Segel gedreht, der Unterkörper hingegen nach Luv (switch-stance Stellung). Grundsätzlich bietet sich der Raumwindkurs zum switch Fahren an. Hier sind die Segelkräfte am geringsten und das Rigg steht offen, wodurch wiederum die verlangte Körperneigung relativ aufrecht bleiben kann. Winkle in dieser Position das hintere Bein an und gib Druck auf das vordere, welches eher durchgestreckt wird. Das Segel hältst du kraftsparend mit gestreckten Armen.

Switch-stance Fahrt im Gleiten

Reverse Duck Jibe ohne Gleiten

Vorübung für: Reverse Duck Jibe, Duck Tack, Funnell, uvm.

Schlage Halbwindkurs ein, steige auf switch-stance um und positioniere den vorderen Fuß in der Nähe des Mastfußes (Bild 1). Rutsche mit dem Segelarm weiter zum Schothorn und falle auf leichten Raumwindkurs ab (Bild 2). Halte das Rigg dicht bei dir, öffne es, bis du keinen Druck mehr hast und schiebe es mit dem Segelarm geradewegs, neutral nach Luv (Bild 3). Während der Mastarm zum Schothorn greift (Bild 3-4), muss darauf geachtet werden, dass das Segel nicht nach vorne kippt!
Anschließend ziehst du das Schothorn energisch am Kopf vorbei nach hinten (Bild 4-5) und lässt so jenen Wind unter das Rigg fahren, welcher dir den Mast wieder nach oben bringt. So kannst du auf der neuen Seite mit der ehemaligen Segelhand sofort an den Boom greifen (Bild 6-7). Schon durch das „nach-Luv-Schieben", gibst du unbewusst Druck auf den Mastfuß und spätestens wenn du am Schothorn ziehst, rotiert das Board. Hast du das Segel wieder normal in der Hand, öffnest du es und hältst es hinten (luvst also mittels Segelsteuerung an) um so auf normalen Halbwindkurs zu drehen (Bild 8-10).

Problem: Das Segel kippt beim Durchtauchen nach vorne und fällt ins Wasser.

Lösung: Segel zuerst so weit öffnen, bis kein Druck mehr spürbar ist - dann nach Luv schieben.

Vorübung Spock

Der Spock
besteht grundsätzlich aus zwei Teilen:
Einem Vulcan und einer Segel-Brett-Rotation über Luv.
Um ein Gefühl für diese zweite Rotation zu bekommen, kann sie gut im Dümpeln, als switch-stance Heli Tack getarnt, geübt werden. Fahre dazu auf Halbwindkurs, steige auf switch um und positioniere dich in der Nähe des Mastfußes (Bild 1-2). Luve in dieser Stellung an (Segelsteuerung), bis das Board fast gegen den Wind zeigt (Bild 3-4). Dann richtest du das Segel auf, drückst es gegen den Wind und neigst es gemeinsam mit deinem Körper nach vorne. Der Druck, der so auf den Mastfuß ausgeübt wird, lässt das Board abfallen (Bild 5-6). Mit den nächsten Schritten folgt die eigentliche Vorübung: Halte das Rigg weiterhin nach Luv (Bild 7) und winkle den Segelarm mit der Drehung immer weiter an. Sobald das Brett ungefähr auf Halbwindkurs angekommen ist, öffnest du das Segel und führst das Schothorn durch den Wind (Bild 8-10). Greife abschließend um und hole das Rigg wieder dicht (Bild 11-12). Die Füße bleiben während der gesamten Übung am gleichen Platz - das simuliert die Stellung in den Schlaufen beim richtigen Spock.

Vorübung
Speed Loop und Front Loop

Es gibt viele Tipps und Tricks wie der Bewegungsablauf des Speed und Front Loops erlernt werden kann.
Eine gute Vorübung ist der kontrollierte Schleudersturz im Dümpeln. Dieser Ablauf entspricht weitestgehend der Bewegung in der Flugphase beider oben genannten Loop Varianten.
Fahre auf Halbwindkurs, greife mit der Segelhand weiter zum Schothorn (Bild 1) und richte Körper und Segel auf. Anschließend springst du leicht nach vorne ab und führst die folgenden Loop-typischen Bewegungen (auf Bild 4 sehr gut zu sehen) aus:

1. Kopfsteuerung! Blicke in diesem Fall am besten zum Schothorn oder zum hinteren Fuß.
2. Segelarm energisch anziehen: Damit drehst du überhaupt erst ein und beschleunigst die Rotation.
3. Beine (vor allem das hintere) anziehen: Das trägt ebenfalls zur Beschleunigung der Drehung bei.

Eine der Vorübungen für den Vulcan (die Air Jibe) ist das Erlernen und Automatisieren der Grifftechnik. Bei 1-2 Bft. kann dies sehr gut an Land geübt werden.
Lege dazu dein Board ohne Finne auf einen weichen Untergrund (Wiese, Sand, ...) und stecke das Rigg darauf. Alternativ kann das Board auch weggelassen und nur das Rigg aufgestellt werden - dann ist es zwar ein wenig schwieriger, das Segel am Boden zu halten, die Wirkung und Funktionsweise der Vorübung bleibt aber die gleiche (siehe Sequenz unten).

Richte das Brett so aus, dass es im 90 Grad Winkel zum Wind steht, hebe das Segel auf und nimm die Grundposition ein (Bild 1). Ob mit oder ohne Board, stelle dich auf ca. Halbwindkurs auf deine bevorzugte Absprungseite für den Vulcan, nimm das Rigg leicht dicht und positioniere dich relativ nahe am Mastfuß - das erleichtert das Springen.
Jetzt simulierst du die Sprungbewegung, aber vor allem die Grifftechnik des Vulcan/der Air Jibe. Rutsche mit der Masthand an der Gabel näher zum Masten (Bild 1) und geh in die Knie um die typische Tief-Hoch-Bewegung des Absprungs zu simulieren (Bild 2). Zieh dich dann mit beiden Armen hoch

Griff- und Sprungtechnik

2 1

Stelle dir vor deinen ersten Versuchen die Bewegung genau vor (siehe Bildsequenz unten): Die Arme befinden sich in normaler Griffposition (Bild 1). Anschließend die drei Punkte durchführen: Kopfsteuerung einsetzen, mit dem Segelarm am (imaginären) Rigg reißen, hinteren Fuß energisch anziehen (Bild 2-4). Je schneller die Rotation sein soll, desto explosiver müssen diese Punkte ausgeführt werden.

1 2 3 4

Das Segel zieht dich jetzt nach vorne (Bild 2-3), an der Nose vorbei (Bild 4-5) und du fällst wie bei einem typischen Schleudersturz mit dem Rücken ins Wasser (Bild 6). Der Bewegungsablauf beim Speed und Front Loop gestaltet sich nicht viel anders - nur dass du das Board dabei an den Beinen hast (und mitnimmst).

Der Loop ist wohl eines der gefragtesten Manöver. Wie schon viele Fahrtechnikspecials verrieten, ist er vom reinen Bewegungsablauf her leichter als die Powerhalse. Die Schwierigkeit liegt in der mentalen Überwindung! Mach dir den Move zuerst durch die Vorübungen begreiflich - beachte vor allem die beschriebenen drei Punkte und führe sie bewusst aus. Nach einigen Versuchen (um sich sicherer zu fühlen anfangs durchaus mit Helm) wirst du am Rücken landen, die Blockade auflösen und bald schon deinen ersten Loop in Wasserstartposition beenden!

und spring ab. Gleichzeitig greift die Segelhand über Kreuz auf die andere Gabelbaumseite (Bild 2-3). Während du in der Luft deinen Kopf in die gewünschte Drehrichtung (also über Lee nach hinten) wendest um die Rotation mittels Kopfsteuerung zu unterstützen (Bild 3), drehst du auch den ganzen Körper und nicht nur die Beine!!
Kurz darauf langt auch die alte Masthand auf die andere Seite (Bild 4). Versuche neben dem Umgreifen die Beinarbeit zu simulieren, denn normalerweise stehst du in den Schlaufen und kannst dich nicht mit Hilfe von Schritten stabilisieren. Zur Landung leicht in die Knie gehen und das Rigg sowie den Körper nach vorne neigen. Beim richtigen Vulcan wird hier so lange gepusht, bis sich die Rückwärtsfahrt verlangsamt (Bild 5-6).
Hole anschließend das Segel dicht, bleibe mit dem Körper aufrecht und versuche mit den Füßen stehen zu bleiben (Bild 7). Wiederhole diese Übung und verinnerliche so die Sprung- und vor allem die Grifftechnik um dich am Wasser mehr auf die Balance konzentrieren zu können.

4 5 6 7

VULCAN (AIR JIBE)

Board 360

INTRO: Ein Basic Move mehr, der, wenn du ihn beherrschst, in manchen Situationen sehr nützlich sein kann - z.B. zum Drehen des Boards nach einem Finne-voraus Wasserstart. Mit Balancegefühl und unserer Anleitung gelingt der Board 360 nach wenigen Versuchen!

INTRO: Generell als Balanceübung oder im Speziellen als Vorübung für die Push Tack ist der Sail-Body 360 sehr hilfreich.

Sail-Body 360

Am besten gelingt der Segel-Körper 360er wenn der Ablauf zuvor an Land trainiert wurde. Nur die Balance auf dem Board kommt am Wasser dazu.
Beginne damit, deinen Körper über die Brettmitte (den Mastfuß) zu bringen (Bild 1).
Drehe anschließend den vorderen Fuß einmal um, so, dass die Zehen leicht nach Luv zeigen. Während du dieses Bein knapp hinter dem Mastfuß platzierst, stellst du das andere etwas davor. Gleichzeitig wird die Segelhand gebeugt und das Rigg nach Luv geschoben (Bild 2-3). Dem Gegendruck, der spürbar wächst, nicht entgegenwirken, sondern lediglich das Segel weiterdrehen (Bild 4). Kurz darauf folgt der gleiche Umkehrschritt wie zuvor. Die Zehen des hinteren Fußes zeigen vor dem Mast nach Lee (Bild 6), das andere Bein wird am Mast vorbei nach Luv, knapp vor die Fußschlaufe gestellt (Bild 6-7). Während dieser Schrittfolge rotiert das Rigg 360 Grad. Sobald das Schothorn durch den Wind gedreht hat, muss der aufkommende Druck abgefangen werden (Bild 7), bevor am Ende der vordere Fuß wieder hinter den Mastfuß wandert.

Für einen Board 360 sollte sich, um das Gleichgewicht halten zu können, immer leichter Druck im Segel befinden. Weiters gibt es zwei balancetechnisch schwierige Stellen.
Der erste Knackpunkt ist das Ändern der Fußstellung nachdem das Brett 180° gedreht hat, der zweite kommt nach ca. 270 Grad Boardrotation.
Luve aber zunächst durch Segelsteuerung (Segel nach hinten legen) so lange an, bis die Brettspitze in den Wind zeigt (Bild 1-3). Leichtes „Überziehen" lässt es noch etwas weiter drehen. Gleichzeitig positionierst du den vorderen Fuß deutlich vor dem Mastfuß (Richtung Nose) und den anderen knapp dahinter (Bild 2-3). Achte darauf, dass du diese Schritte nicht zu langsam vollziehst, sonst könnte das Board wieder zurückdrehen.
Um die erste 180 Grad Drehung abzuschließen, winkelst du deinen vorderen (Nose-) Fuß an und verlagerst das Gewicht darauf (Bild 4-5). Jetzt hebt sich die Finne aus dem Wasser und das Board rotiert wie auf einem Teller. Damit du jetzt nicht auf der Leeseite vom Segel abgeworfen wirst, änderst du gleichzeitig mit der Drehung des Brettes deine Fußstellung (Bild 5-7). Also, hinteren Fuß auf die Brettspitze (Bild 6)

und vorderen auf der neuen Seite knapp hinter den Mastfuß stellen (Bild 7).
Hast du es bis hierhin geschafft, muss dasselbe nochmal zelebriert werden - nur eben mit dem Board Finne-voraus. Hältst du das Segel unter Druck, wendet sich die Nose ab, wodurch das Heck in den Wind dreht (Bild 8-9). Setze währenddessen deinen, in Fahrtrichtung gesehen, vorderen Fuß zu den Schlaufen (Bild 9) und den hinteren knapp hinter den Mastfuß (Bild 10). Nun den bestehenden Segeldruck auf den Mastfuß umleiten und so die Nose weiterdrehen lassen (Bild 11). Halte das Rigg konstant hinten und belaste das Heck stärker, damit es ein wenig absinkt und die Drehung trotz Finne beschleunigt (Bild 11). Abschließend noch fertig anluven und dabei die Fußstellung wechseln (vorderer Fuß wandert nach hinten und hinterer nach vorne, zum Mastfuß) (Bild 12-13).

Ø Problem: Während der zweiten Brettdrehung fällst du nach hinten vom Board.

✓ Lösung: Fußwechsel durchführen! Hinteren Fuß belasten, Segeldruck halten.

Ø Problem: Zu starker Druck schleudert dich vom Board.

✓ Lösung: Körperschwerpunkt immer über dem Mastfuß halten! Arme beugen!

Vorübungen: Fahren in Back (S. 35), Heli Tack an Land (S. 35)

Heli Tack

15 14 13 12

! TIPP: Warte mit dem Shiften wirklich so lange, bis das Board durch den Wind gedreht hat und sich zumindest auf neuem Raumwindkurs befindet. Vergiss dabei nicht, die Arme gebeugt zu halten! Außerdem: Der Kopf lenkt mit! Blicke deshalb immer in die gewünschte Drehrichtung!

1 2 3 4 5

Die Einleitung der Heli Tack erfolgt wie bei der normalen Wende: Aus der Gleitfahrt heraus mittels Brett- und Segelsteuerung anluven (Bild 1-2). Anschließend den vorderen Fuß vor den Mastfuß stellen (Bild 3-4). Das beendet die Gleitfahrt und du bewegst dich nur noch langsam gegen den Wind. Luve durch Segelsteuerung noch ein wenig an, so, dass das Board etwas durch den Wind dreht. Sieh aber zu, dass du nicht beginnst rückwärts zu treiben!

Bei der Wende würdest du jetzt vorne um den Masten herumgehen. Bei der Heli Tack hingegen schiebst du das Segel nach Luv, legst es leicht auf den Wind und fällst anschließend durch Steuerung in Back ab (Mastarm strecken, Segelarm beugen) (Bild 5-8)!

Erst kurz vor neuem Halbwindkurs beginnt das Shiften. Dazu das Segel näher kommen lassen und das Schothorn durch den Wind drücken (Bild 9-10). Nun kannst du dich kurz clew-first stabilisieren und dann erst weitershiften (bei wenig Wind ratsam) oder gleich die Segelhand loslassen und über Kreuz an den Masten oder Boom-to-Boom greifen (bei viel Wind üblich) (Bild 11-14).

INTRO: Die Heli Tack oder auch Helicopter Tack genannt, eignet sich ideal um die Richtung zu wechseln ohne vorne um den Masten herumbalancieren zu müssen. Hast du den Dreh raus, wirst du zum Wenden immer öfter das Segel rotieren lassen ...

SHORTCUTS:

» Wie bei der Wende anluven, bis das Board in den Wind zeigt. Vorderen Fuß vor den Mastfuß stellen (Bild 1-4)

» Segel nach vorne führen und auf den Wind legen. Mittels Steuerung in Back abfallen (Segelarm beugen, Mastarm strecken) (Bild 5-7)

» Segel nahe am Körper und aufrecht halten (Bild 8)

» Segel shiften (Bild 9-12):
a. Schwachwind: Gabelbaum bis zur Schothorn-voraus Position festhalten, stabilisieren, shiften
b. Starkwind: Gleich über Kreuz zum Masten greifen bzw. Boom-to-Boom shiften

» Gleichzeitig die Fußstellung wechseln. Hinteren Fuß zum Mast, vorderen Fuß zwischen die Schlaufen stellen (Bild 9-11)

» Segel nicht zu weit nach Lee fallen lassen. Arme gebeugt halten und energisch zum Körper ziehen (Bild 13-14)

» Umgreifen, dichtholen (Bild 14-15)

Gleichzeitig mit dem Shiften muss der Fußwechsel erfolgen. Dies passiert, indem du den vorderen Fuß verkehrt nach hinten stellst und den hinteren in der Nähe des Mastfußes platzierst (Bild 9-11). Drehe auf jeden Fall deinen Körper mit dem Rigg mit um eine stabile Position zu erhalten. Wenn das Segel nach Lee klappt, den Körper als Gegengewicht einsetzen und das Rigg durch einen energischen Zug am Masten oder der Gabel wieder aufrichten (Bild 13-14). Je näher du das Segel bei dir behalten hast, desto leichter ist am Ende das Aufrichten und Dichtholen (Bild 15)!

KNACKPUNKTE:

Ø <u>Problem:</u> Der Gegendruck wirft dich sofort nach hinten ab.

✓ <u>Lösung:</u> Segelarm angewinkelt halten! Nicht pushen, sondern durch Steuerung in Back abfallen.

Ø <u>Problem:</u> Du bekommst das Übergewicht und das Segel zieht dich beim Shiften nach Lee ins Wasser.

✓ <u>Lösung:</u> Halte das Rigg mit gebeugten Armen nahe am Körper!

Clew-first Heli Tack

INTRO: Diese Variante der Heli Tack ist relativ selten gesehen, eignet sich jedoch gut als Vorübung für die Conca Tack, den Eslider und den Lollypop - und das vor allem bei Leichtwind-Dümpel-Bedingungen.

VORÜBUNG FÜR: CONCA TACK, ESLIDER, LOLLYPOP

Die Bestandteile des Moves, nämlich das Schothorn-voraus Shiften und die normale Heli Tack, sind gleichzeitig die Grundlage.

Als erstes fährst du auf Halbwind- bis Raumwindkurs und shiftest auf clew-first (Bild 1-3). Nimm eine stabile Körperhaltung ein, greife für eine bessere Kontrolle ruhig auch etwas breiter und platziere den vorderen Fuß knapp vor dem Mastfuß (Bild 3). Neige den Mast zum Anluven etwas nach hinten (Segelsteuerung), so, dass das Board in den Wind dreht (Bild 4).

Je weiter nun in die Kurve gefahren wird, desto wichtiger ist es, den Körperschwerpunkt über dem Mastfuß zu halten. Warte (wie bei der Heli Tack), bis die Brettspitze leicht durch den Wind gedreht hat (Bild 6).

Der Körper ist nach vorne geneigt, das Segel nach hinten. Nun nicht zu lange in dieser Position verharren, sonst rotiert das Board wieder zurück oder du treibst rückwärts.

Nimm das Rigg jetzt dicht, richte es auf und schieb es neutral nach vorne, in den Wind (Bild 7-8). Strecke dazu den Segelarm, beuge den Mastarm und führe das Schothorn langsam durch den Wind (Bild 8-9). Halte dem aufkommenden Gegendruck stand und übe durch die Vorlage des Segels jenen Druck auf den Mastfuß aus, welcher das Board dann weiterrotieren lässt (Bild 9-10). Sobald es sich auf neuem Amwindkurs befindet, lässt du die Gabel etwas näher zum Körper kommen, lehnst diesen leicht nach hinten um den Druck abzufangen und drehst das Rigg schnell vorne herum, so, dass du wieder daran ziehen kannst (Bild 11-12).

Durch einen Wechselschritt änderst du gleichzeitig die Fußstellung und stabilisierst die nun eingenommene Schlussposition (Bild 13-15).

SHORTCUTS:

» Auf clew-first shiften (Bild 1-3)
» Durch Segelsteuerung anluven (Bild 3-4)
» Vorderen Fuß knapp vor den Mastfuß stellen (Bild 4)
» Board steht in den Wind - Körper nach vorne neigen (über den Mastfuß) (Bild 6)
» Segel nach Luv schieben, Segelarm strecken, Mastarm beugen (Bild 7-8)
» Brett dreht weiter (in Back abfallen). Gegendruck wächst (Bild 9-10)
» Board auf neuem Amwindkurs - dem Segeldruck nachgeben (Bild 11-12)
» Rigg drehen, gleichzeitig Schrittwechsel durchführen (Bild 12-15)

Shortcuts:

- Halbwindkurs einschlagen
- Einen Fuß knapp vor den Mastfuß stellen (Bild 1)
- Schothorn nach hinten überziehen (Bild 2)
- Körpergewicht auf den vorderen Fuß verlagern (Bild 2)
- Rigg hinter dem Körper nach Luv „werfen“. Dabei so lange wie möglich festhalten, zuerst Segelarm loslassen (Bild 3-4)
- Hinteren Fuß über das Segel heben (Bild 3-5)
- Segel fällt nach Luv, Wind fährt ein (Bild 5)
- Fuß wieder in seine ursprüngliche Position bringen
- Rigg kommt von Luv mit dem Schothorn zuerst (Bild 6-7)
- Vorderen Fuß hinterm Mastfuß platzieren (steht sonst im Weg) (Bild 7)
- Segel fangen und dichtholen (Bild 8-9)

Intro: Tine zeigt mit diesem schwierigeren Basic-Manöver, dass es vor allem auch für spätere Komibantions-Moves wichtig ist, das Segel zu beherrschen.

Nohanded Reverse Sail 360

Der Nohanded Reverse Sail 360 gelingt am ehesten bei relativ wenig Wind und sehr flachem Wasser. Dümple auf Halbwindkurs dahin, stelle den vorderen Fuß knapp vor den Mastfuß und verlagere dein Körpergewicht ebenso dorthin (Bild 1). Anschließend muss das Rigg hinter den Rücken geworfen werden. Dazu drehst du das Schothorn in den Wind (Segelarm holt dicht) und schiebst das Segel so energisch nach Luv (Bild 2-3). Nun die Segelhand von der Gabel nehmen und das Rigg mit der Masthand etwas nachschieben. So bekommt es den notwendigen „Klaps“ um wirklich zum Wind zu kippen (Bild 4-5).

Da bei dieser Segelrotation der hintere Fuß dem Segel im Weg ist, musst du ihn über den Mastfuß heben und anschließend wieder an seine Position stellen (Bild 3-5). Die Körperausrichtung wird beibehalten - du blickst also immer nach Lee, wobei du einen kurzen Moment praktisch einbeinig und nohanded auf dem Board stehst!

Nachdem der Fuß wieder an seinem Platz steht, wird es Zeit, das Segel zu „fangen“. Immer noch mit dem Rücken zum Rigg sollte dieses nun von alleine vor dir wieder nach oben kommen (Bild 5-7). Jetzt wird dich der vordere Fuß behindern, weshalb du ihn hinter den Mastfuß stellst (Bild 6-8). In der Zwischenzeit hat sich das Rigg hoffentlich weiter aufgerichtet, sodass du einfach beide Arme am Gabelbaum platzieren und es dichtnehmen kannst (BIld 8-9).

Lernguide

Wie und was lerne ich zuerst / als nächstes?

Schwierigkeitsgrad / Kategorie	Jibes	Tacks	Old school
1		» Heli Tack (Kapitel Basics)	» Board 360 (Kapitel Basics) » Sail-Body 360 (Kapitel Basics)
2	» Power Jibe » Speed Jibe	» Sinkerwende	» Bodydrag
3	» Laydown Jibe » Duck Jibe » Backwind Jibe » Slam Jibe » Reverse Duck Jibe	» Push Tack » Nose Tack » Clew-first (Nose) Tack » Jizz	» 360 » Upwind 360 (= Flip 360)
4	» Duck Jibe handwash » Onehanded Jibe » Onehanded Backwind Jibe		» Carving 360 » Onehanded 360 » Cowboy
5	» Aerial Duck Jibe » Monkey Jibe » Dildo » Donkey Jibe » Reverse Monkey Jibe	» Stall Tack	» Clew-first 360 » Bender » Nohanded 360 » Nohanded Reverse Sail 360 (Kapitel Basics)
6	» Pirouetten Jibe » Duck Jibe Pirouette » Stall Jibe	» Duck Tack » Conca Tack	» Clew-first Bodydrag
7			
8			
9			
10			
11			
12			

Die untenstehende Tabelle dient als Orientierungshilfe. Sie soll zeigen, in welcher Reihenfolge du die Manöver des Tricktionary lernen könntest. Die Spalten sind den jeweiligen Manöverkategorien zugeordnet, die Zeilen ergeben den Schwierigkeitsgrad. Dabei ist es aber wenig sinnvoll, nicht-gesprungene mit gesprungenen Manövern zu vergleichen. Die Seitenmitte stellt hier also auch eine gewisse Trennung dar.

Jumps	Switch	Extreme
» Chop Hop		
» Onehanded Chop Hop » Onefoot Jump		
» Speed Loop » Vulcan (= Air Jibe) » Willy Skipper » Gecko » Flaka (= Swayze)		
» Spock » Onehanded Spock » Diabolik » Grubby » Willy Skipper 540 » Clew-first Gecko		
» Onehanded Flaka » Lollypop		
» Spock 540 » Flaka Diablo		
» Onehanded Spock 540		
» Clew-first Spock » Clew-first Spock 540 » Pippa » Diablo » Grubby Diablo » Clew-first Willy Skipper » Wymaroo	» Eslider » Eslider 540 » Puneta » Clew-first Puneta	» Ponch
» Clew-first Diablo » Grubby into Carving 360 » Willy Skipper Diablo » Clew-first Flaka » Flaka 720 » Meev » Shaka	» Onehanded Eslider » Eslider Diablo » Switch Flaka » Switch Chachoo	» Funnell » Caña Brava » Gozzada » Bob
	» Switch Chachoo Diablo	» Ponch into Flaka » Shove-it into Spock
		» Spock 900 » Chachoo » Voquech » Tucan » Clock » Funnell Clock

Ein Beispiel aus der Jumps-Kategorie: Es macht wenig Sinn, einen Spock 540 zu versuchen, solange man den Vulcan (die Air Jibe) nicht beherrscht.
Viele Sprungmanöver beinhalten Elemente aus den einfacheren Jibes und Tacks, wodurch das Üben und Beherrschen dieser Moves wesentlich zu einem schnelleren Lernerfolg bei Sprüngen beiträgt!
Hast du ein Manöver im Buch gefunden, das du gerne lernen möchtest, sieh dir die dafür vorgeschlagenen Vorübungen (jeweils oben links) an und trainiere sie. Das wird dir helfen, die Bewegungsabläufe zu verinnerlichen und dein Wunschmanöver bald zu beherrschen.

Wave:
Die Moves aus dem Wave-Special sind hier schwer einzuordnen. Wer Wellen gewohnt ist, wird sich wohl zuerst ans Wellen Abreiten sowie den Front Loop und Table Top wagen, während ein „Flachwassersurfer" zuerst Tacks, Jibes oder die 360er lernt.

Die interne Wave-Reihenfolge lautet:
» Wellen abreiten
» Front Loop, Table Top
» Shove-it
» Back Loop, Push Loop

vass
k-61

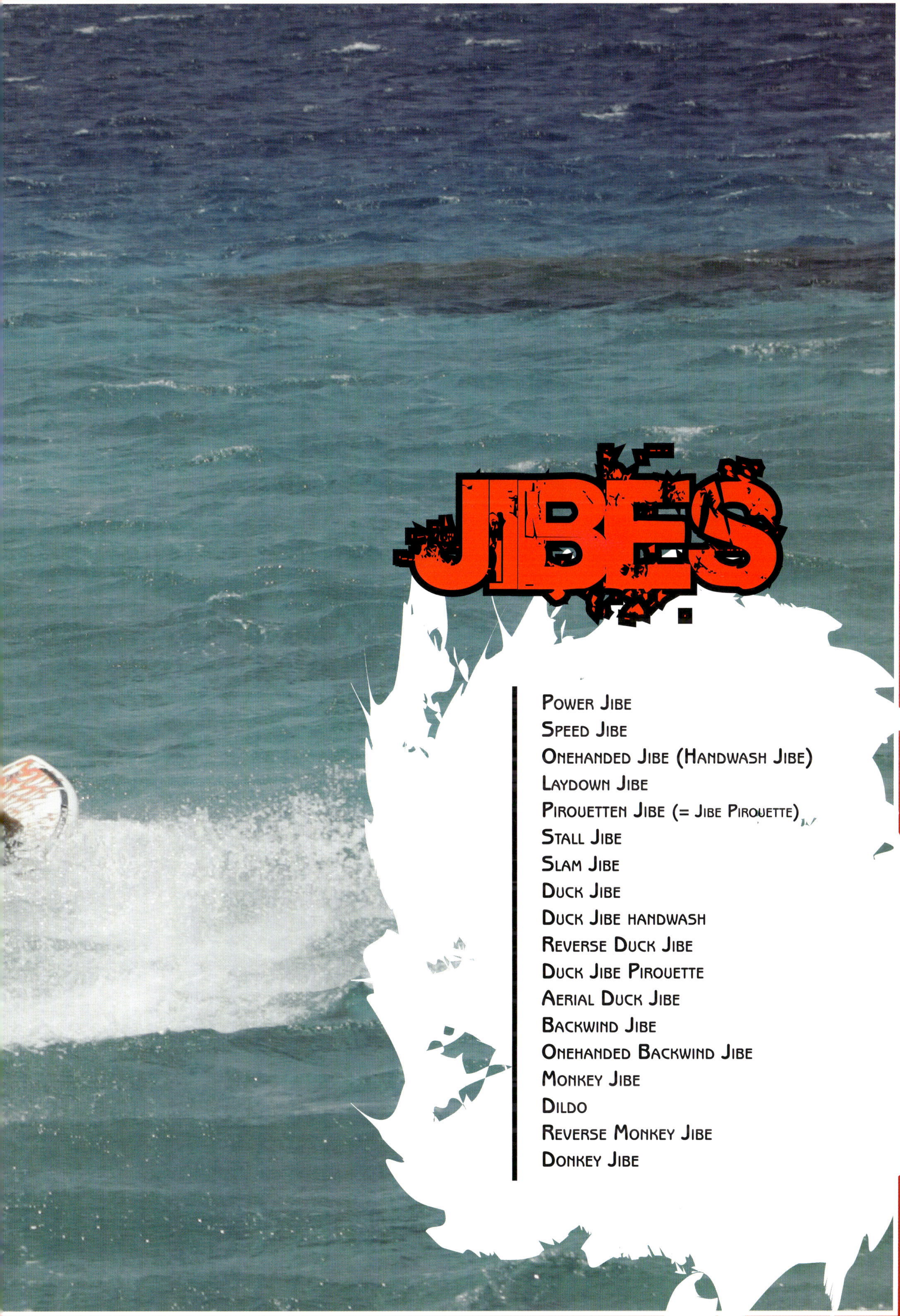

JIBES

Power Jibe
Speed Jibe
Onehanded Jibe (Handwash Jibe)
Laydown Jibe
Pirouetten Jibe (= Jibe Pirouette)
Stall Jibe
Slam Jibe
Duck Jibe
Duck Jibe handwash
Reverse Duck Jibe
Duck Jibe Pirouette
Aerial Duck Jibe
Backwind Jibe
Onehanded Backwind Jibe
Monkey Jibe
Dildo
Reverse Monkey Jibe
Donkey Jibe

Vorübungen: Halsen (S. 20), Fußsteuerung in der Gleitfahrt (S. 23)

Power Jibe

INTRO: Ein gutes Umkehrmanöver ist das Um und Auf beim Windsurfen. Die normale Powerhalse bleibt trotz extremster Freestyle Moves immer noch eines der schwierigsten aber auch gefragtesten Manöver! Jeder will sie können und viele arbeiten ewig daran, sie zu perfektionieren.

Für eine schöne Powerhalse solltest du dich in guter Gleitfahrt befinden. Schau dich um, ob sich nicht ein anderer Wassersportler in der Nähe befindet, den du eventuell behindern würdest, nimm dann den hinteren Fuß aus der Schlaufe und stelle ihn zwischen die vordere und hintere auf die Leeseite des Boards (bei größeren Boards weiter in Lee, bei kleineren weiter zur Brettlängsachse um ein Verkanten zu verhindern). Damit und in Verbindung mit dem anderen Fuß in der Schlaufe kann das Board in der Kurve besser aufgekantet und belastet werden.

Um nun nicht zu viel Druck ins Segel zu lassen, fällst du gleichzeitig mit den genannten Schritten auf tiefen Raumwindkurs ab und nimmst eine breitere Griffposition an der Gabel ein (Segelhand näher zum Schothorn) (Bild 3-4). Ab sofort spielt die Körperhaltung eine wichtige Rolle. Lehne dich zur Kurveninnenseite und nach vorne. Winkle dabei die Knie an um beim Überfahren von Wellen besser ausgleichen zu können und Druck auf die Brettkante auszuüben (Bild 5-6). In dieser Position kann das Board ruhig auf dem Wasser und leichter im Gleiten gehalten werden.

Bei gestrecktem Mastarm und gebeugtem Segelarm wird nun auch das Rigg nach vorne, in die Kurve hinein geneigt (siehe Knackpunkt Einleitung) (Bild 7-8). Diese Stellung muss bis nach dem Erreichen des Vorwindkurses beibehalten werden. Erst anschließend öffnest du bei weiterhin angewinkelten

Armen langsam das Segel und richtest es auf (Bild 9-11). Konstante Kurvenlage bei nicht zu engem Radius halten die Geschwindigkeit auf einem gewissen Level. Zwischen neuem Vorwind- und Raumwindkurs baut sich wieder Druck im Segel auf, sodass du an den Fußwechsel denken kannst.

Entlaste als erstes den vorderen Fuß und nimm ihn aus der Schlaufe. Stelle ihn verkehrt vor den hinteren, welchen du dann

Shortcuts:

» Auf Raumwindkurs abfallen und ordentlich Speed aufnehmen (Bild 1)
» Hinteren Fuß auf die Leeseite zwischen die vordere und hintere Schlaufe stellen (Bild 2-3)
» In die Knie gehen, Körper nach vorne und zur Kurveninnenseite lehnen (Bild 4-5)
» Mastarm nach vorne strecken Segelarm angewinkelt lassen - Rigg nach vorne neigen (Bild 5-6)
» Stellung beibehalten, bis der Vorwindkurs durchfahren ist (Bild 7-8)
» Zur Aufrechterhaltung des Drucks Segel langsam aufrichten und öffnen. Beide Arme beugen (Bild 9-10)
» Fußwechsel (Bild 10-12):
a. Vorderen Fuß verkehrt vor den hinteren stellen
b. Hinteren Fuß zwischen Mastfuß und Schlaufen platzieren (gedreht)
» Kurz Schothorn-voraus stabilisieren. Masthand näher am Masten positionieren (Bild 12)
» Segelhand loslassen und auf die andere Gabelseite greifen (Bild 13-14)
» Rigg mit neuer Masthand aktiv vor den Körper ziehen, normale Griffposition einnehmen (Bild 15)
» Dichtholen, Kurs korrigieren (Bild 16)

Knackpunkt: Einleitung

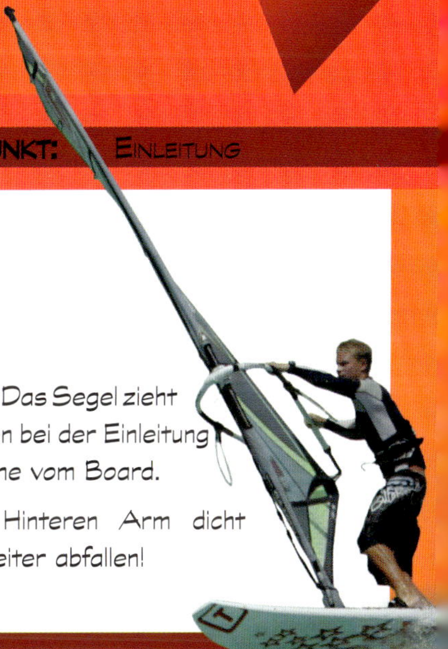

Problem: Das Segel zieht dich schon bei der Einleitung nach vorne vom Board.

Lösung: Hinteren Arm dicht halten, weiter abfallen!

Knackpunkt: Fusstechnik

zwischen Schlaufen und Mastfuß positionierst (siehe Knackpunkt Fußtechnik). Bevor es nun ans Segelshiften geht, solltest du (vor allem bei wenig Wind) noch kurz die Schothorn-voraus Position stabilisieren (Bild 13). Während anschließend die Masthand näher zum Mast rutscht, greift die Segelhand auf die andere Gabelbaumseite (Bild 14-15). Jetzt kannst du die alte Seite komplett loslassen und das Rigg mit der neuen Masthand aktiv vor den Körper ziehen (Bild 15-16). Zum Schluß die freie Hand in eine normale Position bringen und bis zum gewünschten Kurs anluven.

Die Fußtechnik beim Umsteigen ist maßgeblich für den Erfolg oder Mißerfolg jeder Power Jibe und auch Speed Jibe (nächste Seite). Übe diese Schritte an Land und automatisiere so die Bewegungen. Damit kannst du dich mehr auf die Segelsteuerung oder die Kurvenfahrt konzentrieren (siehe Vorübung Seite 23).

! TIPP bei Überpower: Den Druck durch früheres Shiften verringern und das Segel nach dem Umschlagen aktiv wieder in die Senkrechte ziehen! So kann es beim Shiften nicht so leicht abhanden kommen!

Vorübungen: Halsen (S. 20), Fußsteuerung in der Gleitfahrt (S. 23)

Speed Jibe

Intro: Vor allem bei Starkwind eignet sich die Speed Jibe besser als die Powerhalse, weil man engere Radien ziehen kann und dabei bis zum Ende die volle Kontrolle über das Board behält.

Die Einleitung dieser Halse gestaltet sich wie jene der Power Jibe, nur dass die Speed Jibe - wie der Name schon sagt - bei höherer Geschwindigkeit besser geeignet ist!

Falle also auf Raumwindkurs ab und nimm nochmal richtig Speed auf. Dann hängst du dich aus dem Trapez aus und richtest den Körper über der Brettlängsachse auf. Anschließend steigt der hintere Fuß aus der Schlaufe und platziert sich - wie auch bei der Power Jibe üblich - knapp davor auf der Leeseite des Boards um dort gleich besser belasten zu können (Bild 1).

Geh in die Knie, lehn dich zur Kurveninnenseite und kante das Board mit dem vorderen Fuß in der Schlaufe auf. Strecke den Mastarm, beuge den Segelarm und neige das Rigg nach vorne um maximalen Wind einzufangen (Bild 2-3). Je stärker die Kantenbelastung, desto enger fällt der Radius aus. In jedem Fall musst du deinen Körper dosiert gegen die Fliehkräfte lehnen, welche immer stärker auf dich einwirken (Bild 3-4).

Auf Vorwindkurs angelangt, ist es Zeit, das Segel zu shiften. Nach dem Loslassen der Segelhand (Bild 6-7) sollte der Wind das Rigg umdrehen. Bläst dieser relativ schwach, gibst du dem Segel vorher noch einen kleinen Klaps nach Lee. Um den Kurs halten zu können, neigst du außerdem den Körper weiterhin zur Kurveninnenseite.

Shifte nun vorzugsweise Boom-to-Boom (siehe Grifftechnik rechts). Halte dabei die Arme gebeugt (Bild 7-9), damit sich das Segel nicht zu weit von dir entfernt. Während dieses Vorganges ist es wichtig, das Board mit den Beinen ruhig auf dem Wasser zu halten (mit den Knien abfedern). Nun solltest du dich auf neuem Raumwindkurs befinden und schon wieder leichten Druck im Segel spüren.

Bis hierher hast du deine Fußstellung nicht geändert und so immer die Kontrolle über das Board gehabt.

Jetzt, da das Shiften des Segels abgeschlossen ist, kann dieser Fußwechsel ohne größere Probleme erfolgen. Dazu nimmst du als erstes den vorderen Fuß aus der Schlaufe, drehst ihn und platzierst ihn vor dem hinteren (Bild 12). Dann hebst du diesen und stellst ihn entweder verkehrt vor die vorderen Schlaufen, oder - mit etwas mehr Übung - sofort wieder in die vordere Schlaufe (entspricht Knackpunkt Fußwechsel Power Jibe, vorherige Seite) (Bild 13). Eine abschließende Kurskorrektur und die Speed Jibe wäre geschafft!

Shortcuts:

- » Am Gabelbaum breiter greifen. Raumwindkurs einschlagen (Bild 1)
- » Hinteren Fuß vor die hintere Schlaufe auf die Leeseite stellen (Bild 1)
- » Mittels Fußsteuerung abfallen. Segel mit Segelarm dichtnehmen und durch den gestreckten Mastarm nach vorne neigen. Körper zur Kurveninnenseite lehnen (Bild 2-6)
- » Auf Vorwindkurs Segelhand loslassen um zu shiften (Bild 7)
- » Kurvenfahrt beibehalten. Boom-to-Boom shiften (Bild 8-9)
- » Rigg wieder aktiv vor den Körper ziehen, dichtholen (Bild 10-11)
- » Erst jetzt die Fußstellung wechseln und anschließend stabilisieren (Bild 12-14)

Onehanded Jibe

Die optimalen Zutaten für die Onehanded Jibe oder auch Handwash Jibe, sind maximaler Speed, um trotz der Sperenzchen im Gleiten zu bleiben, und ein enger Radius, der dich durch mehr Körperneigung zur Kurveninnenseite näher zum Wasser kommen lässt. Gehst du zusätzlich stärker in die Knie, kommst du noch leichter runter.
Lass die Segelhand etwas früher los, als bei der normalen Speed Jibe, „wasch" sie und lass das Segel in der Zwischenzeit umklappen. Dann, auf neuem Raumwindkurs, richtest du dich wieder auf, greifst Boom-to-Boom um und siehst zu, dass du wieder Druck hinein bekommst. Abschließend die Fußstellung wechseln - fertig.

! TIPP: Lass das Segel beim Shiften nicht zu weit nach hinten kippen, sonst kannst du danach keinen Druck aufbauen und fällst nach hinten oder zur Kurveninnenseite.

Knackpunkt: Boom-to-Boom Grifftechnik

Die ehemalige Segelhand greift über Kreuz (normalerweise unter der Masthand hindurch) auf die andere Gabelbaumseite (Bild 8-9) und wird zur neuen Masthand. Während diese dann das Rigg aufrichtet und nach vorne zieht, verlässt auch die ursprüngliche Masthand die alte Gabelseite und wird zur Segelhand umfunktioniert (Bild 10). Anschließendes Dichtholen beendet den Boom-to-Boom Shiftvorgang. Am besten automatisierst du diese Grifftechnik bei Schwachwind und ohne Gleiten. Sie wird dir bei vielen Manövern unterkommen und schadet als Übung deshalb nie!

Laydown Jibe

Race Jibe

Intro: André zeigt mit der Laydown Jibe (auch Race Jibe genannt) eine der elegantesten Halsenvarianten. Vor allem bei starkem Wind kann hier der Segeldruck während der Kurvenfahrt verringert werden.

Bevor du dich an der Laydown Jibe versuchst, sollte die Power bzw. Speed Jibe beherrscht werden.

Mit richtig gutem Druck im Segel schlägst du Raumwindkurs ein und nimmst noch etwas mehr Geschwindigkeit auf (Bild 1-2).

Wie bei anderen Halsen auch, rutscht der hintere Fuß aus der Schlaufe und wird auf der Leeseite des Boards zwischen der vorderen und hinteren platziert (Bild 3).

Anstatt jetzt mit der Kurvenfahrt das Rigg zu öffnen, nimmst du es gleich von Anfang an schön dicht. Mit gebeugtem Segelarm und gestrecktem Mastarm neigst du es in die Kurve und etwas nach vorne (Bild 4). Gehe dabei bewusst in die Knie und kante das Board mit dem Fuß in der Schlaufe auf (Bild 5). Während dieser Carvingphase sollte sich das Segel so weit unten befinden, dass es mit dem Gabelbaum fast das Wasser berührt (Bild 6). Je weiter die Kurvenfahrt fortschreitet, desto weiter schiebst du das Rigg nach hinten um das Carven zu unterstützen (Bild 7). Achte jedoch darauf, dass der Körper konstant in die Fahrtrichtung und zur Kurveninnenseite geneigt ist. Lehnst du dich hier zu weit nach hinten, könnte das Board leicht verkanten oder deine Fahrt zu sehr abbremsen.

Hat es über den Vorwindkurs gedreht, muss das Segel wieder aufgerichtet werden, da ansonsten ein 360 gefahren werden würde. Bereits mit wenig Kraft lässt sich das Rigg von der Kurveninnenseite hoch und nach vorne ziehen (Bild 8-10). Dabei ist es wichtig, dass du es nicht zu weit vom Körper entfernt hältst, sonst bekommst du beim anschließenden Shiften Balanceprobleme. Lass den Mast leicht zur Kurvenaußenseite

Shortcuts:

- Leichten Raumwindkurs einschlagen, vollen Speed aufnehmen (Bild 1)
- Hinteren Fuß aus der Schlaufe in Jibe-Position bringen (Bild 2)
- Mittels Fußsteuerung abfallen (Bild 3)
- Segel runterlegen (Bild 4-5):
  - a. Auf Raumwindkurs Segelarm anwinkeln
  - b. Mastarm strecken
  - c. In die Knie gehen
  - d. Segel zur Kurveninnenseite und zur Wasseroberfläche neigen
- Körper nach vorne (in die Fahrtrichtung) lehnen, dabei das Rigg nach hinten neigen (Bild 6-7)
- Board fährt durch den Wind - sofort das Segel hochziehen (Bild 8-9)
- Arme gebeugt halten (Bild 10)
- Vorderen Fuß aus der Schlaufe nehmen, drehen und vor den hinteren stellen (Bild 10)
- Hinteres Bein vor den vorderen Schlaufen platzieren (Bild 11)
- Körperhaltung stabilisieren (ev. kurze clew-first Fahrt) (Bild 10)
- Segelhand loslassen, auf die andere Gabelbaumseite greifen (Bild 11-12)
- Alte Masthand loslassen, Segel aufrichten (Bild 13)
- Normale Griffposition einnehmen, langsam anluven (Bild 14-15)

Der Körper lehnt zur Kurveninnenseite und nach vorne!! Damit wird das Board ruhig gehalten und die Kanten können voll belastet werden.

geneigt und warte, bis du den aufkommenden Druck verspürst (Bild 10). Zum Fußwechsel jetzt den vorderen aus der Schlaufe, verkehrt vor den (noch) hinteren Fuß stellen und diesen erst anschließend zur vorderen Schlaufe versetzen (Bild 10-11). Gleichzeitig nimmst du die Segelhand vom Gabelbaum und ziehst das Rigg mit der Masthand nahe zum Körper (Bild 11-12). Das Segel klappt nach Lee, die freie Hand greift auf die andere Gabelbaumseite. Vollende den Shiftvorgang und nimm das Segel auf der neuen Seite dicht (Bild 12-13). In dieser Position hängst du dich gleich wieder ins Trapez ein und luvst fertig an (Bild 13-15).

Die Laydown Jibe eignet sich gut für das obere Windlimit, da durch das Dichnehmen und Runterlegen des Segels der Zug nach vorne reduziert wird.

! TIPP: Finde die ideale Körperneigung während des Laydowns durch Übung heraus! Zu viel, und du fällst zur Kurveninnenseite, zu wenig, und der Radius wird zu groß.

Vorübungen: Für die Pirouetten Jibe: Switch-stance fahren (S. 42). Für die Stall Jibe: Stall Tack (S. 88)

INTRO: Die Jibe Pirouette oder auf Deutsch Pirouettenhalse ist mit eine der schwierigsten Jibevarianten. Gleichzeitig mit dem Segelshiften wird noch eine Drehung um die eigene Achse, eine Pirouette eingebaut.

Jibe Pirouette

Idealerweise übst du die Pirouetten Jibe wegen des hohen Balanceaktes an einem Flachwasserspot. Eingeleitet wird sie wie jede andere Halse, indem du aus der hinteren Schlaufe steigst, den Fuß auf der Leeseite des Boards positionierst und mit Körpervorlage und gestrecktem Mastarm in die Kurve fährst (Bild 1-3).

Auf Raumwind- bis Vorwindkurs folgt die erste Neuerung: Der vordere Fuß wird ebenfalls aus der Schlaufe genommen und vor diese gestellt (Bild 4-5). Danach lässt du die Segelhand los und drehst deinen Körper über Luv zum Heck. Währenddessen klappt das Segel um, wodurch du mit der freien Hand hinter deinem Rücken an den Gabelbaum greifen kannst (Bild 6-8). Hast du so die neue Seite des Booms fest im Griff, lässt du die alte Masthand los und drehst dich weiter um die eigene Achse (Bild 9). Nun folgt der Fußwechsel: Hinteren Fuß verkehrt neben dem vorderen platzieren, vorderen nach hinten zu den Schlaufen stellen (Bild 9-10). Das erinnert schon fast an Ballett, ist aber notwendig um mit möglichst wenigen Schritten umzusteigen. Mit dem Fußwechsel dreht dein Körper automatisch die restlichen 180 Grad fertig und du musst lediglich noch das Segel aufrichten (Bild 11), an die Gabel greifen, stabilisieren und dichtholen (Bild 12).

SHORTCUTS:

» Einleitung wie bei der Halse: Hinteren Fuß aus der Schlaufe nehmen, Leekante belasten, in die Knie gehen, Segel dicht halten, Mastarm strecken, Körpervorlage (Bild 1-4)
» Auf tiefem Raumwindkurs vorderen Fuß zum Mastfuß stellen (Bild 4-5)
» Segelhand loslassen, Körper nach Luv neigen und zur Kurveninnenseite drehen (Bild 5-6)
» Segel schlägt automatisch hinter dem Rücken um (Bild 6-8)
» Freie Hand vor dem Körper vorbeiführen und hinter dem Rücken an den Gabelbaum greifen (Bild 8)
» Alte Masthand loslassen. Gleichzeitig Körperdrehung und Fußwechsel vornehmen (Bild 9-10):
a. Hinteren Fuß verkehrt neben dem vorderen platzieren
b. Vorderen Fuß umdrehen und nach hinten zu den Schlaufen stellen
c. Körper vollendet seine Drehung
» Balance halten, Segel aufrichten und übliche Griffposition einnehmen (Bild 11)
» Dichtholen, anluven (Bild 11-12)

Intro: Wie von Geisterhand geführt, shiftet das Segel bei der Stall Jibe ganz alleine. Das Beherrschen der Powerhalse erleichtert dabei zwar den Lernvorgang, aber erst die richtige Wurftechnik bringt das Rigg zurück.

Stall Jibe

Die Einleitung funktioniert wieder gleich wie bei der normalen Power Jibe: Auf Raumwindkurs den hinteren Fuß aus der Schlaufe nehmen und auf die Leeseite des Boards stellen. Mit Körpervorlage, dicht gehaltenem Segel und gestrecktem Mastarm in die Kurve fahren (Bild 1-3).

Kurz bevor du den Vorwindkurs erreichst, öffnest du das Segel leicht und gibst ihm noch einen „Klaps" nach außen und nach vorne (Bild 4-5). Hast du das Rigg richtig geworfen, schwebt es Mast-voraus zur Kurvenaußenseite (Bild 6). Während dieses Vorganges hast du einerseits die Balance ohne Segel zu halten und und andererseits mit dem Board durch die Kurve zu carven.

Sobald das Rigg nach hinten (gegen die Fahrtrichtung) schwebt, wird es vom Wind erfasst, welcher es wieder nach oben bringt (Bild 7-8). Jetzt musst du eigentlich nur noch an den Masten oder noch optimaler, an die Gabel greifen und es wieder aufrichten (Bild 9-10). Erst wenn sich das Segel fest in deinen Händen befindet und du sicher auf dem Board stehst, sollte der Fußwechsel erfolgen (Bild 11).

Die Stall Jibe ist nicht besonders schwierig, erfordert aber sehr, sehr viel Übung. Freihändig mit Stall shiften - dazu hat noch jeder einige Versuche gebraucht ... also, nicht entmutigen lassen!

Shortcuts:

» Einleitung wie Powerhalse (Bild 1-4): Auf Raumwindkurs abfallen, Segel dicht halten, Fuß auf die Leekante stellen, Knie beugen, Körper in die Kurve neigen

» Kurz vor dem Vorwindkurs Segel öffnen und leicht nach außen und vorne „werfen" (Bild 5)

» Kurvenfahrt beibehalten! Arme arbeiten ausgleichend (Bild 6-8)

» Segel schwebt zur Kurvenaußenseite und Mast-voraus nach hinten. Wind fährt darunter und führt es in aufrechte Position zurück (Bild 8-9)

» Rigg am Masten oder an der Gabel greifen, fertig aufrichten (Bild 9-10)

» Stabilisieren, Fußwechsel vornehmen (Bild 11-12)

Ø Problem: Du fällst zur Kurveninnenseite ins Wasser.

✓ Lösung: Mehr in die Knie gehen, damit das Board nicht so leicht verkantet. Vor dem Segelwurf Rigg öffnen und Körperschwerpunkt über die Brettmitte bringen!

Vorübungen: Clew-first fahren (S. 39), Power Jibe (S. 56)

SLAM JIBE

INTRO: Musst oder willst du in einem extrem engen Radius halsen, so ist die Slam Jibe DER Move dafür. Bei richtiger Ausführung wird hier fast auf dem Stand umgedreht.

Nimm für die Einleitung als erstes den hinteren Fuß aus der Schlaufe und stelle ihn aufs Heck (Bild 1). Luve anschließend mittels Fußsteuerung (vorderer Fuß) bis auf Amwindkurs an und richte dabei das Rigg auf (Bild 2-3).

Jetzt werden beide Arme gestreckt und so das Segel nach vorne geschoben wobei die Segelhand an der Gabel nach hinten rutscht (Bild 3).

Um auch den engen Radius und den Spray - die Merkmale der Slam Jibe - zu erzeugen, neigst du deinen Körper zurück, gehst mit dem hinteren Bein in die Knie und pushst damit das Heck von dir weg (nach Luv) (Bild 4-6). Der vordere Fuß bleibt dabei in der Schlaufe und zieht das Board in die Kurve, der Körper lehnt als Gegengewicht stark nach hinten (Bild 6-7).

Wende dich mit Unterstützung der Kopfsteuerung bereits bei der Einleitung der Slam Jibe in die gewünschte Drehrichtung. Je weiter dann die Brettrotation fortschreitet, desto mehr öffnest du das Segel um den Druck aufrecht zu erhalten.

Sobald das Board über Vorwindkurs „slamt", ziehst du dich - wie bei einem Klimmzug - am Segel hoch (Bild 8-9) wobei dir der aufkommende Druck hilft, auch das Rigg aufzurichten (Bild 9). Halte das Segel anfangs in Schothorn-voraus Position und stabilisiere dich (Bild 10).

Der vordere Fuß dreht jetzt aus der Schlaufe und platziert sich ganz knapp hinter dieser. Danach muss der hintere Fuß vom Heck genommen und zum Mastfuß gestellt werden um ein Überrotieren bzw. Absinken zu verhindern (Bild 11-12).

Immer noch in der clew-first Position balancierst du zuerst deine Stellung aus, öffnest dann das Schothorn ein wenig (um den Druck zu reduzieren) und shiftest abschließend (Bild 12-16).

TIPP: Behalte dir die Slam Jibe eher für schwächeren Wind auf. Bei Starkwind oder Überpower kannst du das Board nicht so einfach unter Wasser drücken und springst daher leicht aus Versehen ab.

Ø Problem: Nach dem „Slam" drückt dich das Segel nach hinten ins Wasser (Schothorn-voraus kein Druck vorhanden).

✓ Lösung: Segel mit der Boarddrehung öffnen!

Shortcuts:

» Hinteren Fuß aus der Schlaufe nehmen und auf das Heck stellen (Bild 1)

» Bis auf Amwindkurs anluven (Bild 2)

» Segel und Körper aufrichten, Arme lang machen um Wind „einzufangen" (Bild 3)

» Einleitung Drehung (Bild 4-7):
  a. Mit dem hinteren Fuß pushen
  b. Mit dem vorderen Fuß in der Schlaufe in die Kurve steuern
  c. Körper stark nach hinten neigen, Kopfsteuerung einsetzen

» Das Board schlägt einen Haken. Segel mitdrehen! Druck baut sich wieder auf (Bild 8-9)

» Körper mit Hilfe des Segeldrucks aufrichten (Bild 9-10)

» Fußwechsel (Bild 10-12):
  a. Vorderen Fuß hinter der Schlaufe platzieren
  b. Hinteren Fuß nach vorne zum Mastfuß stellen

» Schothorn-voraus Position stabilisieren, anschließend shiften und dichtholen (Bild 12-16)

Problem: Das Board hebt bei der Einleitung ab, verkantet oder rutscht weg (zu hohe Geschwindigkeit).

Lösung: Luve gegebenenfalls noch mehr an um etwas langsamer zu werden.

Duck Jibe

INTRO: Bereits in den 80ern erfunden, wird die Duck Jibe heute im Supercross sogar bei jeder Wendemarke verlangt. Ein stylischer Move, der fast leichter durchgeglitten werden kann, als die Halse. Wird die normale Duck Jibe zur Routine, kannst du anschließend versuchen, dir dabei die Hand zu waschen ...

Die Duck Jibe, oder auch Tauchhalse, wird wie eine normale Jibe eingeleitet - sprich: Auf leichtem Raumwindkurs aus dem Trapez aushängen, hinteren Fuß zwischen die vordere und hintere Schlaufe auf die Leeseite des Boards stellen und in die Knie gehen (Bild 1-2). Danach folgt einer der wichtigsten Griffe: Der Armspagat. Dabei wird die Segelhand relativ nahe am Schothorn platziert und so der Abstand zwischen den Armen vergrößert. Lässt du sie nämlich in der normalen Position, wird dir das Rigg später leicht aus der Hand gerissen und ein Abgang ist vorprogrammiert.

Während also die Hand zum Schothorn rutscht, carvst du durch Fußsteuerung mit angewinkelten Knien (gleicht eventuelle Sprünge des Boards aus) und mit gestrecktem vorderen Arm langsam in die Kurve und verlagerst das Körpergewicht auf den vorderen Fuß. Bereits auf Raumwindkurs greifst du mit der Masthand über Kreuz ebenfalls zum Schothorn (Bild 2-3), so, dass das Segel nach Lee klappt. Hältst du das Schothorn dann fest in dieser Hand, verlässt die ehemalige Segelhand den Boom (Bild 3-4). Das Rigg kann kurzfristig ruhig Richtung Wasseroberfläche geneigt sein, das unterstützt nur deine Kurvenlage. Pass aber auf, dass der Mast nicht im Wasser streift. Das würde deine Fahrt sofort stoppen und dich in hohem Bogen nach vorne abwerfen. Carve also mit Segel und Körper zur Kurveninnenseite geneigt und gebeugten Knien durch die Kurve. Um nun am Gabelbaum auf die andere Seite greifen zu können, wird das Rigg energisch am Körper vorbei, zur Kurvenaußenseite gezogen. Bei der onehanded oder handwash Variante beugst du dich hier zusätzlich kurz nach unten und berührst mit den Fingerspitzen die Wasseroberfläche. Führe den Gabelbaum nahe an deinem Kopf vorbei um erst mit der freien bzw. „gewaschenen" Hand und anschließend mit der ursprünglichen Masthand möglichst weit in die normale Griffposition zu kommen (Bild 5-6). Bei größeren Segeln bedarf es dazu eventuell mehrerer Griffe. Blicke zur Unterstützung der Brettdrehung in die gewünschte Fahrtrichtung (Kopfsteuerung!) (Bild 7-10). Damit du kein Übergewicht nach innen bekommst, neigst du das Segel jetzt leicht zur Kurvenaußenseite und nützt den langsam auftretenden Druck um im Gleiten zu bleiben und dich zu stabilisieren (Bild 9-11).

Erst wenn mindestens Raumwindkurs erreicht und eine stabile Position eingenommen wurde, wird der Fußwechsel vorgenommen (Bild 11-12). Hältst du das Rigg hier dauernd unter Zug, wirst du die Duck Jibe bald durchgleiten können.

Knackpunkt:

Problem: Kein vollständiges Shiften möglich. Das Segel klappt während dem Vorgang zur Kurvenaußenseite.

Lösung: Früher und schneller shiften - am besten schon auf altem Raumwindkurs!

TIPP: Vor allem bei Überpower ist ein etwas früheres Shiften empfehlenswert. Ein bewusst fester Griff vermeidet dabei, dass dir das Segel aus der Hand gerissen wird!

Shortcuts:

» Leichten Raumwindkurs ansteuern (Bild 1)

» Aus dem Trapez aushängen, hinteren Fuß aus der Schlaufe nehmen (Bild 1-2)

» Segelhand rutscht weiter zum Schothorn (Bild 2)

» Mittels Fußsteuerung in die Kurve einlenken (Bild 2)

» In die Knie gehen, Gewicht auf den vorderen Fuß verlagern (Bild 2-3)

» Auf tiefem Raumwindkurs (wenig Druck!) Segel shiften (Bild 3-6):
  a. Masthand loslassen, über Kreuz weit zum Schothorn greifen
  b. Segel fällt zur Innenseite der Kurve
  c. Schothorn energisch zur Kurvenaußenseite ziehen und so weit wie möglich auf die neue Gabelbaumseite langen

» Knie angewinkelt lassen. Mit möglichst wenigen Griffwechseln eine normale Position am Holm einnehmen (Bild 7)

» Druck halten, weitercarven (Bild 8-10)

» Stabilisieren und erst auf neuem Raumwindkurs die Fußstellung wechseln (Bild 11-12)

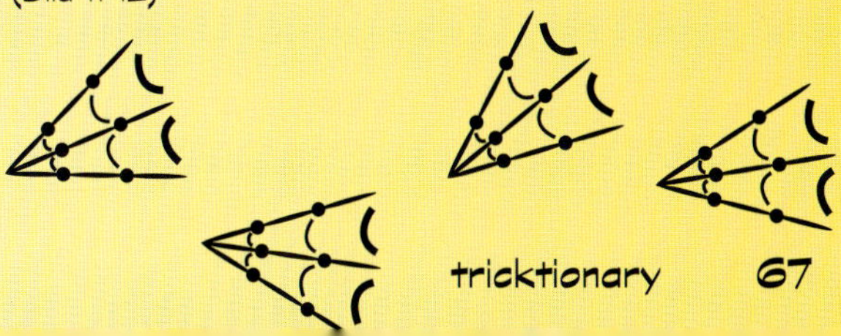

Reverse Duck Jibe

INTRO: Anstatt zur Kuveninnenseite wird bei der Reverse Duck Jibe das Segel zur Außenseite gelegt und so unten durchgetaucht. Stark an die normale Duck Jibe angelehnt, verrät nur die switch-stance Einleitung, dass sie verkehrt herum ausgeführt wird.

Steuere bei ordentlicher Geschwindigkeit normalen Raumwindkurs an, steige auf switch-stance um (siehe Vorübungen Seite 42) und positioniere dabei den vorderen Fuß in der Nähe des Mastfußes (Bild 1-3).

Falle mittels Fußsteuerung noch weiter ab und bringe auf Raumwindkurs Körper sowie Segel in etwa über die Brettlängsachse (Bild 2-3).

Eine lockere Segelhand nimmt nun den Druck aus dem Segel, damit es ohne Zug vor dir steht. Die Masthand greift über Kreuz zum Schothorn (Bild 4-5), die Segelhand schiebt das Rigg neutral zur Kurvenaußenseite. Sobald sich die ehemalige Masthand am Ende des Booms befindet (Bild 5), lässt du die Segelhand los (Bild 6-7) und legst sie, nachdem du das Schothorn energisch an deinem Körper vorbei und nach hinten gezogen hast, auf die andere Gabelbaumseite. Der von der Kurvenaußenseite kommende Gegendruck hält das Rigg aufrecht bzw. bringt es wieder näher zu dir. Ein zum Wind zeigendes Schothorn ist das Zeichen um auf der Gabel weiter in eine normale Position zu greifen (Bild 8). Indem du anschließend das Segel öffnest (Schothorn durch den Wind führen), fängst du wieder Wind ein, der dir zum Weitergleiten verhilft (Bild 9).

Der schwierigste Teil ist geschafft. Jetzt brauchst du nur noch mittels Fuß- und Segelsteuerung anzuluven um den Move erfolgreich abzuschließen (Bild 10-13).

Ø Problem: Das Segel bekommt bei der Einleitung Gegendruck von vorne und fällt nach Luv ins Wasser.

✓ Lösung: Wenn du das Segel nach Luv schiebst, musst du früher am Schothorn ziehen und davor mehr abfallen.

Ø Problem: Kein Druck bei der Ausleitung. Folge: Abgang nach hinten.

✓ Lösung: Körper aufrechter halten. Druck baut sich erst langsam auf Vorwind- bis Raumwindkurs wieder auf!

Shortcuts:

» Bei gutem Speed abfallen und auf switch-stance umsteigen (Bild 1-2)
» Auf tiefem Raumwindkurs Körper und Segel aufrichten. Kurvenfahrt beibehalten (Bild 3)
» Segel am Körper vorbei zur Kurvenaußenseite schieben (Bild 4)
» Mit der Masthand über Kreuz zum Schothorn greifen. Segelhand pusht Rigg weiter nach Luv (Bild 5)
» Schothorn nahe am Körper vorbei nach hinten ziehen und mit ursprünglicher Segelhand auf die andere Gabelbaumseite greifen (Bild 6-7)
» Normale Griffposition einnehmen. Segel dabei drehen und Schothorn durch den Wind führen (Bild 8-9)
» Körper aufrecht halten, Druck aufbauen (Bild 10)
» Mittels Segel- und Brettsteuerung anluven (Bild 11-13)

Duck Jibe Pirouette

Remko zeigt uns die wohl verdrehteste Variante der Duck Jibe. Die Einleitung entspricht mit Abfallen und auf switch-stance Umsteigen der Reverse Duck Jibe. Anschließend öffnest du das Segel, holst es näher zu dir und greifst dann mit der Segelhand, statt von oben, von unten und weit hinten beim Schothorn an die Gabel. Schiebe in weiterer Folge das Rigg nach Luv, lass die Masthand los und führe sie über deinen Kopf auf die andere Seite des Segels! Gleichzeitg mit diesem Griff lässt du die Hand, die sich noch auf der alten Gabelbaumseite befindet, los und vollziehst somit die Körperdrehung. Während der gesamten Pirouette hält nur eine Hand am Rigg fest! Wechsle die Fußstellung so bald wie möglich, hol das Segel wieder hoch, greife auf der neuen Gabelseite in eine normale Position und carve die Duck Jibe Pirouette fertig.

Vorübungen: Duck Jibe (S. 66) Chop Hop (S. 116)

Aerial Duck Jibe

Intro: Bei der Königsversion der Tauchhalsen verbindet man einen Chop Hop mit einer Duck Jibe. Das Beherrschen dieser beiden Moves verspricht gutes Gelingen.

Knackpunkt:

Ø Problem: Das Board sticht ein, weil sich die Segelhand zu weit vorne befindet oder du zuviel Vorlage hast. Folge: Abgang nach vorne.

✓ Lösung: Beim Absprung etwas nach hinten lehnen und dabei das hintere Bein zur Landung hin leicht strecken. Vor dem Absprung mehr abfallen und die Segelhand nahe am Schothorn positionieren!

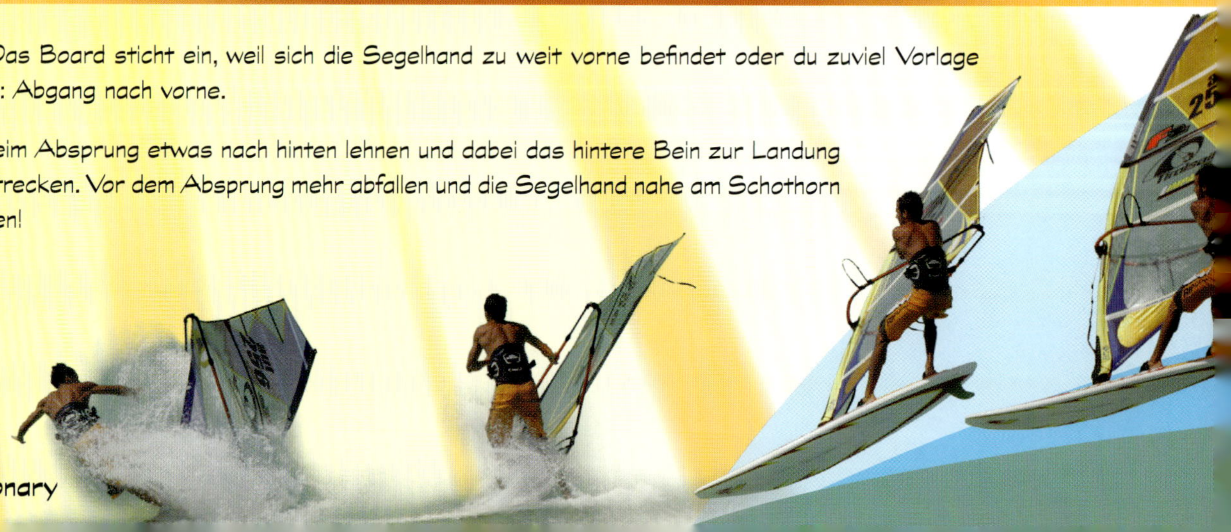

Suche für den Absprung einen Wellenrücken oder eine Welle, über die du auf Halb- bis Raumwindkurs abheben kannst. Um die Segelkräfte einzuschränken, fällst du auf tiefen Raumwindkurs ab und positionierst die Segelhand weiter hinten am Gabelbaum (wie beim clew-first Shiften) (Bild 1-2).

Nimm das Segel schon etwas dichter und heble dich wie bei einem (fast) normalen Chop Hop aus dem Wasser. In der Luft wird die Masthand losgelassen und damit das Shiften eingeleitet (Bild 3). Drehst du nun das Rigg, zieht es dich automatisch leicht nach vorne. Um das zu kompensieren, sollte der Körper während des Sprunges leicht nach hinten geneigt sein (Bild 3-5).

Bei angewinkelten Beinen greifst du jetzt mit der Masthand über Kreuz zum Schothorn und shiftest (Bild 4-6). Sobald sich die Gabel fest in deiner Hand befindet, kannst du die alte Segelhand loslassen und relativ beruhigt landen, denn in dieser Position hat das Segel bis nach der Landung nur wenig Power (Bild 6-7).

Achte darauf, dass du nun möglichst flach und Heck-voraus aufsetzt. Halte dabei aber die Beine gebeugt um Stauchungen zu vermeiden (Bild 7)!

Einmal gelandet, folgt erst das Stabilisieren und anschließend die eigentliche Kurvenfahrt. Letzteres sollte nicht schwer fallen, da sich der Mast durch das Shiften relativ weit in Lee befindet. Um auf die andere Gabelbaumseite zu kommen, ziehst du nun das Segel wie bei einer normalen Duck Jibe am Körper vorbei und lehnst dich leicht zur Kurveninnenseite (Bild 8-9). Gehst du zum Carven bewusst in die Knie, steht der Drehung nichts mehr im Wege (Bild 10-11)!

Im Unterschied zur normalen Tauchhalse bleiben bei der Aerial Duck Jibe beide Füße während des ganzen Sprunges und der Kurvenfahrt in den Schlaufen - bis nach der Stabilisation auf neuem Kurs (Bild 11-13).

Erst wenn der Turn geschafft ist, wird abschließend die Fußstellung gewechselt und somit das Manöver erfolgreich beendet (Bild 14-15) .

5 4 3 2 1

Shortcuts:

- » Auf Raumwindkurs abfallen (Bild 1)
- » Am Gabelbaum mit der Segelhand weiter in Richtung Schothorn rutschen (Bild 1)
- » Absprung mit leicht nach hinten geneigtem Körper (Bild 2)
- » Sofort nach dem Abheben mit der Masthand über Kreuz zum Schothorn greifen (Bild 3-5)
- » Ursprüngliche Segelhand loslassen und hinteres Bein anziehen (Bild 5-6)
- » Landung (Bild 7-8):
  - a. Segel mit einer Hand am Schothorn halten
  - b. Knie immer beugen um Stauchungen zu vermeiden
  - c. Flach, jedoch mit dem Heck zuerst aufsetzen
- » Auf neue Segelseite greifen und wie bei der Duck Jibe Segel „raufholen" und weitergreifen (Bild 8-10)
- » Gleichzeitig Körper in die Kurve lehnen, Knie anwinkeln (Füße immer noch in beiden Schlaufen!) (Bild 10-12)
- » Stabilisieren, dann erst aus den Schlaufen steigen und die Fußstellung wechseln (Bild 13-15)

Vorübung: Backwind Jibe ohne Gleiten (S. 36)

Backwind JIBE

INTRO: Diese Jibe erhielt ihren Namen aufgrund ihrer Ausführung. Als erstes auf die Backseite des Segels wechseln dann noch ein bisschen drehen und fertig ist die „Rückenwindhalse".

ONEHANDED

Fahre mit ordentlichem Speed und suche eine etwas flachere Stelle am Wasser. Steige dann aus den Schlaufen, platziere den vorderen Fuß vor dem Mastfuß (Bild 1-2) und greife sofort mit der Segelhand über Kreuz auf die andere Seite des Gabelbaumes (siehe Knackpunkt Grifftechnik).

Damit auch dein Körper am Segel vorbeikommt, sollte dieses etwas nach Lee geneigt sein. Lass die alte Seite der Gabel komplett los und positioniere die frei gewordene Hand ebenfalls auf der Backseite (Bild 3-5).

Gleichzeitig beginnt der schwierigste Teil - der Fußwechsel auf Back. Stelle dazu den hinteren Fuß verkehrt knapp vor den Mastfuß, drehe deinen Körper und mach mit dem Nose-Fuß einen Schritt nach hinten zwischen die Schlaufen (siehe Knackpunkt Fußwechsel). Achte darauf, dass du dabei über der Brettmitte bleibst und das Board auf Kurs hältst. Um die Kurve weiterzucarven, muss jetzt das Segel nach Luv geschoben werden. Das bedeutet: Mastarm strecken, Segelarm etwas beugen und mit dem Körper nahe beim Rigg bleiben (Bild 7-8).

Verlagere dein Gewicht auf den hinteren Fuß und belaste die Innenkante (Brett aufkanten). Halte dabei aber immer dem Druck des Segels stand - diese Kombination aus Fuß- und Segelsteuerung lässt das Board nach Lee carven (Bild 9-10).

Öffne auf Vorwindkurs langsam das Segel, drehe dich dabei mit dem Rigg mit und halte die Arme gebeugt (Bild 11-12).

KNACKPUNKT GRIFFTECHNIK

Shortcuts:

- » Raumwindkurs einschlagen, flache Stelle suchen (Bild 1)
- » Aus den Fußschlaufen heraussteigen (Bild 1-2)
- » Vorderen Fuß vor den Mastfuß stellen (Bild 3)
- » Mit der Segelhand über Kreuz auf die neue Gabelbaumseite greifen (Bild 3-4)
- » Segel leicht nach Lee neigen um mit dem Körper vorbei zu kommen (Bild 3-4)
- » Mittels Schritt- und Grifftechnik auf die andere Segelseite wechseln (Bild 4-7)
- » Hinterer Fuß steht zwischen den Fußschlaufen auf der Backseite, vorderer Fuß beim Mastfuß (Bild 8)
- » Gewicht nach hinten verlagern, Segel nach Luv schieben: Mastarm strecken, Segelarm beugen, Körper bleibt nahe beim Segel (Bild 9)
- » Jibe-Position: Innenkanten belasten, dem Segeldruck standhalten (Bild 10)
- » Rigg mit dem Schothorn durch den Wind führen, Körper mitdrehen, ggf. Segelarm leicht strecken, Körpergewicht weiter nach hinten verlagern (Bild 11-15)
- » Auf normalen Kurs anluven (Bild 16-17)

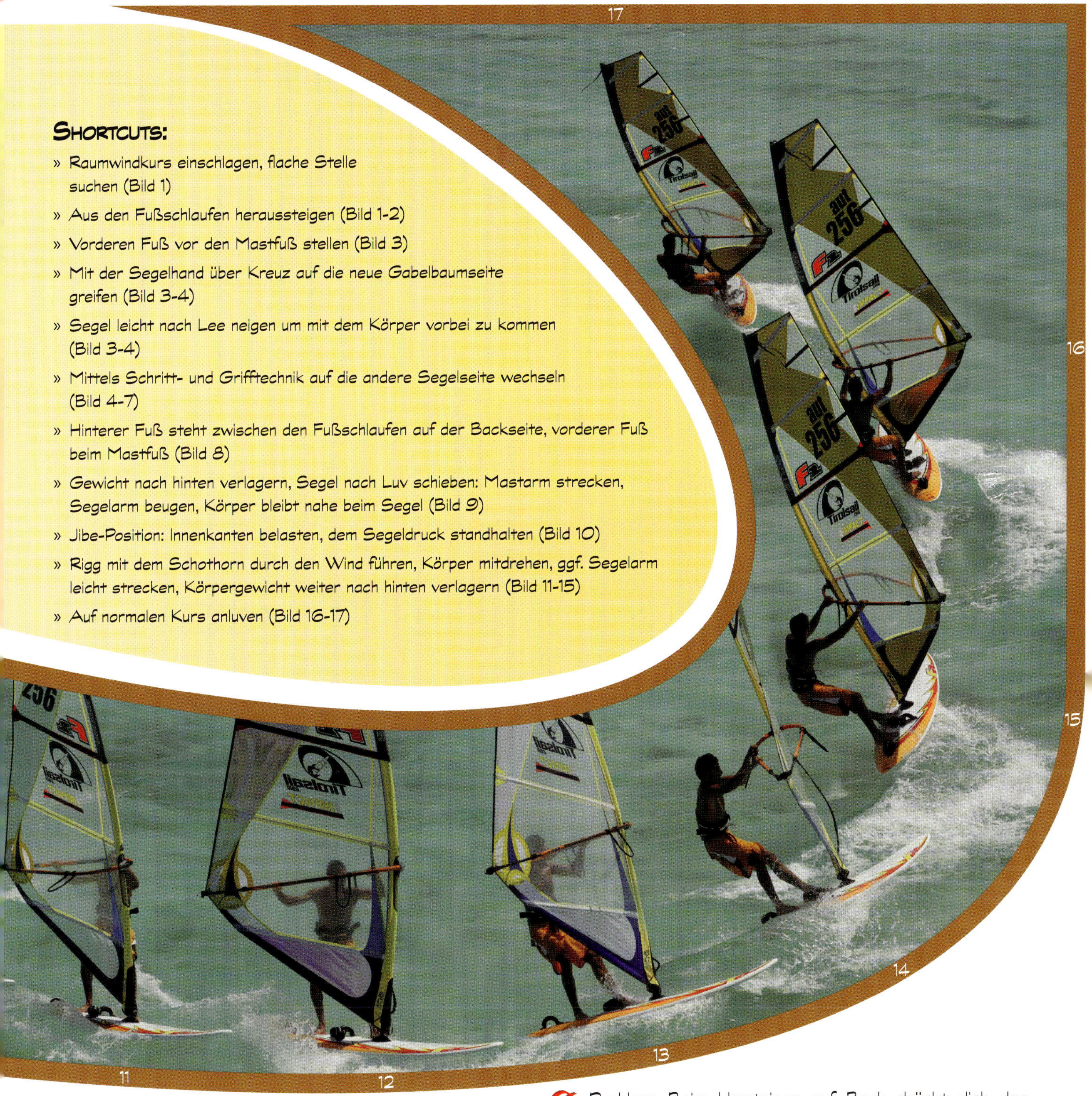

Du gleitest jetzt auf neuem, tiefem Raumwindkurs wobei sich langsam Druck aufbaut (Bild 13-14). Damit dich das Segel beim folgenden Anluven nicht abwirft, rutschst du mit dem vorderen Fuß hinter den Mastfuß und stemmst dich durch Strecken dieses Fußes und Anwinkeln des hinteren dagegen (Bild 14). Der zweite Teil, ab der Jibe-Position, kann entweder geschmeidig durchgeglitten (Bild 15-17) oder, bei weiterem Zurücktreten und energischeren Bewegungen, fast schon um die Kurve „gesnappt" werden. Wird die normale Backwind Jibe zu einfach, versuche es onehanded (kleine Bildsequenz links)!

Ø <u>Problem:</u> Beim Umsteigen auf Back drückt dich das Segel rücklings vom Board.

✓ <u>Lösung:</u> Sobald du vor dem Segel bist: Mastarm und damit Rigg nach hinten strecken, Segelarm gebeugt halten, gegendrücken! Auf der Nose nicht zu weit vorsteigen, sonst sinkt diese ab und bremst zu stark!

Ø <u>Problem:</u> Wenn das Schothorn durch den Wind dreht, kommt kein Druck auf. Folge: Abgang nach hinten.

✓ <u>Lösung:</u> Länger in der Jibe-Position bleiben, Segel näher kommen lassen (Unterliek am Schienbein), dann shiften.

Knackpunkt Fusswechsel

INTRO: Bei der Monkey Jibe kannst du deine „tierischen" Fähigkeiten testen. Das Beherrschen der Powerhalse sowie ein gewisses Gefühl für das Segel tragen zum schnellen Lernerfolg bei.

Monkey Jibe

Zur Einleitung der Monkey Jibe fällst du auf tiefen Raumwinkurs ab, nimmst den hinteren Fuß aus der Schlaufe und stellst ihn vor diese. Halte das Segel dicht, sogar schon leicht „überzogen", um den Druck zu minimieren. Nachdem auch der vordere Fuß die Schlaufe verlassen und sich vor dem Mastfuß positioniert hat, solltest du gut über der Brettmitte ausbalanciert sein (Bild 1-2).

Anschließend mittels Boardsteuerung (leichtes Aufkanten in die Kurve hinein) weiterhin langsam abfallen und das Schothorn durch den Wind ziehen (Bild 3-4). Danach schiebst du die Gabel nach Luv und stellst, sobald das Unterliek am Schienbein streift, den Fuß verkehrt schräg vor den Mastfuß (Bild 4). Verlagere sofort dein Gewicht auf diesen Fuß und platziere den anderen auf der neuen Seite vor den Schlaufen (Bild 5-6).

Führe das Rigg immer weiter nach Luv, strecke die Arme etwas mehr und lehne dich leicht zum Heck um den bald auftretenden Gegendruck abzufangen (Bild 5-7).

Ist dieser gut spürbar, beginnt der zweite Teil des Turns. Noch zwischen Raumwind- und Vorwindkurs muss das Schothorn geöffnet werden, damit sich der Gegendruck verstärkt und das Rigg aufrichtet (Bild 7-9).

Während der so eingeleiteten Segelrotation platzierst du den hinteren Fuß zwischen der vorderen und hinteren Schlaufe und den vorderen hinter dem Mastfuß (Bild 9). Konstante Brettsteuerung hält dabei die Kurvenlage aufrecht, wobei du das Segel, welches kurzzeitig praktisch keinen Druck hat, weiterdrehst (Bild 9).

Befindest du dich dann ungefähr auf Vorwindkurs, holst du es langsam Schothorn-voraus dicht und lehnst dich und das Rigg etwas nach hinten um so Druck über dein hinteres Bein auszuüben, was das Board anluven lässt (Bild 10-11). Noch auf Raumwindkurs sollte das Segel dann wie bei einer Power Jibe geshiftet und abschließend dichtgeholt werden (Bild 12-15).

Shortcuts:

- » Hinteren Fuß aus der Schlaufe nehmen und zwischen die vordere und hintere stellen
- » Auf Raumwindkurs abfallen
- » Segel dichtnehmen (hinteren Arm anwinkeln, vorderen etwas mehr strecken) (Bild 1)
- » Vorderen Fuß knapp vor dem Mastfuß positionieren (Bild 1)
- » Schothorn durch den Wind ziehen (Bild 2-3)
- » Sobald das Unterliek auf tiefem Raumwindkurs das Schienbein streift, dieses Bein nach vorne, schräg vor den Mastfuß stellen (Bild 3-5)
- » Rigg weiter nach Luv schieben, anderen Fuß hinter der vorderen Schlaufe (auf der neuen Seite) platzieren (Bild 5-6)
- » Segel mitdrehen - Gegendruck entsteht (Bild 6-8)
- » Kurvenfahrt beibehalten. Auf Vorwindkurs vorderen Fuß hinter den Mastfuß stellen (Bild 9)
- » Segel aufrichten. Auf neuem Raumwinkurs die clew-first Stellung stabilisieren (Bild 10-12)
- » Segel wie bei der Power Jibe shiften, umgreifen und dichtholen (Bild 13-15)

Knackpunkt:

Ø Problem: Wenn du das Schothorn durch den Wind führst, fällst du nach hinten auf das Segel.

✓ Lösung: Vor der Einleitung weiter abfallen, Segel dichtnehmen, überziehen und dann erst das Schothorn durch den Wind führen (Arme beugen!). Fußwechsel nicht vergessen!

Intro: Diesen doch eher einer anderen Kategorie zugehörigen Ausdruck würde man nicht gerade für ein Manöver im Windsurfen erwarten - dennoch wurde der Name Dildo für die einhändige Monkey Jibe ausgewählt.

DILDO

Die Einleitung erfolgt hier wie beim großen Bruder: Abfallen, Fuß vor den Mastfuß stellen und das Segel nach hinten überziehen (Bild 1). Anschließend die Masthand loslassen und das Rigg einhändig mit dem Schothorn nach Luv führen (Bild 2-4). Falle dabei noch weiter ab und greife, sobald der Gegendruck spürbar ist, wieder an die Gabel - so, dass du schließlich clew-first in Back dastehst (Bild 5-6). Die Beinarbeit entspricht jener der Monkey Jibe. Die Ausleitung bleibt dann dir überlassen. Hänge entweder eine Halse dran um die Richtung zu wechseln oder beende das Ganze als einhändigen Reverse Sail-Body 360.

Vorübung: Fahren in Back (S. 35); Sail-Body 360 (S. 46); Power Jibe (S. 56)

INTRO: Auch verkehrt ist die Monkey Jibe einen Versuch wert. Im Prinzip setzt sie sich aus einer Halse mit angehängtem bzw. eingebautem Sail-Body 360 zusammen.

Reverse Monkey Jibe

Der erste Teil dieser Jibe entspricht weitgehend der normalen Powerhalse. Das heißt: Abfallen, hinteren Fuß auf der Leeseite des Boards platzieren, in die Knie gehen, das Rigg leicht in die Kurve legen und carven. Achte bei der Reverse Monkey Jibe darauf, dass der Radius nicht zu eng ausfällt, da dir sonst die Geschwindigkeit für die Ausleitung fehlt (Bild 1-7).

Die Halse wird so lange gefahren, bis auf neuem Raumwindkurs Schothorn-voraus Druck aufkommt. Nimm dann den vorderen Fuß aus der Schlaufe und stelle ihn verkehrt hinter diese (Bild 8). Danach den anderen Fuß bei aufgerichtetem Körper vor dem Mastfuß platzieren, das Rigg (clew-first) öffnen und nach hinten neigen (Bild 10-11).

Kommst du nun mit dem Masten über die Längskante des Boards hinaus, so wäre dir dein hinterer Fuß im weg. Positioniere ihn deshalb ebenfalls knapp vor dem Mastfuß (Bild 12).

Das Segel wird jetzt in weiterer Folge zur Luvseite des Boards gedreht (Bild 13-14), wobei die Arme nicht zu sehr durchgestreckt werden dürfen, da sich sonst zu wenig Gegendruck aufbauen kann. Während dieser Riggdrehung positionierst du den ehemals vorderen Fuß auf der neuen Seite zwischen den Fußschlaufen (Bild 13). Mit weiterhin gebeugten Armen soll das Segel nun ganz herum in eine normale clew-first Position rotieren (Bild 14-16).

Wenn du das Schothorn durch den Wind schiebst, musst du nach hinten steigen und deine Fußstellung dabei wieder wechseln (Bild 15-16).

Halte das Rigg jetzt so lange konsequent Schothorn-voraus, bis du stabil genug stehst (Bild 16) um abschließend shiften und dichtholen zu können (Bild 17-18).

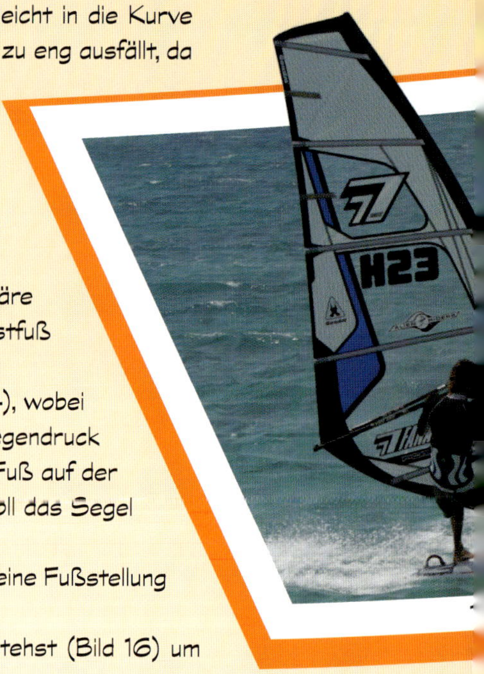

Ø Problem: Nach der Power Jibe folgt ein Abgang in Richtung Nose, weil das Segel zu viel Druck entwickelt oder der Bug absinkt.

✓ Lösung: Mehr in die Knie gehen, Segel und Körper zur zweiten Segelrotation weiter nach hinten neigen. Auf der Backseite weiter zurück steigen. Zweite Drehung erst auf neuem Raumwindkurs einleiten!

Ø Problem: Beim Stellungswechsel auf die Backseite fällt das Rigg nach Luv ins Wasser.

✓ Lösung: Segel und vor allem Körper aufrechter halten! Segelarm etwas beugen um den Gegendruck nicht „abzuwürgen“.

TIPP: Übung macht den Meister! Trainiere die komplette Segel- und Fußechnik zuerst an Land bei wenig Wind! Automatisiere so die Schrittfolge und bekomme ein besseres Gefühl für die auftretenden Segelkräfte!

SHORTCUTS:

- Power Jibe Einleitung (Bild 1-7):
  a. Guten Speed aufnehmen, auf Raumwindkurs abfallen
  b. Fuß auf die Leekante stellen, in die Knie gehen
- Bis auf neuen Raumwindkurs carven, clew-first leicht Druck aufkommen lassen (Bild 8)
- Vorderen Fuß aus der Schlaufe nehmen und hinter dieser platzieren, hinteren Fuß vor den Mastfuß stellen (Bild 9)
- Segel weiterdrehen und nach hinten schieben. Kantenbelastung beibehalten (Bild 10-11)
- Aktuellen hinteren Fuß zum Mastfuß stellen, anderen auf der Backseite zwischen den Schlaufen platzieren (Bild 12-13)
- Segel über Back auf clew-first drehen, Arme gebeugt halten (Bild 13-14)
- Gleichzeitig Fußstellung wechseln (auf normale Position) (Bild 15-16)
- Schothorn rotiert durch den Wind - Druck baut sich auf. Clew-first Position stabilisieren (Bild 16)
- Segel shiften (Bild 17-18)

Vorübungen: Sail-Body 360 (S. 46), Duck Jibe (S. 66)

Donkey Jibe

Intro: Wie nennt man eine Duck Jibe mit angeschlossenem Segel-Körper 360? Richtig: Donkey Jibe! Da der Move vor allem zum Durchgleiten viel Fingerspitzengefühl erfordert, ist er eher selten gesehen.

Die Einleitung der Donkey Jibe gleicht der ersten Hälfte der Duck Jibe, sprich: Viel Geschwindigkeit aufnehmen, eine flache Stelle suchen, auf Raumwindkurs abfallen und den hinteren Fuß auf die Leeseite des Boards stellen. Anschließend in die Knie gehen, über Kreuz zum Schothorn greifen, das Segel nach Lee klappen lassen und recht zügig auf die andere Seite der Gabel langen (Bild 1-6).

Anstatt nun einfach die Kurve fertig zu fahren und umzusteigen, hängst du jetzt einen Sail-Body 360 an. Während du das Segel nach Luv schiebst und dich darauf vorbereitest, es „auf den Wind" zu legen, wird der vordere Fuß aus der Schlaufe genommen, vor dem Mastfuß positioniert (Bild 8-9) und das Körpergewicht dabei hinten gehalten. Liegt das Segel dann auf dem Wind (diese Stellung gleicht jener bei der Push Tack!), lehnst du dich mit angewinkelten Armen in die Kurve, lässt das Segel leichten Gegendruck entwickeln (Bild 10-11) und schiebst es in weiterer Folge nahe am Körper nach hinten. Kurz bevor es dann mit dem Schothorn durch den Wind dreht, wird der hintere Fuß vor den vorderen gestellt und der (ehemals) vordere auf der neuen Seite hinter dem Mastfuß platziert (Bild 11-12). So erreichst du eine stabile Körperposition, welche notwendig ist, um den aufkommenden, starken Druck abzufangen (Bild 13-15).

Flaches Wasser und hohe Geschwindigkeit erleichtern das Durchgleiten.

DONKEY

Problem: Zu starker Druck bei der Ausleitung. Folge: Abgang.

Lösung: Den Sail-Body 360 früher einleiten, sodass die Ausleitung auf Raumwindkurs erfolgen kann. Breitere Fußstellung einnehmen.

Problem: Das Segel fällt bei der Einleitung des Sail-Body 360 ins Wasser (nach Luv).

Lösung: Die Boarddrehung wird nicht konstant genug durchgeführt. Während und nach der Duck Jibe in die Knie gehen. Sail-Body 360 erst einleiten, wenn der Vorwindkurs durchlaufen wurde und sich leichter Gegendruck aufgebaut hat.

Shortcuts:

» Auf Raumwindkurs abfallen (Bild 1)
» Fuß auf die Leeseite zwischen die vordere und hintere Schlaufe stellen (Bild 2)
» In die Knie gehen und mit dem Brett in Kurve carven (Bild 3)
» Segel dichtnehmen (Arme beugen!), an der Gabel nach hinten greifen (Bild 3)
» Mit Masthand über Kreuz zum Schothorn greifen, Duck Jibe weitercarven (Bild 4-6)
» Auf Vorwindkurs vorderen Fuß vor dem Mastfuß platzieren (Bild 8)
» Rigg nach hinten auf den Wind legen. Kurvenfahrt beibehalten (Bild 9-10)
» Segel und Körper gemeinsam drehen (Arme sind angewinkelt!) (Bild 11-12)
» Schrittwechsel auf die Luv-Seite des Boards (Bild 12)
» Auf neuem Raumwindkurs Schothorn durch den Wind drehen (Bild 12-13)
» Druck mit Körpergewicht und breitem Stand abfangen (Bild 13-15)

JIBE

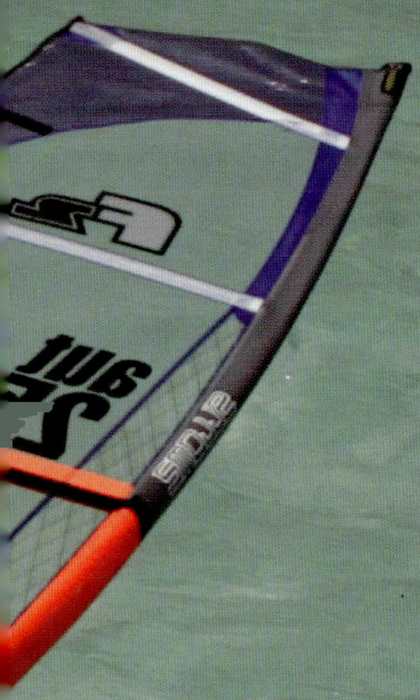

TACKS

- Sinkerwende (Schnelle Wende) (= Fast Tack)
- Push Tack
- Nose Tack
- Clew-first (Nose) Tack
- Stall Tack
- Jizz
- Conca Tack
- Duck Tack

Fast Tack

(Schnelle Wende, Sinkerwende)

Intro: Die Sinkerwende bildet einen der ersten Schritte auf dem Weg zu den modernen Freestyle Manövern und ist vor allem praktisch, wenn man Höhe machen und nicht durch eine Halse zusätzlich welche verschenken möchte. Außerdem sollte die schnelle Wende in größeren Wellen gut beherrscht werden um gegebenenfalls rasch umdrehen und „flüchten" zu können - in diesem Fall nennt man den Move auch Chicken Tack.

Du kannst die normale Wende? Dann ist es ein Leichtes die schnelle Wende oder auch Sinkerwende auf dem Funboard zu lernen.
Nimm viel Geschwindigkeit auf, steig aus der hinteren Schlaufe und stelle den Fuß neben den vorderen (Bild 1-2). Mittels Fußsteuerung wird nun stark angeluvt und richtig in die Kurve gecarvt, so, dass möglichst viel Speed behalten wird.
Das Körpergewicht verlagert sich auf den vorderen Fuß wobei gleichzeitig die vordere Hand näher zum Masten langt. Zusätzlich legst du das Rigg nach hinten um durch Segelsteuerung das Anluven zu unterstützen (Bild 3).
Hat das Board schon fast komplett in den Wind gedreht, steigst du mit dem vorderen Fuß vor den Mastfuß, lässt die Segelhand los und greifst über Kreuz auf die andere Gabelbaumseite (Bild 4-5). Der Körper befindet sich jetzt vor dem Masten und so in der instabilsten Position. Achte nun darauf, dass du das Segel nicht zu nahe zum Köper ziehst, sonst wird durch die automatische Verlangsamung des Brettes und den fehlenden Segeldruck (der normalerweise das Gegegenwicht bildet) ein Abgang wahrscheinlich.
Die Arme bleiben locker gestreckt, der Körper dreht in die neue Richtung wobei der hintere Fuß verkehrt knapp vor den Mastfuß steigt (Bild 5-6). Versuche dabei das Board immer leicht aufgekantet zur Kurveninnenseite zu halten um die Drehung zu unterstützen!
Jetzt lässt du die alte Gabelbaumseite komplett los und greifst auf der neuen Seite in die gewohnte Position. Durch den vorherigen „Ausfallschritt" kann der ehemals vordere Fuß

Shortcuts:

- Vollen Speed aufnehmen. Hinteren Fuß aus der Schlaufe neben den vorderen stellen (Bild 1-2)
- Mittels Fußsteuerung anluven, in die Kurve carven, Segel nach hinten legen (Bild 2-3)
- Körper aufrichten (Bild 3)
- Vorderen Fuß vor den Mastfuß stellen (Bild 3-4)
- Segelhand loslassen und über Kreuz auf die andere Gabelbaumseite greifen (Bild 4-5)
- Körper in die neue Fahrtrichtung drehen, hinteren Fuß verkehrt vor den Mastfuß stellen (Bild 5-6)
- Ursprüngliche Masthand auf der neuen Gabelbaumseite platzieren. Gleichzeitig vorderen Fuß in Fußschlaufengegend positionieren (Bild 6-7)
- Segel solange hinten halten (ggf. in Back anluven), bis die Brettspitze durch den Wind gedreht hat (Bild 7-9)
- Rigg dichtholen und durch Segelsteuerung weiter abfallen (Bild 9-10)

zeitgleich nach hinten, in Fußschlaufennähe gestellt werden (Bild 6-7).
Am folgenden Teil scheitert die Mehrheit der Windsurfeinsteiger. Zu frühes Dichtholen oder zu lasches Anluven ziehen einen Abgang nach sich.
Die idealste Position zum Beenden des Moves ist erreicht, wenn das Board bereits durch den Wind gedreht hat. Je mehr Geschwindigkeit bei der Anfahrt aufgenommen und während der Kurvenfahrt behalten wurde, desto leichter erreicht man diese Stellung.
Hol das Segel erst dicht, wenn die Brettspitze in die neue Fahrtrichtung zeigt und falle abschließend durch Segelsteuerung und Druck auf den Mastfuß ab (Bild 8-10).

Problem: Beim Dichtholen kommt kein Druck ins Segel! Folge: Abgang nach hinten.

Lösung: Solange anluven, bis das Board in den Wind zeigt und nicht zu früh nach vorne steigen.
Nach dem Umsteigen außerdem nicht zu stark ans Segel hängen, da es anfangs (auf Amwindkurs) nur sehr wenig Druck entwickeln kann! Körperschwerpunkt deshalb über dem Mastfuß halten!

TIPP: Fahren in Back üben! Dann kann die Sinkerwende durch Anluven in Back (Segel nach hinten legen) noch gerettet werden - auch wenn das Board noch nicht durch den Wind gedreht hat!

Vorübungen: Push Tack ohne Gleiten (S. 36), Clew-first fahren (S. 39)

Intro: Die Push Tack wird zwar zuerst als Halse angetäuscht, dann aber doch noch zur Wende umfunktioniert. Die Vorübung ohne Gleiten hilft dir, dieses Freestyle Einsteigermanöver in kürzester Zeit zu erlernen.

Push Tack

Zur Einleitung der Push Tack nimmst du - wie bei einer normalen Powerhalse - den hinteren Fuß aus der Schlaufe und stellst ihn in die Jibe-Position (zwischen die vordere und hintere Schlaufe auf der Leeseite des Boards) (Bild 1). In normaler Gleitfahrt und nicht zu stark gepowered wird die Kurvenfahrt eingeleitet. Dazu gehst du in die Knie, belastest die Leeseite des Brettes etwas stärker und kantest es durch Ziehen an der Schlaufe mit Gefühl auf. Das Segel wird derweil mit angewinkelten Armen dicht gehalten (Bild 2-3). Es darf sich auf keinen Fall zu weit vom Körper entfernen, sonst verlierst du die Balance.

Beginne nun auf tiefem Raumwindkurs das Segel zu öffnen (Bild 4). Der vordere Fuß rutscht aus der Schlaufe, wird leicht gedreht und knapp dahinter positioniert (Bild 5). Nachdem das Gewicht auf dieses Bein verlagert wurde, setzt du den hinteren Fuß knapp vor dem Mastfuß ab und schiebst währenddessen das Rigg nach Luv (Bild 6). Achte dabei darauf, dass dein Körper aufrecht bleibt und du die Arme immer leicht gebeugt hältst.

Hast du es bis hierhin geschafft, musst du mit dem Anluven beginnen. Dazu das Segel und den Körper gegen die Fahrtrichtung leicht nach hinten neigen (Bild 7-8). Der hintere Fuß wird dabei belastet, der vordere hingegen automatisch etwas mehr durchgestreckt.

Durch diesen Druck auf den Mastfuß und dezentes Aufkanten beginnt das Board nach Luv zu carven (Bild 8-9).

Lass dich jetzt nicht von der etwas instabilen clew-first Position in Back irritieren. Es wird einfach weiter angeluvt. Je näher du zum Halbwindkurs kommst, desto steiler sollte das Segel gegen den Wind stehen, damit der Gegendruck vermindert wird. Achte dabei aber immer darauf, dass sich das Rigg nicht zu weit vom Körper entfernt (Arme angewinkelt lassen!) (Bild 10-12). Zeigt das Board dann zum Wind, befindet sich fast kein Druck mehr im Segel. Halte den Gabelbaum trotzdem bewusst fest in deinen Händen und schiebe das Schothorn durch den Wind (Bild 13-14). Der feste Griff wirkt nun dem relativ plötzlich aufkommenden Druck entgegen.

Zur Ausleitung das Rigg etwas nach vorne schieben (abfallen) (Bild 15), die clew-first Stellung kurz stabilisieren und shiften (Bild 16-18).

Knackpunkte:

Ø <u>Problem:</u> Während das Rigg clew-first in Back gehalten wird, fällt es nach Luv ins Wasser.

✓ <u>Lösung:</u> Segelarm nicht durchstrecken, sondern angewinkelt lassen. Körper aufrechter halten.

Shortcuts:

- Einleitung: Hinteren Fuß auf die Leekante zwischen die vordere und hintere Schlaufe stellen, Knie beugen, Segel dicht halten und eine Kurve nach Lee fahren (Bild 1-3)
- Auf Raumwindkurs vorderen Fuß aus der Schlaufe nehmen, umdrehen und dahinter platzieren (Bild 4-5)
- Gleichzeitig Segel nach Luv schieben (Bild 4-6)
- Hinteren Fuß vor den Mastfuß stellen (Bild 6-7)
- Segel mit gebeugten Armen auf den Wind legen (Bild 8-9)
- Durch Segelsteuerung (Rigg nach hinten legen) Körpergewicht auf den hinteren Fuß verlagern, anluven, Segel gegendrücken (Mastarm pusht, Segelarm dosiert Druck) (Bild 10-11)
- Board luvt an. Segel und Körper nach hinten geneigt lassen (Bild 12-13)
- Board zeigt in den Wind. Schothorn langsam durch den Wind schieben (Bild 14-15)
- Gabel gut festhalten. Mittels Segelsteuerung auf neuen Halbwindkurs abfallen (clew-first Segelsteuerung) (Bild 15-16)
- Position stabilisieren und Segel shiften (Bild 17-18)

Problem: Das Segel steht beim Anluven zu aufrecht, zu starker Gegendruck ensteht. Folge: Abgang nach hinten (Lee).

Lösung: Arme anwinkeln - vor allem Segelarm gebeugt halten! Rigg nach hinten pushen, hinteres Bein anwinkeln!

Problem: Zu starker Segeldruck bei der Ausleitung. Folge: Übergewicht - Abgang nach vorne.

Lösung: Schothorn nicht zu weit öffnen. Arme gebeugt halten, fester Griff. In die Knie gehen (stabiler Stand).

Nose Tack

INTRO: Eingeleitet wie eine Wende, kommt man bei der Nose Tack nie in die Situation, dass Board und Segel drucklos mit dem Wind stehen. Eine (halbwegs) stabile Position während des ganzen Manövers macht die Nose Tack zu einer relativ einfachen Wende.

Indem du den hinteren Fuß aus der Schlaufe nimmst und ihn knapp vor selbige stellst, leitest du die Nose Tack ein (Bild 1-2). Luve anschließend mittels Fuß- und Segelsteuerung an (Board aufkanten, Segel nach hinten legen) und halte diese Position, bis das Brett schon fast gegen den Wind steht (Bild 3-5).

Sobald es dies tut, wird das Segel und der Körper aufgerichtet sowie der vordere Fuß aus der Schlaufe genommen und mit einem großen Schritt vor dem Mastfuß positioniert (Bild 6). Das Board fährt jetzt nur noch langsam in Verdrängerfahrt. Während du den hinteren Fuß knapp hinter den Mastfuß bzw. seitlich dazu stellst (Bild 6-7), belastest du mit dem vorderen die Nose, welche dadurch abtaucht (Bild 7-8) und so die weitere Drehung erleichtert.

Das Rigg wird bis hierhin immer so gehalten, dass durch den Segeldruck ein Festhalten an der Gabel noch einwandfrei möglich ist. Wenn jetzt die Finne aus dem Wasser kommt, wird das Brett von selbst nach Luv drehen (dein Schwerpunkt liegt vor dem Mastfuß) (Bild 8-9). Diesen gewünschten Effekt balancierst du mit dem Segel noch etwas aus, achtest aber darauf, dass das Board nicht zu schnell rotiert.

Sobald es sich in etwa auf (neuem) Raumwindkurs befindet, drehst du deinen hinteren (beim Mastfuß stehenden) Fuß um 90 Grad um und positionierst den (noch) vorderen vor den Fußschlaufen (auf der neuen Seite) (Bild 9-10).

Das Körpergewicht ist jetzt wieder über das Brett verteilt. Durch den Segeldruck nimmst du schon langsam Finne-voraus Fahrt auf (Bild 11). Um nicht versehentlich einen Board 360 zu machen, wird, sobald eine stabile Position erreicht ist, die Segelhand losgelassen. Shifte, hole langsam auf der neuen Seite dicht (nicht zu schnell, sonst zieht es dich wegen der leichten Rückwärtsfahrt herunter) und steige abschließend hinter den Mastfuß (Bild 12-13).

SHORTCUTS:

» Aus der hinteren Schlaufe steigen (Bild 1)
» Mittels Brett- und Segelsteuerung anluven (Bild 2-5)
» Steht das Brett gegen den Wind - Segel aufrichten (Bild 5-7)
» Segel unter Druck halten, vorderen Fuß aus der Schlaufe nehmen und vor den Mastfuß stellen (Bild 6-7)
» Hinteren Fuß knapp hinter oder neben dem Mastfuß positionieren (Bild 7)
» Gewicht vorne halten - Nose taucht ab - Finne kommt aus dem Wasser - Board dreht nach Luv (Bild 8-10)
» Während der Drehung den Fuß, der nahe beim Mastfuß steht, umdrehen und davor stellen (Bild 9-10)
» Fuß, der näher zur Nose steht, vor den Fußschlaufen platzieren - Finne wieder im Wasser (Bild 10-11)
» Segel aufrichten, kurz stabilisieren (Bild 10-11)
» Segelhand loslassen und über Kreuz auf die andere Gabelseite greifen (Bild 11-12)
» Alte Gabelseite loslassen, umgreifen und vorderen Fuß hinter den Mastfuß stellen (Bild 12)
» Segel langsam dichtholen, Kurs korrigieren (Bild 13)

Clew-first (Nose) Tack

Auch Schothorn-voraus kann man die (Nose) Tack einleiten (Bild 1). Mit breitem Griff luvst du zuerst mittels Segelsteuerung an (Segel nach hinten neigen, Bild 2-3) und steigst dabei mit dem vorderen Fuß auf die Nose (Bild 3). Während du durch Druck auf den Bug das Board mit dem Heck nach Lee drehen lässt, wird das Segel konstant unter Druck gehalten (Bild 4-5). Der folgende Fußwechsel auf der Nose lässt diese untergehen. Im Gegensatz dazu kommt die Finne aus dem Wasser, was das Rotieren vereinfacht (Bild 5-6). Sobald das Brett neuen Halbwindkurs erreicht hat, gibst du dem Segeldruck nach und steigst mit einem großen Schritt hinter den Mastfuß (Bild 7-8). Verlagere den Körperschwerpunkt nach hinten (Bild 8) und öffne das Segel vor dem Dichtnehmen um den aufkommenden Druck abzubauen und dich zu stabilisieren (Bild 9-10).

Vorübung: Heli Tack an Land (S. 35), Heli Tack (S. 48)

Stall Tack

Intro: Wie soll das Segel, wenn man es Richtung Wasser wirft, von alleine wieder hochkommen? Die Stall Tack war vielen kurz nach ihrer Erfindung durch Levi Siver ein Rätsel. Mit unseren Ausführungen kommst du der Lösung näher und wirst den Move nach einigen Trainingseinheiten beherrschen.

Knackpunkt:

Problem: Der Körper lehnt zu weit nach Luv. Folge: Abgang nach hinten.

Lösung: Vor dem Werfen in die Knie gehen und den Körperschwerpunkt bewusst über der Brettmitte platzieren!

TIPP: Segel leicht dichtnehmen, Masthand etwas früher loslassen.
Die Segelhand pusht nochmal nach Lee und in Richtung Brettspitze. Nur so kommt das Segel wieder hoch!

Shortcuts:

» Halbwindkurs einschlagen, guten Speed aufnehmen

» Segel dicht halten, Körper aufrichten (Bild 1)

» Langsam, aber konstant mit dem Board anluven (Fußsteuerung)

» Segel „werfen“ (Bild 2-4):
a. Masthand etwas früher los lassen
b. Segelhand schubst das Rigg minimal später nach unten und vorne

» Weiterhin anluven (Bild 4-6)

» Das hochkommende Segel greifen und aufrichten (Bild 7-8)

» Board steht in den Wind - sonst weiterhin durch Segelsteuerung anluven (Bild 8-9)

» Heli Tack: In Back steuern und auf neuen Kurs „abfallen“ (Bild 10-11)

» Segel shiften, dichtholen (Bild 12-14)

Die Stall Tack setzt sich eigentlich aus einem Segelwurf und einer angeschlossenen Heli Tack zusammen. Beherrschst du also die Helicopterwende, muss nur noch das „Schmeißen“ des Riggs erlernt werden.

Fahre dazu mit gutem Speed auf Halbwindkurs. Die Geschwindigkeit ist notwendig um ohne Segeldruck lange genug im Gleiten zu bleiben. Nimm beide Füße aus den Schlaufen und positioniere dich in der Nähe des Mastfußes um das Gewicht etwas weiter nach vorne zu bringen und so einen stabileren Stand zu haben.

Jetzt mit dem Board auf leichten Amwindkurs anluven. Dabei das Segel noch ein klein wenig dichtholen und somit den Körper aufrichten - das wird dir gleich helfen, ohne Hilfe des Segels auf dem Board stehen zu bleiben (Bild 1-2).

Das Rigg muss nun so geworfen werden, dass es zur Wasseroberfläche hinunter schwebt und sich dabei mit dem Masten Richtung Brettspitze bewegt. Gibst du ihm diese Bewegung nach vorne nicht mit, wird es einfach ins Wasser fallen und zwingt dich damit zum sofortigen Stehen bleiben.

Wirf das Segel mit beiden Händen nach unten und vorne und lass die Segelhand dabei einen Tick später los. Hier ist es wichtig, dass schon auf leichtem Amwindkurs gefahren wird (Bild 3-5), denn sonst kann nur schwer Wind unter das Segel fahren. Luve also weiter konstant durch leichtes Aufkanten des Boards an und warte, bis sich das Rigg wieder aufrichtet. Merkst du, dass du zu langsam wirst und das Segel bei vielen Versuchen im Wasser landet, so probiere vor der Einleitung noch stärker gegen den Wind zu fahren.

Schwebt das Rigg jedoch über dem Wasser und kommt zu dir zurück, fängst du es auf (bei weniger Wind musst du dazu möglicherweise etwas nach vorne steigen) (Bild 7-8) und ziehst es gleich zu dir nach hinten. Da zur Ausleitung des Stalls bereits sehr stark angeluvt wurde, liegt es jetzt nahe, eine Heli Tack zur Vollendung anzuhängen:

Mittels Segelsteuerung weiter anluven (Bild 9-10), warten, bis das Board durch den Wind gedreht hat, in Back auf neuen Kurs steuern (Bild 11) und zu guter Letzt das Segel shiften (Bild 12-14).

Vorübung: Heli Tack (S. 48)

INTRO: Probier's doch mal anders rum! Die Kreuzhang Version der Heli Tack nannte Robby Naish „Jizz". Ein Move, der auch unter der Gleitschwelle gut funktioniert.

Ob aus der Gleitfahrt heraus oder während dem Dümpeln - für den Jizz fährst du auf Halbwindkurs und steigst auf switch um (Bild 1-2). Anschließend folgt der Wechsel in den Kreuzhang. Greife dazu mit der Segelhand über Kreuz nach vorne in Mastnähe (Bild 2). Die alte Masthand lässt los, der Körper dreht sich mit dem Rücken zum Rigg und die freie Hand langt nach hinten an die Gabel (Bild 3-4).

Ein automatisches Anluven ist durch die Fuß- und Segelstellung völlig normal und für die Kreuzhang Heli Tack sogar erwünscht. Sollte das jedoch zu langsam vonstatten gehen, lehne einfach das Segel noch weiter nach hinten.

Sobald das Brett in den Wind gedreht hat (schon auf steilem Amwindkurs), steigst du mit dem vorderen Fuß vor den Mastfuß (Bild 5-6). Gleichzeitig richtest du das Segel auf und legst es auf den Wind. Das Körpergewicht verlagert sich dabei vom hinteren auf den vorderen Fuß (Bild 7-8).

Das Ganze läuft also so ab:
- Belastung auf dem Fuß hinter dem Mastfuß - Brett luvt an
- Belastung auf dem Fuß vor dem Mastfuß + Steuerung in Back - Brett fällt ab (back)

1

Shortcuts:

» Halbwindkurs einschlagen (Bild 1)

» Auf switch-stance umsteigen und dabei langsam anluven (Bild 2)

» Griffwechsel (Bild 3-4):
  a. Segelhand über Kreuz zwischen Masthand und Mast positionieren
  b. Alte Masthand loslassen
  c. Körper drehen
  d. Hinten an die Gabel greifen

» Mittels Segelsteuerung anluven (geschieht meist automatisch) (Bild 5-6)

» Brett zeigt fast gegen den Wind - vorderen Fuß knapp vor den Mastfuß stellen (Bild 6)

» Segel aufrichten und auf den Wind legen (Bild 7-9):
  a. Segelsteuerung: Mastarm leicht strecken, Segelarm beugen, Rigg nach Luv halten (in Back abfallen)
  b. Brettsteuerung: Fuß vor den Mastfuß - Druck auf Mastfuß - Board fällt ab

» Warten, bis Brett über Amwindkurs gedreht hat (Bild 10)

» Segel shiften (Bild 10-15):
  a. Vorderen Fuß hinter Mastfuß platzieren
  b. Gleichzeitig Segel hinterm Rücken hervorziehen (Segelhand pusht)
  c. Segel aufrecht shiften
  d. Griffwechsel, dichtholen

Jizz

12 13 14 15

Segelbewegungen, wie sie beim normalen Fahren in Back angewendet werden, gleichen die Schwankungen und den Druck des Windes aus. Das heißt: Mastarm eher strecken, Segelarm etwas beugen und so das Rigg mit Gefühl auf den Wind legen und nach vorne schieben (Bild 8-9).

Ist das Board abgefallen und hat, wie bei der Heli Tack, den neuen Amwind- bis Halbwindkurs erreicht, ist es Zeit, das Segel hinter dem Rücken hervorzushiften (Bild 10-11). Die Schwierigkeit dabei bildet meist die Balance. Um sie zu halten, schiebst du die Gabel mit der Segelhand nach Luv, ziehst das Rigg mit der Masthand hinter dem Rücken hervor und steigst gleichzeitig mit dem vorderen Fuß wieder hinter den Mastfuß (Bild 11). Versuche beim Shiften das Segel so aufrecht wie möglich zu halten (Bild 12), denn meist fehlt es an Gegengewicht um das Rigg von einer tieferen Neigung wieder aufzurichten. Nimm die normale Griffposition ein und hole auf neuem Kurs dicht (Bild 13-15).

Vorübungen: Clew-first shiften (S. 38), Push Tack (S. 84), Clew-first Gecko (S. 146)

Conca Tack

Conca Tack und Push Tack liegen - man will es vielleicht nicht glauben - nahe beieinander. Auch wenn sich die Segeltechnik wesentlich unterscheidet, so ist die Brettsteuerung annähernd die gleiche.

Wenn du beim clew-first Shiften nicht sofort aus dem Gleiten kommst und dich auch nicht überpowert fühlst, herrschen die richtigen Bedingungen für die Conca Tack.

Nimm zur Einleitung ordentlich Geschwindigkeit auf, steig aus der hinteren Schlaufe und positioniere diesen Fuß wie bei der Halse oder Push Tack zwischen der vorderen und hinteren Schlaufe. Das anschließende clew-first Shiften sollte relativ schnell vonstatten gehen um den Speed halten zu können (Bild 2-5). Nachdem in dieser neuen Stellung mit der Kurvenfahrt nach Lee (ähnlich der Einleitung einer Push Tack) begonnen wurde, folgt auf tiefem Raumwindkurs sofort die Drehung in den Wind (Bild 6-7), indem als erstes das

INTRO: Mit der Conca Tack verewigte Mikel Slijk seine ehemalige Arbeitsstätte, die Windsurfschule Conca d'Oro am Gardasee, im Surfsport. Eigentlich erfand der jetzige Surfshopbesitzer damit die Clew-first Push Tack.

Schothorn durch den Wind geschoben wird (Bild 7-8). Während sich dann der hintere Fuß vor dem Mastfuß in Stellung bringt, wandert der vordere automatisch aus der Schlaufe und platziert sich hinter selbiger (Bild 8-9).

WICHTIG: Das Körpergewicht bei der Einleitung der Drehung möglichst über der Brettmitte halten (Bild 5), damit das Schothorn später nicht die Wasseroberfläche streift!

Sobald es durch den Wind geht, schlägt plötzlich extremer Druck in das Segel (Bild 8). Kompensiere ihn, indem du einerseits das Rigg stark nach hinten legst und dagegen pushst und andererseits das Gewicht auf den (neuen) hinteren Fuß verlagerst (in die Knie gehen nicht vergessen!) (Bild 9-10).

Damit bist du nun das Gegengewicht zu deinem Segel und lässt damit gleichzeitig das Board anluven (Bild 11-12). Das Segel wird dabei immer noch hinten gehalten. Erst wenn das Brett in den Wind zeigt, richtest du das Rigg auf und fällst so etwas ab (Bild 13-14).

Ø Problem: Das Schothorn streift in Luv das Wasser. Folge: Abgang nach Lee.

✓ Lösung: Arme gebeugt halten und mit dem Körper aufrechter bleiben.

Ø Problem: Nachdem das Schothorn durch den Wind geführt wurde, entsteht zu hoher Druck im Segel. Folge: Abgang nach Lee.

✓ Lösung: Segel flach halten = Unterliek am Schienbein anstehen lassen, Gewicht auf den hinteren Fuß verlagern (Körperneigung nach hinten), stark dagegen pushen.

SHORTCUTS:

» Raumwindkurs einschlagen, hinteren Fuß aus der Schlaufe zwischen vordere und hintere stellen (Bild 1-2)
» Zügig auf clew-first shiften, wie bei der Push Tack noch etwas abfallen (Bild 3-6)
» Schothorn durch den Wind schieben (Bild 7-8)
» Gleichzeitig hinteren Fuß vor dem Mastfuß positionieren, ehemals vorderer rutscht aus der Schlaufe (Bild 8-9)
» Körper nach hinten neigen, Segel flach halten und so den Druck abfangen (Unterliek am Schienbein) (Bild 9-10)
» In Back anluven: Rigg hinten halten, Mastarm beugen, Segelarm nach hinten strecken (Bild 10-12)
» Gewicht auf den hinteren Fuß verlagern - Heck sinkt ab - Boarddrehung einfacher (Bild 12-13)
» Segel aufrichten, dichtholen und abfallen (Bild 13-15)

Vorübungen: Anluven in Back (S. 35), Switch-stance fahren (S. 42)

DUCK TACK

INTRO: Die „Tauchwende" stellt wohl eines der schwierigsten nicht-gesprungenen Manöver im Freestyle Windsurfen dar - aber lass dich davon nicht abschrecken, sondern eher motivieren! Beherrschst du das switch-stance Fahren ist der Rest reine Übungssache.

Für die Duck Tack sollte sich nicht zuviel Druck im Segel befinden und das Wasser relativ flach sein. Vor allem während der switch-stance Fahrt gegen den Wind können Schläge nur schwer abgefedert werden und die Gefahr des Verkantens erhöht sich.

Steige also bei gutem Speed (Halbwindkurs) auf switch-stance um (siehe Vorübungen Seite 42) und richte deinen Körper auf. Platziere dabei die Füße auf der Brettlängsachse - den vorderen nahe am Mastfuß - und belaste die Zehenballen (Fußsteuerung) um in den Wind zu steuern (Bild 1).

Als nächstes wird der Körper zur Kurveninnenseite bzw. nach vorne gelehnt (Bild 2). Halte dabei das Segel leicht unter Zug und luve weiter an. Erreichst du steilen Amwindkurs, startest du mit dem „Tauchen" (Bild 3).

Lass das Rigg locker und führe es von hinten an dir vorbei nach Luv (Bild 4). Wichtig dabei: Der Körperschwerpunkt bleibt immer über dem Brett!

Greife mit der Masthand über Kreuz nach hinten zum Schothorn (Bild 3-4). Die Segelhand, die sich immer noch am Gabelbaum befindet, steuert die Neigung des Riggs zur Kurveninnenseite. Befindet sich das Segel weit genug vor dir um darunter durchzutauchen, lässt du die alte Segelhand los und gibst dem Rigg mit der verbleibenden Hand am Schothorn einen kräftigen Ruck (Zug) nach unten (zur Wasseroberfläche) und hinten (Heck) (Bild 5-6).

Stehst du jetzt noch am Board, wäre der erste schwere Teil geschafft - aber der nächste folgt sogleich: Das Segel muss wieder hoch kommen! Nachdem du das Schothorn komplett losgelassen hast, sollte jetzt der Wind unter das Segel fahren und es wieder hochheben oder zumindest schweben lassen (Bild 7-8). Bei Zweiterem richtet sich das Segel durch einen kleinen Drücker ins Unterliek bzw. einem Ruck am Masten wieder auf. Beide Varianten funktionieren hier normalerweise mit wenig Kraftaufwand, da sie vom Wind unterstützt werden. Bestenfalls schwebt das Rigg über der Wasseroberfläche und richtet sich perfekt vor dir wieder auf (Bild 8-10). Versuche

Shortcuts:

- Flache Stelle am Wasser suchen, Halbwindkurs einschlagen
- Auf switch-stance umsteigen (Bild 1)
- Zehenballen belasten um anzuluven (Fußsteuerung) (Bild 1-2)
- Auf steilem Amwindkurs Körper aufrichten und nach Luv (in die Kurve) drehen (Bild 2)
- Segel am Körper vorbei, neutral nach Luv schieben (Bild 2-3)
- Mastarm loslassen und über Kreuz zum Schothorn greifen (Bild 3-4)
- Erst wenn das Rigg tendenziell zur Wasseroberfläche zeigt (Bild 4-5):
  a. Alte Segelhand loslassen
  b. Schothorn mit einem kräftigen Ruck nach unten und hinten ziehen
  c. Körper immer über dem Board halten
- Zwei Möglichkeiten:
  a. Segel schwebt knapp über der Wasseroberfläche: Hinunter beugen, kurz ins Schothorn drücken bzw. Mast greifen und hochziehen
  b. Segel kommt von alleine hoch - an die Gabel greifen (Bild 6-8)
- Segel hat immer noch Gegendruck. Board noch nicht ganz durch den Wind (Bild 9-10)
- Rigg nach hinten legen (= in Back anluven) - Brett dreht über Amwindkurs (Bild 10-11)
- Segel aufrichten, dichtholen, abfallen (Bild 12-13)

in dem Fall die Gabel wieder in normaler Position zu greifen (Bild 9).

Das Board steht nach erfolgreichem Segelkick genau zum Wind, eventuell noch etwas auf altem Kurs (Bild 10). Würdest du jetzt einfach dichtholen, fällst du, aufrund des fehlenden Segeldrucks, unweigerlich rücklings ins Wasser. Also muss das Brett zuerst mittles „Anluven in Back" durch den Wind gedreht werden (siehe Vorübungen Seite 35).

Ein gebeugter Mastarm sowie ein gestreckter Segelarm halten das Rigg hinten. Während du mit der Segelhand gegenhältst, das vordere Bein anwinkelst und das hintere streckst (Bild 10-11), dreht das Board auf neuen Kurs (Bild 11-13). Dort angekommen, richtest du abschließend das Segel auf, holst es dicht und neigst es nach vorne um weiter abzufallen (Bild 13).

Knackpunkte:

Ø Problem: Das Segel fällt mit einem lautem Knall nach Luv ins Wasser.

✓ Lösung: Timing! Früher ruckartig am Schothorn ziehen!

Ø Problem: Das Segel entwickelt zu früh Gegendruck und wirft dich ab.

✓ Lösung: Timing! Zug am Schothorn später durchführen!

! TIPP zur Einleitung: Nicht zu lange switch-stance fahren, sonst geht zuviel Geschwindigkeit verloren!

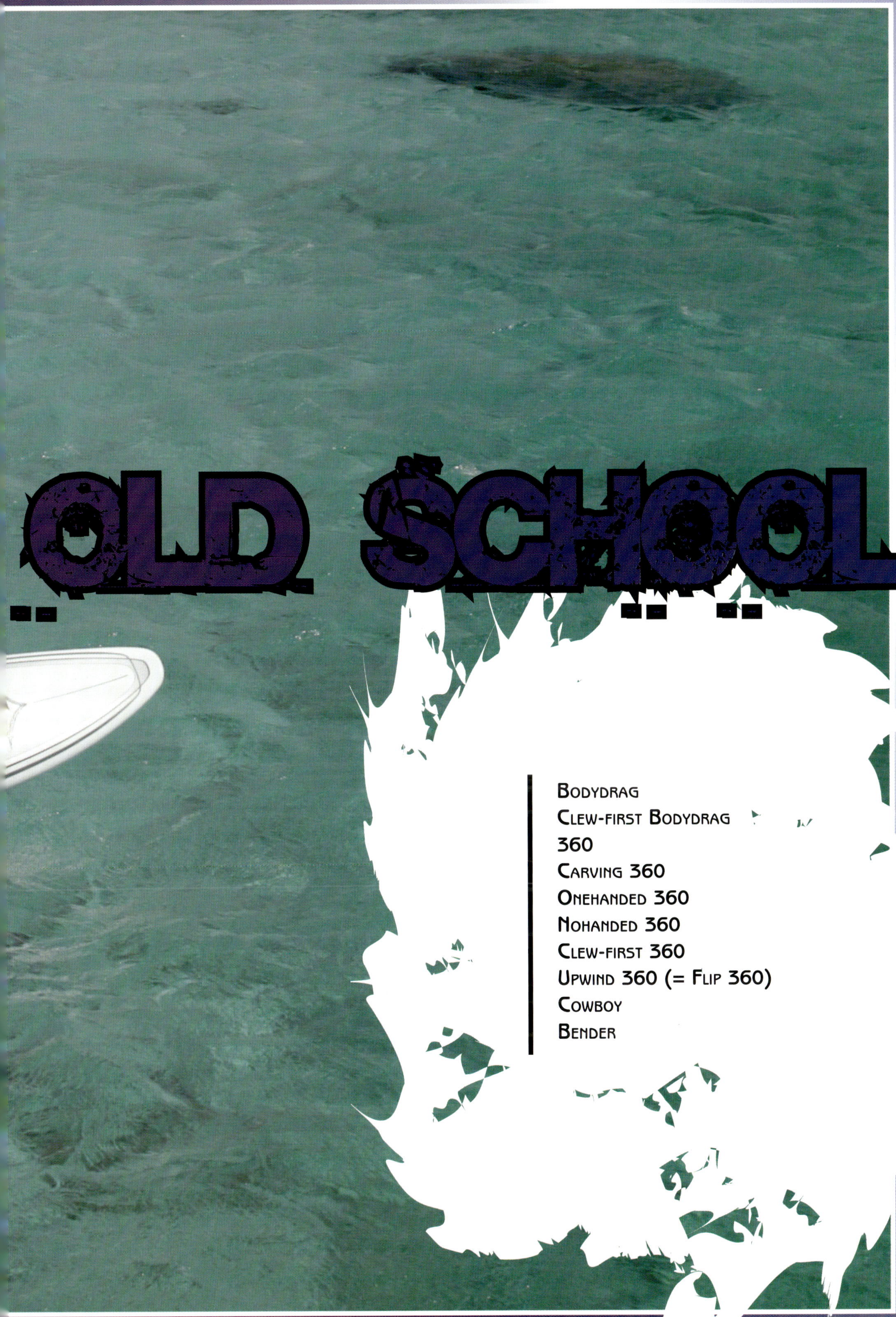

OLD SCHOOL

- Bodydrag
- Clew-first Bodydrag
- 360
- Carving 360
- Onehanded 360
- Nohanded 360
- Clew-first 360
- Upwind 360 (= Flip 360)
- Cowboy
- Bender

INTRO: Bodydrags sind einfach, wenn man weiß, wie's geht! Anfangs kann es einiges an Überwindung kosten, in voller Fahrt vom Board zu steigen, aber ansonsten ist das Manöver keine Hexerei ...

Bodydrag

Die Grundvoraussetzung um den Körper über die Wasseroberfläche „gleiten" zu lassen, ist eine hohe Geschwindigkeit. Bist du zu langsam, sinkst du zu weit ein, bremst dadurch und kommst so aus dem Gleiten. Bist du überpowert, hebt es dich leicht vorne drüber.

Steuere auf tiefen Halbwind- bis Raumwindkurs (Bild 1) und hänge aus dem Trapez aus.

Springe auf keinen Fall mit beiden Beinen gleichzeitig und möglichst schnell vom Board, das vernichtet deine Gleitfahrt sofort! Nimm stattdessen den vorderen Fuß aus der Schlaufe,

Clew-first

Der Clew-first Bodydrag verlangt einiges mehr an Übung, da sich die Gefahr eines Schleudersturzes durch das „verkehrte" Segel erheblich vergrößert.

Shifte zunächst auf clew-first und falle dann auf Raumwindkurs ab (Bild 1). In guter Gleitfahrt legst du jetzt wie beim normalen Bodydrag zuerst das vordere Bein gefolgt vom hinteren auf die Wasseroberfläche (Bild 2-3).

Halte die übliche Klimmzugstellung sowie die Körperspannung (Bild 4).

Schiebst du zum Aufsteigen das Schothorn nach vorne, wird es, im Gegensatz zum normalen Bodydrag, schneller stärkeren Druck entwickeln (Bild 5-6).

Steige wie gewohnt auf und versuche dich zu stabilisieren (Bild 7), bevor du das Segel wieder shiftest.

Shortcuts:

- Tiefen Halbwind- bis Raumwindkurs einschlagen. Locker in den Schlaufen stehen (Bild 1)
- Aus dem Trapez aushängen und bei vollem Speed vorderen Fuß aus der Schlaufe nehmen (Bild 1-2)
- Fuß nach hinten und sachte aufs Wasser legen (Bild 2)
- Arme und das noch in der Schlaufe befindliche Bein anwinkeln (Bild 2)
- Körpergewicht immer mehr auf den am Wasser gleitenden Fuß verlagern, diesen durchstrecken, Segeldruck aufrecht erhalten (Bild 2)
- Zweiten Fuß aus der Schlaufe nehmen, nach hinten führen und aufs Wasser legen (Bild 3)
- Körperspannung halten, Arme beugen (Bild 4-5)
- Zum Wiederaufstieg Hüfte zum Board drehen, Körper klimmzugartig hochziehen. Rigg durch Zug am Segelarm aufrichten (Bild 6-7)
- Zuerst hinteren Fuß auf das Board stellen (zwischen die Fußschlaufen) (Bild 7-8)
- Anderes Bein ebenfalls hochheben und weiter vorne absetzen (Bild 9)

streck das Bein nach hinten (Bild 2) und leg es behutsam auf die Wasseroberfläche. Bleib dabei mit dem Körper einigermaßen aufrecht und gehe mit dem Standbein in die Knie um näher zum Wasser zu kommen. Die Arme sollten in einer klimmzugartigen Stellung angewinkelt sein - so berührt immer nur ein Teil des Körpers die Wasseroberfläche und die Kontrolle über das Segel kann behalten werden.
Vergrößere die Körperspannung und verlagere das Gewicht auf das am Wasser gleitende Bein. Nimm jetzt den anderen Fuß aus der Schlaufe und setze ihn ebenfalls nach hinten aufs Wasser (Bild 3).
Idealerweise gleiten nur die Beine (bis leicht über die Knie) übers Wasser, Oberkörper und Trapez bleiben darüber!
Halte das Segel über der Brettmitte, eher in Luv, wodurch ein Abfallen während des Moves leichter fällt. (Klimmzugstellung übt Druck auf Mastfuß aus.) Sobald sich die Fahrt verlangsamt oder gar das Stehen bleiben droht, wird es Zeit, aufzusteigen. Drehe dazu deine Hüfte zum Board und hol das Segel dicht (Segelarm weiter beugen, Mastarm schiebt Rigg leicht nach vorne) (Bild 6).
Richtet sich das Segel jetzt auf, platzierst du zuerst den hinteren Fuß zwischen den Fußschlaufen (Bild 7-8) und anschließend den anderen in der Nähe der vorderen Schlaufe (Bild 9). Meistens ist jetzt nur noch eine kleine Kurskorrektur nötig und der Bodydrag wäre geschafft!

Ausprobieren: Gleich eine Backwind Jibe, eine Duck Jibe oder eine Duck Tack an den Bodydrag anhängen ...

Knackpunkte:

Ø Problem: Nach dem Absteigen sinkst du sofort ab und stoppst.

✓ Lösung: Arme konstant beugen (Bild 3-5), Beine strecken (Bild 5), vor allem aber die Körperspannung halten.

Ø Problem: Beim Aufsteigen zieht dich das Segel vorne drüber. Folge: Schleudersturz.

✓ Lösung: Segelarm zum Aufstieg langsamer dichtholen. Nachdem eine aufrechte Position erreicht wurde, Arm sofort wieder entspannen.

Ø Problem: Beim Aufsteigen stellt sich das Board auf und stoppt so die Fahrt.

✓ Lösung: Füße weiter vorne platzieren!

Vorübungen: Fahren in Back (S. 35), Laydown Jibe (S. 60)

INTRO: Nach den Jibes und Tacks ist der 360 eines der beliebtesten old school Freestyle Manöver. Ein relativ leicht erlernbarer Trick, der auch mit großen Segeln gut gemeistert werden kann und ein tolles Fahrgefühl vermittelt.

360

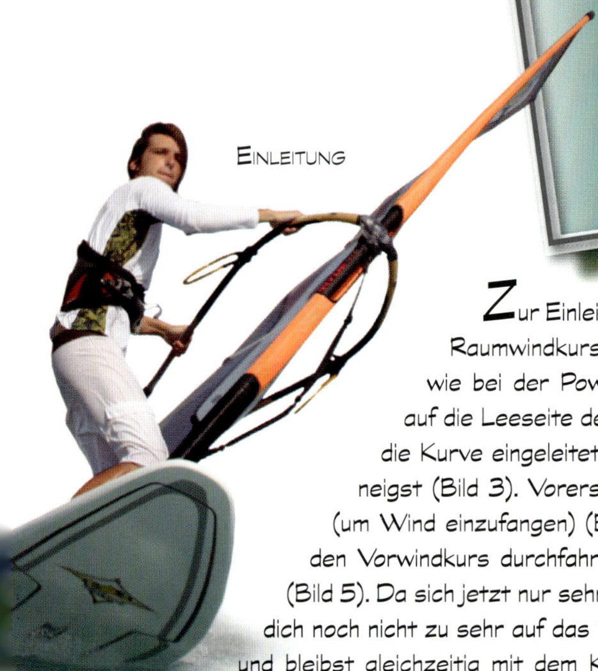

EINLEITUNG

13

Zur Einleitung nimmst du ordentlich Geschwindigkeit auf und fällst auf Raumwindkurs ab um die Segelkräfte zu minimieren (Bild 1). Anschließend wie bei der Powerhalse den hinteren Fuß aus der Schlaufe nehmen und auf die Leeseite des Boards stellen (Bild 2). Mittels Fußsteuerung wird jetzt die Kurve eingeleitet, wobei du das Segel nach Lee bzw. zur Kurveninnenseite neigst (Bild 3). Vorerst durch einen gestreckten Mastarm nach vorne gehalten (um Wind einzufangen) (Bild 4 / Bild EINLEITUNG), schiebst du es erst nachdem du den Vorwindkurs durchfahren hast nach hinten - legst es quasi auf die Schienbeine (Bild 5). Da sich jetzt nur sehr wenig bis gar kein Gegendruck entwickeln kann, lehnst du dich noch nicht zu sehr auf das Rigg, sondern hältst es knapp über der Wasseroberfläche und bleibst gleichzeitig mit dem Körpergewicht möglichst neutral über dem Board (leichte Körperneigung gegen die Fliehkräfte) (Bild 6).

Sobald das Brett den neuen Raumwindkurs durchläuft, stehst du in Back vom Segel, wobei sich langsam Gegendruck bildet. Halte die Knie gebeugt und unterstütze die weitere Kurvenfahrt durch einen Blick in die gewünschte Drehrichtung bzw. zum Segeltop (Kopfsteuerung). Um nun nicht gleich nach hinten abgeworfen zu werden, hältst du das Rigg mit leicht gebeugten Armen so weit wie möglich nach hinten (Blld 7-9).

Während das Board neuen Halbwindkurs durchfährt, verlässt der vordere Fuß die Schlaufe und positioniert sich vor dem Mastfuß (Bild 8-11 / Bild BEINARBEIT BEIM ANLUVEN). Dadurch wird der Druck automatisch auf den hinteren Fuß verlagert, was das Heck etwas mehr abtauchen und so das Brett besser weiterdrehen lässt.

1 2 3

Winkle dein vorderes Bein sowie den Mastarm an und strecke den Segelarm um den Körperschwerpunkt wieder nach vorne zu bringen und die Rotation aufrecht zu erhalten (Bild 11 / Bild ANLUVEN BACK). Bis dein Board in den Wind zeigt, richtest du das Segel wieder auf, neigst es nach vorne (durch Segelsteuerung abfallen) und holst es dicht (Bild 11-13). Nachdem du dich so stabilisiert hast und das Brett abfällt, positionierst du deinen vorderen Fuß wieder hinter dem Mastfuß und hast somit den 360 geschafft (Bild 14).

BEINARBEIT BEIM ANLUVEN

ANLUVEN IN BACK

Problem: Bei der Backfahrt wirst du nach hinten abgeworfen.

Lösung: Das Rigg nach hinten halten (gebeugter Mastarm, gestreckter Segelarm). Unterliek liegt am Schienbein an!!

Problem: Das Segel fällt bei der Kurvenfahrt nach Luv ins Wasser (durch Übergewicht oder Verkanten).

Lösung: Mastarm bei der Einleitung nach vorne strecken. In die Knie gehen. Segel oben halten, nicht zu stark drauflehnen.

Shortcuts:

- » Guten Speed aufnehmen, Raumwindkurs einschlagen, hinteres Bein aus der Schlaufe auf die Leekante des Boards stellen (Bild 1-2)
- » In die Knie gehen, Mastarm nach vorne strecken (Bild 2-3)
- » Segel und Körper in die Kurve neigen (Bild 4)
- » Auf Vorwindkurs Rigg nach hinten schieben, Segelarm nach hinten strecken, Mastarm beugen. Unterliek liegt am Schienbein an (Bild 5-7)
- » Auf neuem Halbwindkurs vorderen Fuß vor den Mastfuß stellen, Segel weiterhin hinten halten (Bild 8-9)
- » Board dreht in den Wind. Segel aufrichten, dichtholen (Bild 10-12)
- » Stabilisieren, vorderen Fuß hinter den Mastfuß stellen (Bild 13-14)

Ø **Problem:** Das Segel fällt beim Carven zur Kurveninnenseite ins Wasser.

✓ **Lösung:** Körpergewicht über dem Board halten, nicht zu sehr auf das Segel lehnen. Zum Stabilisieren in die Knie gehen.

Ø **Problem:** Das Segel drückt dich in der Back-Position nach hinten vom Brett.

✓ **Lösung:** Rigg mit gebeugtem Segelarm noch flacher über dem Wasser halten!

INTRO: Früher eines der schwierigsten Manöver ist der Carving 360 heute, Dank der modernen Technik, einer der ersten Moves, die man aus dem Gleiten ohne größere „Gefahren" für das Material und einen selbst versuchen kann.
Vom normalen 360er unterscheidet er sich lediglich dadurch, dass der hintere Fuß nicht aus der Schlaufe genommen wird. Engere Kurven und besserer Halt sind also garantiert.

Maximaler Speed und eine etwas flachere Stelle am Wasser sind die besten Voraussetzungen für den 360er in beiden Schlaufen.
Schlage also Raumwindkurs ein und nimm ordentlich Geschwindigkeit auf. Zur Einleitung fällst du mittels Fußsteuerung weiter ab (Bild 1-2) und neigst das Segel nach vorne und zur Kurveninnenseite (wie bei einer Halse) um das Board ruhig zu halten (Bild 3-4). Verlässt der Druck das Segel, ziehst du es halbkreisförmig nach hinten in die Kurve (Bild 3-5). Denk immer daran, dass auch hier der Kopf mit lenkt und schau deshalb übers Segeltop nach Luv oder auf das Gabelbaumende (Bild 6). Vor allem bei kabbeligem Wasser ist es wichtig, bewusst in die Knie zu gehen und dabei den vorderen Fuß unter Belastung zu halten (Bild 5). Das Board liegt so stabiler auf dem Wasser was einerseits besseren Halt gibt und andererseits das Risiko des Verkantens minimiert.
Mittlerweile sollte das Rigg weit hinten liegen (Bild 7). Solange

360 carving

Shortcuts:

- Maximalen Speed aufnehmen und flache Stelle suchen (Bild 1-2)
- Auf tiefen Raumwindkurs abfallen (Bild 2-3)
- Noch weiter abfallen. Dabei Segel halbkreisförmig in die Kurve legen, gleichzeitig den vorderen Fuß belasten (Bild 2-5)
- Bewusst in die Knie gehen (Bild 2)
- Mit dem Kopf die Drehbewegung unterstützen (Bild 5)
- Segel nach hinten schieben und tief über dem Wasser halten (Bild 6-9)
- Körperschwerpunkt weiter nach vorne verlagern und mit gebeugter Segelhand gegendrücken (Bild 7-11)
- Sobald das Brett durch den Wind dreht, Segel aufrichten, dichtholen und abfallen (Bild 12-15)

du schnell genug bist und keinen Gegendruck spürst, hältst du es mit angewinkelten Armen knapp über der Wasseroberfläche (Bild 8).

Das Board durchfährt jetzt den neuen Halbwindkurs, wobei langsam Gegendruck aufkommt, dem du durch starkes nach hinten Schieben des Segels entgegen wirkst (Bild 9-10). Dazu den Mastarm strecken und den Segelarm beugen, so, dass der Körperschwerpunkt eher auf dem hinteren Fuß liegt (Bild 10-11), welcher dadurch am Board „zieht". Der vordere Fuß hingegen „schiebt" und lässt es automatisch anluven (Bild 11). Je weiter deine Kurvenfahrt fortschreitet, desto mehr verlagerst du das Gewicht durch Anwinkeln des vorderen Beines wieder nach vorne (Bild 12). Das Rigg bleibt noch so lange hinten, bis das Brett in den Wind zeigt.

Abschließend richtest du das Segel auf, nimmst es dicht und hältst es nach vorne (mittels Segelsteuerung abfallen) um auf normalen Kurs zurückzudrehen (Bild 13-15).

Flachwasser 4-5 Bft.

Vorübungen: Fahren in Back (S. 35), 360 (S. 100)

INTRO: Erhöhe den Stylefaktor deines normalen 360 indem du einfach eine Hand weg streckst und einen Onehanded draus machst!

ONEhanded 360 NOhanded

INTRO: „Creative-Remko" zeigte uns beim Fotoshoot einen Nohanded 360, den wir euch nicht vorenthalten wollen ...

Problem: Das Board verkantet, das Segel fällt zur Kurveninnenseite.

Lösung: Bewusst in die Knie gehen, Körperschwerpunkt über dem Brett halten!

Da sich bis zur Backfahrt sowieso wenig bis kar gein Druck im Segel befindet, ist der Onehanded 360 nicht viel schwieriger als der normale. Hier der Beweis: Hänge dich aus dem Trapez aus und leite den Move wie üblich durch Abfallen mittels Fußsteuerung ein. Auf tiefem Raumwindkurs greifst du als erstes mit der Segelhand etwas näher zum Trapeztampen (Bild 1-3). Sobald auf Vorwindkurs kein Druck mehr spürbar ist und das Segel sich bereits zur Kurveninnenseite neigt, lässt du die Masthand los (Bild 3-4) und streckst sie - dem Style zuliebe - von dir weg (Bild 5). Carve weiter durch die Kurve und halte das Segel dabei mit der einen Hand knapp über der Wasseroberfläche (Bild 5-8), bis du ca. auf Raumwindkurs in Back fährst. Dann sollte erst die „freie" Masthand wieder an der Gabel platziert werden (Bild 8-9), bevor du den vorderen Fuß vor den Mastfuß stellst (Bild 9-10).
Halte das Segel hinten, lehne den Körper nach vorne und arbeite gegen den Druck (Bild 10-11). Erst wenn das Board in den Wind zeigt, kann das Rigg aufgerichtet, dichtgeholt (Bild 11-12) und abschließend zum Abfallen noch nach vorne geneigt werden (Bild 13-14).

Zur Einleitung zuerst vollen Speed aufnehmen und langsam auf Raumwindkurs abfallen. Bleibe in beiden Schlaufen und im Trapez eingehängt. Lehne deinen Körper nach vorne, in die Kurve, fall weiter ab, geh in die Knie und schieb das Segel wie beim normalen Carving 360 zum Heck (Bild 2-3). Achte darauf, dass es immer leicht unter Zug steht, damit du nicht aus dem Trapez aushängst. Sobald das Rigg nach hinten sowie unten geneigt ist und du dich gut ausbalanciert fühlst, kann die Gabel komplett losgelassen werden (Bild 3-4). Nimmst du die Hände dann noch hinter den Rücken (wie Remko in der Sequenz), sieht man die Freihändigkeit noch besser.
Solange du mit dem Wind fährst, hat das Segel keinen Druck und zieht sogar leicht über das Trapez nach unten und hinten (Bild 4-7). Auch hier spielt die Kopfsteuerung eine wichtige Rolle. Am besten blickst du zum Segeltop, auf alle Fälle aber in die neue, gewünschte Fahrtrichtung (Bild 4-11).
Sobald du den Vorwindkurs durchfährst und auf neuen Raumwindkurs (in Back) drehst, wird es Zeit, die Hände wieder an die Gabel zu legen (Bild 8-9). Um den Gegendruck leichter abfangen und die Körperneigung eher abschätzen zu können, drückst du mit den Knien leicht gegen das Unterliek (Bild 8).
Da der Druck jetzt kontinuierlich steigt, solltest du dich darauf konzentrieren, das Segel mit gestrecktem Mastarm und gebeugtem Segelarm hinten zu halten. Der Körper lehnt dabei nach vorne und hält den Schwerpunkt über dem Mastfuß (Bild 11-12). Sobald die Brettspitze durch den Wind rotiert hat, richtest du das Segel auf, schiebst es nach Luv und nimmst es abschließend dicht (Bild 12-14).

Problem: Das Board verkantet, die Brettdrehung stoppt und du fällst zur Kurveninnenseite aufs Segel.

Lösung: Knie beugen, Board aufkanten, Körper relativ aufrecht halten um das Segel oben halten zu können.

Vorübungen: Duck Jibe (S. 66), Push Tack (S. 84)

Clew-first 360

INTRO: Clew-first ist der 360 eine Kombination aus Duck Jibe und Push Tack. Werden diese beiden Manöver beherrscht, steht dem Schothorn-voraus Kreisel nichts mehr im Wege.

Knackpunkte:

Problem: Bei der Push Tack Einleitung wirst du nach hinten abgeworfen.

Lösung: Vorderen Fuß vor den Mastfuß stellen, Segelarm gebeugt halten, Rigg nach hinten neigen um so Druck auf den hinteren Fuß zu geben.

Problem: Beim Übergang zur Push Tack kommt kein Gegendruck auf. Das Segel fällt nach Luv ins Wasser.

Lösung: Das Board hat nicht weit genug gedreht. Warte, bis es auf neuem Raumwind- bis Halbwindkurs steht und schiebe es erst dann nach Luv.

Shortcuts:

» Einleitung: Duck Jibe (Bild 1-8)
  a. Hinteren Fuß aus der Schlaufe auf die Leeseite des Boards stellen
  b. Abfallen, breite Griffposition einnehmen (Segelhand Richtung Schothorn)
  c. In die Knie gehen, Körper in die Kurve neigen, carven
  d. Auf Raumwindkurs mit Masthand über Kreuz zum Schothorn greifen
  e. Segelhand auf der anderen Seite positionieren
  f. Schothorn nahe am Kopf vorbeiziehen
  g. Komplett auf die neue Gabelbaumseite wechseln

» Übergang: Push Tack (Bild 9-18)
  a. Arme gebeugt halten, Segel öffnen und nach Luv schieben
  b. Vorderen Fuß aus der Schlaufe nehmen, vor den Mastfuß stellen
  c. Mast zum Heck neigen - Segeldruck nach hinten umleiten
  d. Druck lastet auf hinterem Fuß - Board dreht weiter
  e. Zeigt Brett in den Wind - Schothorn öffnen
  f. Zug im Segel. Mit Board abfallen - stabilisieren - shiften - dichtholen

Die Einleitung des Clew-first 360ers entspricht jener der Duck Jibe. Das bedeutet: Hinteren Fuß aus der Schlaufe auf die Leekante des Boards stellen, Körperschwerpunkt über der Brettmitte halten (Bild 1-2). Nimm guten Speed auf, schlage tiefen Raumwindkurs ein und greife am Gabelbaum breiter (Segelhand Richtung Schothorn) (Bild 3). Während du noch weiter abfällst, gehst du in die Knie und belastest damit die Innenkante um zu carven. Gleichzeitig greift die Masthand über Kreuz zum Schothorn (Bild 4). Während dieses anschließend am Kopf vorbeigezogen wird, wandert die Segelhand auf die andere Seite des Riggs (Bild 5-6). Neige dabei deinen Körper konstant zur Kurveninnenseite und belaste die Leekante durch weiteres „in-die-Knie Gehen". Beide Hände greifen so lange an der Gabel weiter, bis sie eine normale Positon eingenommen haben (Bild 6-7). Würdest du jetzt dichtholen, hättest du eine übliche Duck Jibe absolviert. Um aber einen Clew-first 360 zu fahren, muss nun eine Push Tack angehängt werden. Dies geschieht, indem du das Segel auf neuem Raumwindkurs öffnest und es nach Luv schiebst (Bild 7-9). Dabei bleiben beide Arme angewinkelt, damit du das Rigg nahe beim Körper halten kannst. Um jedoch nicht gleich nach Lee abgeworfen zu werden, nimmst du nun den vorderen Fuß aus der Schlaufe und stellst ihn vor den Mastfuß (Bild 10-11).
Mittlerweile solltest du in Back eine clew-first Position erreicht haben und das Segel nach hinten und Luv pushen (Bild 11-12). Die hohe Belastung, die nun auf den hinteren Fuß einwirkt, lässt das Board wie bei der Push Tack anluven (Bild 13).
Um den Gegendruck gering zu halten, drehst du das Segel mit dem Schothorn steil zum Wind, bis das Brett in den Wind steht. Erst dann richtest du dich und das Rigg auf und führst das Schothorn durch den Wind (Bild 14-16). Kommt Druck hinein, heißt es abschließend nur noch: Mit dem Board abfallen, stabilisieren, shiften und dichtholen (Bild 15-18).

INTRO: Der Upwind 360 oder auch Flip oder Luv 360 genannt, ist, wie der Name schon sagt, ein 360 gegen den Wind. Als gute Vorübung für den Flaka wird er mit der folgenden Beschreibung bald auch deinen Erfolgshunger stillen.

Upwind 360

Egal ob Kabelwellen oder Flachwasser, Stark- oder Schwachwind - dieser Move funktioniert eigentlich fast überall. Die Einleitung erfolgt auf Halbwindkurs, in beiden Schlaufen stehend und mit gutem Speed. Luve mittels Fußsteuerung an, lege dabei unterstützend das Segel nach hinten und neige deinen Körper immer weiter nach vorne (vorderen Fuß anwinkeln, hinteren strecken), damit das Heck nicht absinkt (Bild 1-2). Behalte diese Position bei, bis die Brettspitze in den Wind zeigt (Bild 3). Um jetzt nicht nach hinten ins Wasser zu fallen und das Board weiterdrehen zu können, muss das Segel jetzt nach vorne geschoben werden (Bild 4). Mit einem stark nach vorne geneigten Körper, einem gebeugten Segelarm sowie einem leicht gestreckten Mastarm legst du das Rigg nach Luv auf den Wind (Bild 5-6).

Durch das nun vorgelagerte Segel übst du Druck auf den Mastfuß aus, was das Board abfallen lässt (Bild 6-8). Halte das Rigg hier nicht zu starr und lass es im Laufe der Drehung noch etwas näher zum Körper kommen um den Druck möglichst lange halten zu können und dich damit zu stabilisieren (Bild 6-9). Während das Brett nun auf Halbwindkurs (und weiter auf Raumwind) dreht, verlagerst du die Belastung bereits langsam weiter nach hinten um ein Gegengewicht bereit zu haben. Gleichzeitig öffnest du das Segel und führst das Schothorn durch den Wind (Bild 10-11). Je stärker dieser Wind ist, desto schneller baut sich der Segeldruck wieder auf. Bedenke dies und halte die Arme gebeugt um ihn besser abfangen zu können (Bild 11-12).

Das Rigg selbst sollte sich dabei nicht zu sehr auf die Luvseite des Boards neigen, sonst stoppt die Rotation und du wirst nach vorne runter gezogen! Halte es stattdessen leicht nach hinten - wie wenn du vom Raumwindkurs aus mittels Segelsteuerung anluven möchtest (Bild 12).

Sobald der normale Halbwindkurs erreicht ist, fängst du die Rotation ab, indem du das Segel wieder nach vorne neigst (= durch Segelsteuerung abfallen, Bild 13-14).

Ø Problem: Nachdem du das Schothorn durch den Wind führst, stoppt die Boarddrehung.

✓ Lösung: Halte das Segel nicht einfach dicht, sondern zur Kurvenaußenseite (Schothorn Richtung Wasser)!

Shortcuts:

» Halbwindkurs einschlagen, Geschwindigkeit aufnehmen
» In beiden Schlaufen mittels Fußsteuerung (Brett aufkanten) stark anluven (Bild 1-2)
» Segel nach hinten neigen um Kurvenfahrt durch Segelsteuerung zu unterstützen (Bild 2-3)
» Brett zeigt in den Wind. Körperschwerpunkt über Mastfuß (vorderes Bein anwinkeln, hinteres strecken) (Bild 4)
» Segel von hinten hochziehen, aufrichten und nach Luv schieben (Bild 4-5)
» Segelarm gebeugt halten, Mastarm leicht strecken - Druck auf Mastfuß (Bild 5)
» Brett dreht sich. Position beibehalten (Bild 6-7)
» Bis zum Halbwindkurs (in Back) Segel immer näher zum Körper kommen lassen (Bild 8-9)
» Gewicht langsam auf hinteren Fuß verlagern (Bild 9)
» Auf Raumwindkurs (in Back) Schothorn durch den Wind schieben, Arme weiterhin beugen (Bild 10-11)
» Rigg hinten halten um Rotation weiterzuführen (Bild 11-12)
» Auf altem Halbwindkurs Rotation mittels Segelsteuerung (Segel nach vorne neigen) abfangen (Bild 13-14)

Problem: Bei der Einleitung drückt dich das Segel nach hinten ins Wasser.

Lösung: Segelarm beugen! Rigg nach Luv schieben (Mastarm strecken) - Druck auf Mastfuß - Board dreht weiter.

INTRO: Wie ein Ritt beim Rodeo verlangt der Cowboy im Windsurfen einiges an Balancegefühl. Zwar bleibt das Brett auf seinem alten Kurs, Segel und Körper drehen sich jedoch im Kreis.

Cowboy

SHORTCUTS:

» Raumwindkurs einschlagen, Speed aufnehmen, flache Stelle suchen (Bild 1)

» Auf Back shiften (Bild 2-3):
 a. Einen Schritt vor den Mastfuß machen
 b. Segelhand loslassen, auf die andere Seite greifen
 c. Hinteren Fuß ebenfalls vor den Mastfuß stellen
 d. Alte Masthand loslassen, Segel am Körper vorbeiziehen und nach Luv schieben
 e. Vorderen Fuß drehen und auf der Backseite nach hinten stellen

» Ehemalige Masthand neben der anderen Hand positionieren, welche anschließend den Boom verlässt (Bild 3-4)

» Füße auf der Backseite umdrehen (siehe Knackpunkt Fußwechsel) (Bild 5)

» Rücken zeigt zum Segel. Einhändige Position (Bild 4-6)

» Sobald der Segeldruck stärker wird, Segel hinter dem Rücken energisch hervorziehen, halbkreisförmig nach vorne führen und wieder aufrichten (Bild 7-8)

» In die Knie gehen, Körper aufrecht halten (Bild 7-8)

» Gabelseite wechseln, mit beiden Händen an den Boom langen, dichtholen (Bild 8-10)

Ø Problem: Sobald du deinen Körper auf der Backseite mit dem Rücken zum Segel drehen willst, fällst du nach Lee ins Wasser.

✓ Lösung: Übe die Griff- und vor allem die Fußtechnik zuerst an Land bei wenig Wind! Gehe zum Shiften etwas in die Knie um die Balance besser halten zu können.

! TIPP: Achte darauf, dass du zum abschließenden Segelshiften schon mit beiden Füßen hinter dem Mastfuß stehst! Ansonsten bist du dir selbst im Weg.

Suche ein flaches Stück am Wasser, schlage Raumwindkurs ein und sieh zu, dass du guten Speed hast. Wie bei der Backwind Jibe wechselst du jetzt die Segelseite. Das heißt: Den vorderen Fuß knapp vor dem Mastfuß platzieren, den hinteren knapp dahinter. Lass die Segelhand los und greife zum Mast oder gleich auf die andere Gabelbaumseite, je nach Geschmack und Gewohnheit (Bild 2). Ziehe das Segel nun an dir vorbei nach hinten wobei du auch mit der Masthand auf die die Backseite der Gabel langst und sie gleich neben der anderen Hand platzierst (Bild 3).
Gleichzeitig führst du den ersten Schrittwechsel durch. Stelle den hinteren Fuß verkehrt knapp vor den Mastfuß (Bild 3) und positioniere den (noch) vorderen Fuß auf der Backseite hinter dem Mastfuß (Bild 4). (Du hast nun wie bei der Backwind Jibe auf Back gewechselt.) Versuche das Board dabei möglichst ruhig und auf Kurs zu halten.
Eines fehlt jetzt noch zum erfolgreichen Abschluß: Das Segel einhändig hinter dem Rücken hervorshiften. Dazu lässt du die Masthand los und hältst das Rigg mit dem verbleibenden Arm in Luv (Bild 4). Um den Körper umzudrehen, ist noch einmal eine Änderung der Fußstellung nötig (siehe Knackpunkt Fußwechsel). Dazu den hinteren Fuß verkehrt zum Mastfuß und den vorderen nach hinten zu den Schlaufen stellen. Der Körper dreht sich vorne (Richtung Spitze) herum und steht schließlich mit dem Rücken zum Segel (Bild 5).
Nun musst du die Balance halten und gerade so lange warten, bis sich etwas mehr Druck entwickelt hat. Bevor dich dieser nach Lee abwirft, ziehst du das Rigg energisch hinter dem Rücken in einer halbkreisförmigen Bewegung nach vorne und Lee (Bild 6-7). Somit wurde der Shiftvorgang fast vollzogen. In einer aufrechten Körperposition lässt du das Segel nicht zu weit zum Wasser sinken, ziehst es an der Gabel hoch (Bild 8), greifst auf die andere Seite und holst es abschließend dicht (Bild 9-10).

KNACKPUNKT FUSSWECHSEL

INTRO: „You might bend your ligaments if you try it" - daher hat einer der Meister des old school Freestyle, Dr. Beat, den Namen für „seinen" Move abgeleitet. Leider kam das Manöver nie richtig zur Geltung, da der new school Hype schon voll eingesetzt hatte. Trotzdem ist der Bender eine gute Übung für die Perfektion der Conca Tack oder des 360.

Bender

Der Bender wird wie eine normale Halse oder ein Carving 360 eingeleitet - mit dem Unterschied, dass der Fuß in der hinteren Schlaufe bleibt. Anfangs kann diese eher ungewöhnliche Bewegung ein Verkanten oder einen Spinout auslösen, sie hilft aber zum Beispiel ein Gefühl für das switch-stance und clew-first Fahren oder sogar für Turns beim Wellen Abreiten zu bekommen.

Für den Anfang ist eine flache Stelle am Wasser, viel Speed und das Fahren auf Raumwindkurs nötig.

Leite die Kurve in beiden Schlaufen ein (Bild 1), gehe dabei in die Knie um die Kurveninnenkante zu belasten und zu carven (Bild 2-3). Achte jedoch darauf, dass der Radius nicht zu eng ausfällt, sonst kommst du aus dem Gleiten. Du durchläufst - mit dem Körpergewicht auf dem vorderen Fuß - den Vorwindkurs, wo du praktisch keinen Segeldruck verspürst (Bild 4). Indem du das Rigg immer weiter öffnest, kehrt der Druck langsam wieder zurück und bald fährst du in einer stabilen Schothorn-voraus switch-stance Position (Bild 5-6).

Auf neuem Raum- bis Halbwindkurs wird dann die folgende 180 Grad Drehung des Segels eingeleitet. Das Rigg muss in Luv von dir mit dem Schothorn durch den Wind geführt werden (wie bei der Conca Tack). Dazu den Körper weiterhin über der Brettmitte halten, den Segelarm anwinkeln und das Segel gegen den Wind schieben (Bild 7). In weiterer Folge lässt du den Körper näher zur Gabel kommen, beugst also die Arme und führst das Schothorn durch den Wind (Bild 8). Kommt nun starker Gegendruck auf, schiebst du das Segel stark nach hinten und lehnst dich mit deinem Körpergewicht drauf (Bild 8-10). Damit wird der Druck auf den hinteren Fuß umgeleitet, was das Board anluven lässt (Bild 10).

Ab hier entspricht der Bender weitestgehend dem Carving 360. Sobald sich die Gleitphase dem Ende neigt, muss das Körpergewicht nach vorne, über den Mastfuß gebracht werden. Beuge dazu das vordere Bein und strecke das hintere. Geht das Heck hier unter, kann dir das für die weitere Drehung nur recht sein (Bild 11-12). Sobald das Brett in den Wind zeigt, solltest du schleunigst das Rigg aufrichten um wieder Druck zum Stabilisieren zu bekommen (Bild 13-14).

Zugegeben, das Timing beim Bender ist nicht einfach, kannst du aber den 360, so ist dieses Manöver vielleicht eine willkommene Abwechslung.

Problem: Wenn du das Schothorn durch den Wind führst, wirst du nach hinten abgeworfen.

Lösung: Mehr in die Knie gehen. Sobald der Gegendruck spürbar wird, das Rigg stark nach hinten schieben. Halte es in etwa wie bei der Ausleitung des Carving 360 und lehne deinen Körper mehr zur Kurveninnenseite.

Problem: Das Schothorn streift die Wasseroberfläche, das Segel fällt nach Luv.

Lösung: Führst du das Schothorn durch den Wind, musst du beide Arme gebeugt halten. So hast du mehr Bewegungsspielraum und das Schothorn bewegt sich nicht so weit nach Luv, kann also nicht so leicht das Wasser berühren.

! TIPP: Die Kopfsteuerung unterstützt auch bei diesem Manöver die Drehung (Bild 6-12)!

Shortcuts:

- Viel Geschwindigkeit aufnehmen, flache Stelle suchen
- Tiefen Raumwindkurs einschlagen (Bild 1-2)
- Weiter abfallen, in die Knie gehen, Leekante belasten (Bild 3)
- In beiden Schlaufen durch die Kurve carven (Bild 3-4)
- Segel mit der Kurvenfahrt öffnen (Bild 4-6)
- Schothorn-voraus kurz Druck aufbauen (Bild 6)
- Körper leicht nach Luv lehnen, Arme beugen (Bild 7-8)
- Schothorn durch den Wind führen, Segel sofort stark nach hinten legen, aber nahe beim Körper lassen. Körpergewicht lastet auf hinterem Fuß (Bild 8-10)
- Sobald die Brettspitze durch den Wind dreht, Körpergewicht nach vorne verlagern, Segel aufrichten und auf normalen Kurs abfallen (Bild 11-14)

OXBOW

JUMPS

- Chop Hop
- Onehanded Chop Hop
- Onefoot Jump
- Speed Loop (= Spin Loop)
- Vulcan (= Air Jibe, Volcan)
- Spock + Variationen
- Diablo
- Clew-first Diablo
- Diabolik
- Pippa
- Grubby + Variationen
- Willy skipper + Variationen
- Gecko
- Clew-first Gecko
- Flaka (= Swayze) + Variationen
- Shove-it (siehe Kapitel Wave, Seite 193)
- Shaka
- Wymaroo

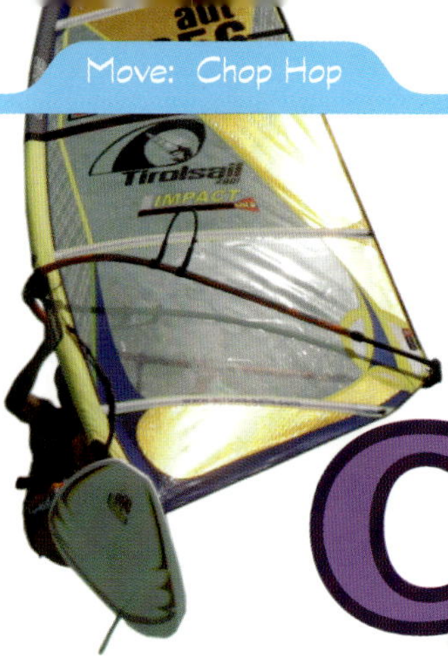

INTRO: Der erste Sprung - ein Meilenstein in jeder Surfer-Karriere und zudem noch der Anfang allen „Übels"! Wer einmal das tolle Gefühl des Abhebens erlebt hat, kann nicht mehr genug davon kriegen!

Chop Hop

Sicheres Gleiten in beiden Schlaufen ist die einzig wichtige Voraussetzung für den Chop Hop. Selbst bei einer kleinen Windwelle, die es in jedem noch so flachen Revier gibt, kannst du dich durch eine Tief-Hoch-Bewegung aus dem Wasser katapultieren.

Visiere jedoch zuerst einen kleinen Chop auf Amwind- bis Halbwindkurs an (Bild 1). Gehe in die Knie und drücke dich anschließend durch explosives Strecken des hinteren Beines aus dem Wasser. Das vordere zieht dabei unterstützend den Bug nach oben (Bild 2-3). Für einen zusätzlichen Lift wird das Segel zum Absprung hin dichtgeholt.

Sobald du merkst, dass du die Wasseroberfläche verlässt, winkelst du das hintere Bein soweit an, dass das Board fast waagrecht steht (Bild 4). Halte die Arme gebeugt (Klimmzugstellung) und balanciere dich mit dem Druck im Segel aus. Schiebe das Brett nach vorne, um einerseits bei der Landung nicht das Übergewicht nach vorne zu bekommen und es

Onefoot Jump

Auch einfüßig ist der Chop Hop möglich. Nimm sofort nach dem Absprung den vorderen Fuß aus der Schlaufe und strecke ihn nach hinten und unten. Zur Landung setzt du ihn dann einfach wieder aufs Brett!

SHORTCUTS CHOP HOP:

» Kleine Windwelle suchen, aus dem Trapez aushängen

» Absprung mittels Tief-Hoch-Bewegung (Bild 2-3):
  a. In die Knie gehen
  b. Hinteres Bein explosiv strecken
  c. Vorderen Fuß in der Schlaufe nach oben ziehen
  d. Segelunterstützung durch Dichtholen - Lift

» In der Luft (Bild 4-5):
  a. Board etwas nach vorne schieben (vorderer Fuß steuert)
  b. Beine anziehen (Brett maximal waagrecht)

» Landung (Bild 6-7):
  a. Arme anwinkeln
  b. Beine leicht strecken
  c. Heck setzt zuerst auf. In die Knie gehen, Körpergewicht über der Brettmitte halten
  d. Segel leicht öffnen (vermeidet Spinout)

» Segel dichtholen (Bild 8)

andererseits leichter abfallen zu lassen. Kurz vor dem Aufsetzen die Beine zur besseren Abfederung länger machen und den Körper klimmzugmäßig näher zum Gabelbaum bringen (Bild 5-6). Üblicherweise sollte das Heck zuerst landen, dann erst die Nose (Bild 6). Achte unbedingt auf eine relativ aufrechte Körperhaltung (Bild 7-8) und versuche nicht zu viel Druck über den hinteren Fuß zu geben, sonst könnte ein Spinout den Abschluss noch gefährden (siehe Spinout S. 23).

Der Chop Hop bildet die Basis für alle Sprungmanöver, angefangen vom Willy Skipper, über den Loop, bis hin zu Flaka und Konsorten. Beherrschst du ihn, so öffnet sich eine ganz neue Manöverwelt!

Ø <u>Problem:</u> Nach der Landung folgt ein Abgang nach hinten oder das Ende der Gleitfahrt.

✓ <u>Lösung:</u> In der Flugphase und beim Aufsetzen keine Rückenlage entwickeln! Segel dicht halten, mit dem Körper über dem Board bleiben!

Ø <u>Problem:</u> Spinout nach der Landung.

✓ <u>Lösung:</u> Segel dicht halten, Board in der Luft weiter abfallen lassen. Zur Landung Druck aus dem Segel und vom hinteren Fuß nehmen!

Onehanded Chop Hop

Einhändig springen? Ohne Welle?? Beim Onehanded Chop Hop musst du, im Gegensatz zum normalen, während des gesamten Sprunges im Trapez eingehängt bleiben. Auch Absprung und Landung gestalten sich deshalb etwas unterschiedlich. Da die Länge der Trapeztampen nicht variierbar ist, kannst du vom Segel nur sehr wenig Lift zum Abheben bekommen. Luve deshalb zum Absprung hin etwas mehr an und hebe das Board hauptsächlich durch Beinarbeit (Tief-Hoch-Bewegung) aus dem Wasser. Der Trapeztampen, in den du ja weiterhin eingehängt bleibst, ersetzt nun die Verbindung zwischen Masthand und Segel. In der Luft ziehst du anschließend die Beine an um eine gute Flugposition einnehmen zu können. Vorsicht ist dann nochmal bei der Landung geboten. Damit nicht ein Spinout den erfolgreichen Abschluß noch verhindert, bleibst du aufrecht über dem Board und nimmst Druck aus dem Segel.

Anfahrt

Suche mit ordentlicher Geschwindigkeit eine Welle, die, egal ob Wellenrücken oder -front, bzw. -seite, relativ steil ist. Bohre dich tief in die Schlaufen, denn guter Halt ist wichtig um das Board während der Rotation nicht zu verlieren. Für einen besseren Hebel beim „Eindrehen" muss nun am Gabelbaum mit der Segelhand ein paar Handbreiten weiter zurückgegriffen werden (Bild 1).

Auf Halbwind- bis Raumwindkurs hängst du erst jetzt aus dem Trapez aus und hebelst dich mittels Fußsteuerung wie beim Chop Hop aus dem Wasser (Bild 2). Wirf dich dabei aber auf keinen Fall einfach nach vorne, sonst wird die Rotation zu langsam und zu steil! Schiebe

Absprung

das Segel mit dem Mastarm nach vorne und oben - damit erhältst du anschließend noch mehr Hebel und Drehgeschwindigkeit (Bild 2).

Der eigentliche Knackpunkt beim Loop besteht aus drei Dingen, deren konsequente Ausführung wichtig ist:

Kopfsteuerung: Wie bei fast allen Moves lenkt man das Material zum großen Teil auch mit dem Kopf. Schau bewusst nach hinten. Anfangs hilft es, auf das Ende der Gabel, auf die hintere Fußschlaufe oder auf das Heck des Boards zu blicken (Bild 3-4).

Shortcuts:

» Gut angepowert (nicht überpowert) eine steile Welle suchen
» Mit der Segelhand am Gabelbaum 2-3 Handbreiten zurück greifen
» Aus dem Trapez aushängen
» Absprung wie beim Chop Hop (Bild 1-2)
» Segel nach vorne und oben schieben (Bild 2)
» Drei Knackpunkte beachten (Bild 3-4):
- Kopfsteuerung (auf Gabelende schauen)
- Segelsteuerung (Segelarm anziehen)
- Brettsteuerung (hinteres Bein anziehen)
» Rotation abwarten - „eingerollt" bleiben (Bild 5-7)
» Zum Abfedern der Landung Beine etwas länger machen (nicht durchstrecken!) (Bild 8-9)
» Zum Durchgleiten: Bei der Landung das Segel energisch dichtholen (Bild 9-10)

Knackpunkte:

Problem: Du knallst nach der halben Rotation nach vorne.
Lösung: Kopfsteuerung bewusst durchführen! Nicht nach vorne werfen, sondern energisch dichtholen und hinteres Bein anziehen!

Problem: Du verlierst das Board in der Luft.
Lösung: Brettsteuerung! Hinteres Bein energisch anziehen und eingerollt bleiben!

! TIPP: Das Board soll einzig und allein durch Segelsteuerung in der Luft abfallen! Kantest du es aktiv auf und versuchst dadurch die Spitze nach Lee zu drehen, fällst du nach der halben Drehung ins Wasser, weil so kein Lift und damit keine Rotation zu Stande kommt! Ziehe stattdessen die Beine nach dem Abheben energisch an, hol dicht und schau nach hinten!

Voraussetzungen: 100% Optimismus 100% Selbstvertrauen

Intro:

Der Loop ist für viele ein schier unerreichbares Traummanöver - und gleichzeitig doch einer der technisch einfacheren Sprünge im Freestyle. Die eigentliche Schwierigkeit ist die Überwindung im Kopf! Wenn wir vom Loop sprechen, ist meist ein Speed Loop gemeint, den man auch im Flachwasser drehen kann. Dabei rotierst du nicht komplett über das Top, sondern seitlich. Vorteil: Du musst nicht so hoch springen. Mit kleinem Segel, gutem Druck darin und einer kurzen, steilen Welle funktioniert das Manöver einfacher als gedacht und gibt dir durch die Fliehkräfte ein tolles Gefühl!

GO FOR THE speed loop

Rotation

Segelsteuerung: Sobald du in der Luft bist, ist dein Segel die Tragfläche, die den Flug lenkt.
Um einen kontrollierten Schleudersturz (Loop) in der Luft zu produzieren, muss der hintere Arm energisch am Gabelbaum ziehen. (Die Segelhand hast du ja vorher schon etwas weiter nach hinten gesetzt.) Damit kommt der Körper näher zur Gabel, während dich das Segel nach vorne zieht. Wie bei der normalen Segelsteuerung fällt das Board ab, nur eben in der Luft (Bild 2-4)!
Brettsteuerung: Halte den Körper beim Absprung aufrecht und hebe durch eine Tief-Hoch-Bewegung ab. Dann, gleichzeitig mit der Durchführung der Kopf- und Segelsteuerung, den hinteren Fuß energisch anziehen (Bild 3-4)!
Ganz automatisch spitzelt beim Speed Loop die Nose ein und unterstützt so deine Drehbewegung zusätzlich (Bild 5).
Bleibe nun in dieser „eingerollten" Position, bis du einmal herumrotiert bist (Bild 4-8). So verringern sich einerseits die Fliehkräfte, die auf deinen Körper wirken, andererseits das Risiko, das Board in der Luft zu verlieren. Gefühlsmäßig merkst du, wann du wieder Richtung Wasser kommst und solltest dann, sofern das nicht automatisch geschieht, die Beine etwas länger machen um die Landung abzufedern (Bild 9). Falls du zu hoch bist und deswegen die Drehung verlangsamen musst, öffnest du zusätzlich das Segel ein wenig.

Landung

Anfangs kommt man meistens auf dem Rücken auf und kann mit einem Wasserstart in den Schlaufen gleich weiterfahren. Mit etwas Übung gelingt die Landung immer aufrechter. Wird dann noch energisch dichtgeholt, kann der Loop auch durchgeglitten werden (Bild 10).

Vorübungen: Switch-stance fahren (S. 42), Vulcan an Land (S. 44)

VULCAN

AIR JIBE VULCAN VULCAN VULCAN AIR JIBE

INTRO: Der Vulcan (Volcan) oder auch Air Jibe genannt, ist zum einen eines der ersten Sprungmanöver an das man sich wagen kann und zum anderen die Grundlage für den Spock und seine Variationen. Die Verletzungsgefahr beschränkt sich bei Stürzen meist auf ein „aus-den-Schlaufen-Rutschen" und das Fallen auf den Rücken. Grifftechnik-Übungen an Land sowie das switch-stance Fahren bei Schwachwind tragen als Vorübungen wesentlich zum Erfolg bei.

SHORTCUTS:

» Einleitung auf Halbwindkurs, flache Stelle für die Landung suchen (Bild 1)
» Zum Absprung hin kurz mit der Segelhand ziehen - Lift (Bild 2-3)
» Mittels Tief-Hoch-Bewegung abspringen, dabei Segelhand loslassen (Bild 2-3)
» Drei Dinge gleichzeitig (Bild 2-5):
  - Kopfsteuerung: Blick in die Drehrichtung. Ganzer Körper soll rotieren
  - Grifftechnik: Boom-to-Boom oder Boom-to-Mast - gleichzeitig mit Absprung!
  - Boardtechnik: Brett mit Körper mitdrehen, hinteren Fuß anziehen um die Nose ins Wasser zu bringen - Drehpunkt!
» Landung: Hinteren Fuß strecken, vorderen leicht beugen, Körpervorlage (Schwerpunkt liegt über dem Mastfuß!) (Bild 6-8)
» Segel leicht pushen - bis sich die Fahrt verlangsamt (Bild 7-9)
» Rigg nach Beendigung der Rückwärtsgleitfahrt dichtholen (Bild 10-12)
» Switch-stance Stellung in den Schlaufen stabilisieren, dann erst umsteigen (Bild 13-14)

! TIPP: Blicke ab dem Absprung gleich nach hinten in die gewünschte Rotationsrichtung. So kann die Blockade gegen das „nach-vorne-Springen" leichter überwunden werden! Denke außerdem an die konstante Körpervorlage und das Pushen mit dem hinteren Bein und den Armen während und nach der Landung!

AIR JIBE

Board- und Grifftechnik

6 5 4 3 2 1

Der Absprung des Vulcan erfolgt über eine kleine Windwelle auf Halbwindkurs. Hebst du auf Amwind ab, wirst du das Segel nach der Landung kaum dichtnehmen können (Board nach der Landung auf zu tiefem Raumwindkurs). Springst du auf Raumwindkurs ab, ist es schwierig nach dem Aufsetzen Druck aufzubauen (Board nach der Landung zu steil zum Wind!). Hast du aber durch die Vorübungen die Grifftechnik bereits automatisiert, kannst du dich jetzt stärker auf die Sprungtechnik konzentrieren - das erspart dir einige Abgänge.

Suche eine kleine Windwelle sowie eine halbwegs flache Landezone und positioniere deinen Körperschwerpunkt inzwischen über den Schlaufen (Bild 1). Eine Tief-Hoch-Bewegung lässt dich abspringen (Bild 2), wobei du drei Dinge gleichzeitig beachten musst:

1. Kopfsteuerung: Durch einen Blick in die neue Fahrtrichtung dreht dein ganzer Körper und damit auch das Board dorthin (Bild 3-5).

2. Grifftechnik (Bild 3-5): Nütze den Druck im Segel noch zum Absprung. (Ein kurzer Zug mit dem Segelarm dreht dich in die Sprungrichtung.) Sobald du dich in der Luft befindest, lässt du die Segelhand los und ziehst den Gabelbaum mit der Masthand nahe an dir vorbei (Grifftechnik Bild 2-3). Greife dabei schon über die Gabel oder den Masten auf die neue Seite (Grifftechnik Bild 3-4)!

3. Boardtechnik: Übertrage deine Körperdrehung mit den Beinen auf das Board. Durch Anwinkeln des hinteren Fußes taucht die Nose ins Wasser und bildet einen Drehpunkt (Bild 5) (Boardtechnik Bild 3-4). Beim und nach dem Aufsetzen muss unbedingt die Körpervorlage beibehalten werden (Bild 6-8) (Boardtechnik Bild 5-6). Brettdrehung und Umgreifen geschehen also gleichzeitig!

Nach der Landung kommen dir dann die vorher geübten switch-stance Fahrten zu Gute. Ziehe auf keinen Fall sofort am Gabelbaum, sondern drücke auf der neuen Seite ins Segel um dich zu stabilisieren und langsamer zu werden (Bild 8-9). Erst wenn das Board fast zum Stillstand gekommen ist, kannst du das Rigg dichtholen (Bild 11) ohne nach vorne gerissen zu werden. Stabilisiere noch die switch-stance Fußstellung und steig erst dann abschließend aus den Schlaufen in die normale Position um (Bild 12-14).

Knackpunkte:

Problem: Das Board verkantet bei der Landung und du fällst nach hinten (zu wenig gedreht).

Lösung: Mehr Körpervorlage, Brettdrehung bewusster und aktiver durchführen! Board durch Strecken des hinteren Beines nach hinten drücken!

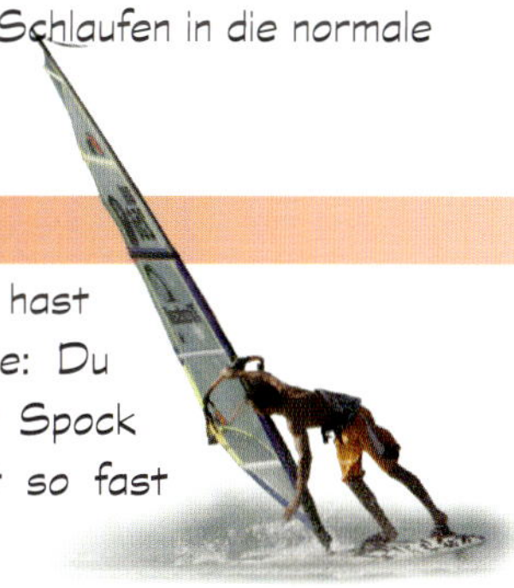

Problem: Nach der Landung hast du noch nicht geshiftet. Folge: Du fällst meist nach hinten. Der Spock als zukünftige Steigerung ist so fast unmöglich!

Lösung: Beginne mit dem Umgreifen bewusst GLEICHZEITIG mit dem Absprung! (Am besten zuvor automatisieren - siehe Vorübung Vulcan an Land S. 44.)

9 10 11 12 13 14

Vorübungen: Spock-Vorübung (S. 43), Backwind Jibe (S. 72), Vulcan (S. 120)

Spock

INTRO: Der Außerirdische vom Planeten Vulcan macht sogar vor dem Wassersport nicht Halt. Josh Stone erfand den Spock als Erweiterung der Air Jibe und revolutionierte damit Freestyle Windsurfen in einer Weise, wie es kein weiterer Move je geschafft hat.

Für den Spock sollte der Vulcan samt Boom-to-Boom Grifftechnik sitzen. Zwar hat Josh Stone in den Anfängen mit einer Hand an den Masten gegriffen und mit der anderen ins Segel gedrückt, aber damit versperrst du dir heutzutage den Weg zu unzähligen Folgemanövern. Außerdem ist diese Technik bei der Drehfreudigkeit des moderen Materials nicht mehr notwendig.

Um beim Spock nicht zu hoch zu springen, nützt du am besten einen kleinen Chop. Eine flache Stelle für die Landung wird ein Verkanten verhindern. Tiefer Halbwind- oder Raumwindkurs eigenen sich für die Einleitung am besten. Amwindkurs, um über eine Welle frontal abzuspringen, ist nicht ratsam, da du hier zu hoch raus kommst, deshalb bei der Landung zu stark einsinkst und nur sehr schwer weiterdrehen kannst.

Peile am besten den Rücken einer kleinen Windwelle an, falle darauf hin auf Raumwindkurs ab und positioniere dabei die vordere Hand - wie beim Vulcan - noch näher am Masten.

KNACKPUNKTE:

Problem: Ein Pushen des Segels ist nicht möglich - Absprung erfolgte auf Amwindkurs.

Lösung: Unbedingt Raumwindkurs einschlagen und dann erst abheben!

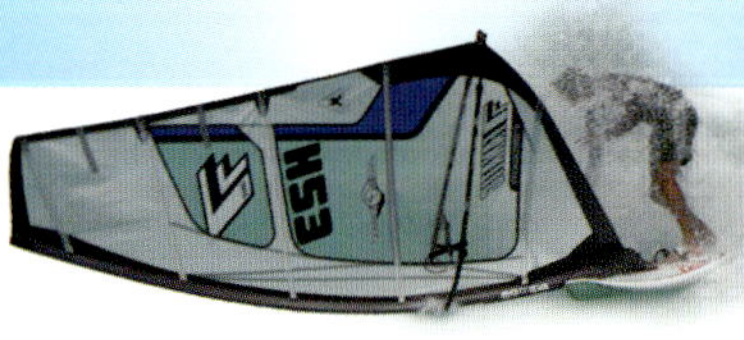

Problem: Während du das Segel shiftest, verkantet das Board.

Lösung: Körper aufrecht halten, Belastung zum Shiften auf die Fersen verlagern.

Problem: Rückenlage bzw. Segel bei der Landung zu dicht, Brett sinkt ab - Abgang nach hinten.

Lösung: Hinteres Bein strecken, vorderes hingegen leicht beugen - Schwerpunkt liegt über dem Mastfuß! Dem Druck im Segel nicht nachgeben!

Shortcuts:

- » Tiefen Halbwind- bis Raumwindkurs einschlagen
- » Kleinen Chop und flache Stelle dahinter suchen (Bild 1)
- » Wie Vulcan (Air Jibe) (Bild 2-6):
  - a. Näher zum Masten greifen
  - b. Absprung mittels Tief-Hoch-Bewegung
  - c. Hinteres Bein anziehen - Brettspitze ins Wasser bringen - Drehpunkt
  - d. In der Luft umgreifen
  - e. Landung - hinteres Bein durchstrecken
- » Neuen Mastarm strecken, Segelarm beugen - Rigg nach Luv schieben (Bild 6-7)
- » Druck auf den Mastfuß geben - Brett dreht und gleitet rückwärts weiter (Bild 7-8)
- » Starre Verbindung zwischen hinterem Bein und Mastarm halten (Bild 7-8)
- » Erst das Board durch den Wind drehen lassen - dann shiften (Bild 8-9)
- » Körper leicht nach Luv neigen. Schothorn mit der Segelhand durch den Wind drücken (Bild 10-11)
- » Shiften, umgreifen (Bild 11-13)

Mittels der bereits bekannten Tief-Hoch-Bewegung hebelst du dich samt Material aus dem Wasser und ziehst gleichzeitig das Segel am Körper vorbei (siehe Vorübung Grifftechnik Vulcan, Seite 44).
Durch sofortiges Anwinkeln des hinteren Beines spitzelt die Nose ein, was den Drehpunkt erzeugt (Bild 2-3). Während das Board eine 180 Grad Drehung vollzieht, kommt die Boom-to-Boom Grifftechnik zum Einsatz (siehe Seite 59). Sie verschafft dir mehr Zeit als die Mast-Grifftechnik sowie einen besseren Hebel zur Steuerung der weiteren Rotation. Bis auf den Absprungkurs verläuft bis hierhin alles wie beim Vulcan (der Air Jibe) (Bild 1-5).
Erst anschließend folgt die eigentliche Neuerung: Anstatt leicht gegenzudrücken um zu stabilisieren und schließlich zum Stillstand zu kommen, lehnst du dich nun noch weiter nach vorne, streckst dazu dein hinteres Bein und winkelst das vordere an. Ein gestreckter Mastarm schiebt das Rigg nach Luv während der Segelarm dosiert gegen den Druck arbeitet.
Wichtig: Halte jetzt die Verbindung zwischen hinterem Bein und Masthand starr. Der vordere Fuß und die Segelhand steuern hingegen die Rotation! Damit wird, wie bei der Backwind Jibe, Druck auf den Mastfuß ausgeübt, was ein Weiterrotieren bzw. -sliden des Boards zur Folge hat.
Vielleicht geht dir diese Drehung anfangs zu schnell. Die durch die Vorübungen erlernte und automatisierte Grifftechnik kann hier eventuelle Unsicherheiten ausbalancieren.
Das anschließende Segelshiften sollte beruhigt langsam angegangen werden. Zu frühes Umgreifen würde die Brettdrehung und vor allem das Sliden verlangsamen oder gar stoppen, was wiederum eine äußerst instabile Körper-Segel-Position hervorruft und eine trockene Ausleitung verhindert! Lass dir am besten solange Zeit, bis das Board durch den Wind gedreht hat (Bild 10 zeigt, dass Remko sogar wartet, bis das Board komplett auf Halbwindkurs gedreht hat!). Führe das Rigg ungefähr auf neuem Amwindkurs mit dem Schothorn durch den Wind. Achte jedoch darauf, dass das Brett während seiner Rotation nicht verkantet!
Die letzte Shift-Grifftechnik übst du am besten ebenfalls vorher an Land oder bei wenig Wind (z.B. Shiften bei der Heli Tack, Seite 34) (Bild 11-12). Die schnellste und auch empfehlenswerteste Variante ist auch hier wieder Boom-to-Boom. Sogar bei ein wenig Überpower lässt sich der Spock - bei viel Übung - noch gut springen. Dann ist es auch möglich, ihn durchzugleiten!

Onehanded Spock

INTRO: Manche behaupten, mit einer Hand weniger am Gabelbaum funktioniert der Spock viel leichter. Überzeuge dich mit unseren Ausführungen von der Richtigkeit dieser Aussage ...

Der Onehanded Spock unterscheidet sich einzig und allein durch die Grifftechnik und Körperhaltung bei bzw. nach der Landung von seinem Grundmanöver. So erfolgt der Absprung wie beim normalen Spock auf Raumwindkurs, durch die bekannte Tief-Hoch-Bewegung (Bild 1-2).

Während das Board rotiert, greifst du mit der Segelhand an den Masten unterhalb der Gabel oder direkt (Boom-to-Boom) auf die andere Seite (Bild 4). Anschließend die alte Gabelseite komplett loslassen und die frei gewordene Hand an der Gabel nahe am Masten bzw. knapp neben der anderen auf der neuen Seite platzieren (siehe Knackpunkt Grifftechnik!).

Da es ab jetzt einhändig weitergeht, verlässt die erste Masthand (= ursprüngliche Segelhand) den Holm. Die anschließend zum Einsatz kommende Segelsteuerung gleicht im Prinzip der des Cowboy oder der Ausleitung des Jizz. Während das Rigg mit der neuen Masthand nach Luv geführt wird (Bild 6-7), streckst du die andere von dir weg oder lässt sie nach unten hängen.

Um das Board jetzt weitersliden und -drehen zu lassen, muss es wie beim normalen Spock nach hinten getreten werden, wobei das vordere Bein gebeugt ist (Bild 6) und das Körpergewicht damit über dem Mastfuß bleibt. Gleichzeitig hältst du das Rigg mit gestreckter Masthand nach Luv und übst so Druck auf den Mastfuß aus, was die Brettrotation ebenfalls unterstützt (Bild 6-8). Behalte diese Position bei, bis das Board Halbwindkurs erreicht hat. Erst dann signalisiert der steigende Druck im Segel, welches ähnlich wie bei der Cowboy-Ausleitung hinter dem Rücken liegt, dass nun geshiftet werden sollte.

Ziehe das Rigg zuerst hinter dem Rücken hervor (Bild 8-9) und führe es in weiterer Folge vor dir in einer Halbkreisbewegung vorbei - so, dass es shiftet, während es nach Lee fällt (Bild 9-10). Komplettiere den Halbkreis und bring es so wieder in die Senkrechte (Bild 11). Ein paar Griffe genügen, um das Material wieder normal in den Händen zu halten, es dichtzuholen und weiterfahren zu können.

1 2 3 4 5

Ø Problem: Nach der Landung fällst du mit dem Segel nach Lee.

✓ Lösung: Hinteren Fuß strecken, vorderen beugen. Segel einhändig nach Luv schieben und gegenhalten. Kopfsteuerung: Körper nach der Landung gleich in die gewünschte Rotationsrichtung drehen!!

! TIPP: Erst wenn das Brett weitergedreht hat (siehe Bild 6-8), ziehst du das Segel hinter dem Rücken hervor!

SHORTCUTS:

- Absprung auf Raumwindkurs (Bild 1-2)
- Boarddrehung wie bei normalem Spock (Bild 3-4)
- Grifftechnik (gleichzeitig mit Boardrotation) (Bild 3-5):
  a. Mit Segelhand Boom-to-Boom umgreifen (über Kreuz) oder an den Masten unter der Gabel langen
  b. Ehemalige Masthand auf der neuen Seite nahe der Gabel positionieren
  c. Neue Masthand (= ursprüngliche Segelhand) loslassen
- Körperdrehung in die Rotationsrichtung, Rücken zum Segel drehen (Kopf lenkt mit) (Bild 6)
- Rigg nach Luv schieben, hinteren Fuß strecken, vorderen beugen (Bild 6-7)
- Boardrotation abwarten. Leicht aufs Segel lehnen, dem Druck nicht nachgeben (Bild 7-8)
- Rigg hinter dem Rücken halbkreisförmig hervorziehen (Bild 8-9)
- Segel shiften - evtl. durch kurzen Ruck wieder aufrichten (Bild 10-11)
- Neue Gabelbaumseite greifen, dichtholen (Bild 11-12)

KNACKPUNKT: GRIFFTECHNIK

Egal ob du mit der ehemaligen Segelhand zuerst an den Masten (wie Tine in der großen Bildsequenz) oder gleich direkt an die Gabel auf der anderen Seite greifst (Bildsequenz unten) - die ehemalige Masthand muss auf der neuen Gabelbaumseite in der Nähe des Masten platziert werden! Nur so kannst du onehanded ohne Probleme shiften.

Spock 540

INTRO: Nach dem Spock und Onehanded Spock folgt mit dem Spock 540, auch SpockMcTwist genannt, der nächste Schwierigkeitsgrad.

Wie schon beim Onehanded liegt natürlich auch dem 540 der normale Spock zugrunde. Springe also auf Raumwindkurs ab (Bild 1-3), bring die Nose ins Wasser und greife gleichzeitig mit der Boardrotation auf die andere Gabelbaumseite (Bild 4-5). Positioniere die Hände ruhig mit etwas breiterem Griff am Holm und führe das Rigg mit der Masthand nach Luv (Bild 6). Die „Kopf-lenkt-mit" Devise dabei nicht vergessen (Bild 7)!

Lande mit Vorlage und unterstütze die Rückwärtsgleitfahrt durch Strecken des hinteren Beines. Die Verbindung zwischen ihm und der Masthand bleibt starr um so das Board weiterrotieren zu lassen (Bild 5-7).

Für den normalen Spock würde das Rigg nach fortgeschrittener Brettrotation weggedrückt, das Schothorn durch den Wind geführt und geshiftet werden. Der 540 verlangt hingegen ein Abwarten mit immer stärker gebeugtem Segelarm, wodurch das Rigg näher zum Körper kommt (Bild 8). So erzeugst du den notwendigen Druck auf den Mastfuß, der das Board weiterdrehen lässt. Kurz vor dem Vorwindkurs werden die Knie stärker angewinkelt und der Körper nach hinten gelehnt. Führe jetzt das Schothorn durch den Wind. Das erzeugt einen gewissen Druck (Bild 9-10), der dich ohne festen Griff leicht abwerfen kann, sich aber für die Stabilisation als wichtig erweist. Mittels Fußsteuerung wird der 540 fertiggecarvt oder -gedreht und in der switch-stance Stellung ausgeleitet (Bild 10-13). Nachdem du die Balance gefunden hast, beendet das Umsteigen diese Variante des Spock.

KNACKPUNKT SPOCK 540:

Ø Problem: Nachdem das Schothorn durch den Wind rotiert hat, wirst du vorne drüber geschleudert.

✓ Lösung: Je näher du zu dem Punkt kommst, wo das Schothorn durch den Wind dreht, desto mehr winkelst du die Arme an. Das Segel kommt so näher zum Körper und lässt mehr Bewegungsspielraum um dem Druck entgegenwirken zu können. Lehne dazu deinen Körper nach hinten und geh in die Knie (Bild 9)!

! TIPP (Spock 540 UND Onehanded): Gib beim Rückwärtssliden dem Druck im Segel nicht nach, sonst stoppst du die Brettrotation!

Shortcuts:

- Einleitung auf Raumwindkurs
- Absprung wie beim Spock: Nose ins Wasser, Boarddrehung, umgreifen (Bild 2-5)
- Mit beiden Händen an der Gabel Segel nach Luv schieben (Bild 6-7)
- Hinteren Fuß zum Weitergleiten nach hinten strecken, Verbindung hinterer Fuß und Mastarm starr halten (Bild 6-7)
- Gleichzeitig mit der Boarddrehung: Segelarm beugen, Rigg näher zum Körper kommen lassen (Bild 8)
- Kurz vor dem Vorwindkurs in die Knie gehen (Bild 9)
- Auf Vorwindkurs Schothorn durch den Wind drehen, Segel festhalten (Bild 10-11)
- Körper in die Kurve legen - 540 fertigcarven (Bild 11-12)
- Stabilisieren und die Fußstellung wechseln (Bild 12-13)

Onehanded

Bis zur Landung funktioniert der Onehanded Spock 540 genau gleich wie der normale 540 (Bild 1-5). Schiebe nach dem Aufsetzen das Rigg nach Luv und strecke dein hinteres Bein um weiterzurutschen (Bild 6-8).

Merkst du, dass das Board deiner Aufforderung zur Drehung folgt, lässt du die Masthand los und wendest deinen Körper in die gewünschte Rotationsrichtung (Kopfsteuerung) (Bild 9-10). Anschließend das Segel weiter in den Wind schieben, wobei dabei mit der Segelhand dem Druck standgehalten werden muss um die Drehung beizubehalten. Erst wenn das Board den Halbwindkurs durchslidet hat, beugst du den Segelarm (nicht zu schwach, aber auch nicht zu stark) und lässt so das Rigg näher kommen (Bild 10-11). Während der Körper nun leicht nach hinten gelehnt wird (Bild 11), rotiert das Schothorn durch den Wind und das Segel klappt nach vorne - genau richtig, um es mit der freien Hand zu greifen (Bild 12). Hast du es wieder fest in beiden Händen, hältst du es mit angewinkelten Armen, damit genügend Druck zur Stabilisierung vorhanden ist (Bild 13-14). Wie beim normalen 540 beendet das Fertigcarven und Umsteigen den Move (Bild 15-16).

Clew-first Spock 540

Intro: Ist der normale Spock zur Routine geworden, kann die nächste Schwierigkeitsstufe ausprobiert werden. Versuche, Schothorn-voraus abzuspringen!

Egal ob Clew-first Spock oder - 540, es muss natürlich erst im Gleiten auf clew-first geshiftet werden (siehe Vorübungen Seite 38). Ist das geschafft, nimmst du auf Raumwindkurs mit breiter Griffhaltung ordentlich Geschwindigkeit auf. Ein Blick unter dem Unterliek vorbei sollte einen Chop in Lee für den Absprung zeigen (Bild 1-2).

Kommt dieser näher, fällst du noch ein wenig mehr ab und richtest den Körper etwas weiter auf um nicht so weit springen zu müssen (Bild 2-3). Durch eine Tief-Hoch-Bewegung springst du schließlich nach vorne ab und ziehst, einmal in der Luft, sofort den hinteren Fuß an (Bild 3-4). Damit sticht die Brettspitze ins Wasser ein und bildet so den üblichen Drehpunkt. Noch während dieser Rotation muss das Segel geöffnet und in die gewünschte Drehrichtung geschoben werden (führe es mit der Körperdrehung mit) (Bild 4-5).

Das Schwierige dabei ist aber für die meisten weder die Brett- noch die Segeldrehung, sondern das rückwärts Weiterrutschen nach der Landung.

Um dies zu schaffen, streckst du deshalb sofort das hintere Bein energisch nach hinten durch und winkelst das vordere an. So bleibt der Körperschwerpunkt über dem Mastfuß. Zusätzlich pushst du das Segel nach Luv, solltest aber darauf achten, den Mastarm eher zu strecken und den Segelarm leicht gebeugt zu halten (Bild 7-8).

Während der folgenden Brettdrehung muss dem aufkommenden Druck entgegen gehalten werden (Bild 9). Sobald sich das Board auf Raumwindkurs befindet, schiebst du das Schothorn durch den Wind (Bild 10-11) und lässt entweder los für den normalen Clew-first Spock (in die normale Position shiften - siehe Bildsequenz unten) bzw. hältst fest, lehnst deinen Körper als Gegengewicht nach hinten (Bild 11) und gibst Druck auf den Mastfuß (indem du das Segel hinten hältst und das Board aufkantest) um einen Clew-first Spock 540 auszuleiten (Bild 12-14).

Knackpunkte:

Ø Problem: Zu viel Vorlage beim Absprung. Kein Gegendruck im Segel, Board kann nicht rückwärts weitergleiten.

✓ Lösung: Zum Absprung weiter abfallen, aufrechter springen, Segel früher öffnen und aufrechter halten.

Ø Problem: Zu viel Rückenlage nach der Landung - Heck sinkt während der Rückwärtsgleitfahrt ab.

✓ Lösung: Hinteres Bein strecken, vorderes anwinkeln und gegen den Segeldruck arbeiten (Segelarm beugen!).

Clew-first Spock

SHORTCUTS:

- » Im Gleiten auf clew-first shiften
- » Geschwindigkeit aufnehmen, tiefen Raumwindkurs einschlagen, Chop suchen (Bild 1)
- » Körper aufrichten und näher zum Segel kommen. Absprung mittels Tief-Hoch-Bewegung (Bild 2-4)
- » Segel öffnen und mit der Körper- und Brettdrehung mitführen (Bild 4-6)
- » Hinteren Fuß anwinkeln - Brettspitze bildet Drehpunkt (Bild 5-6)
- » Energisch hinteres Bein durchstrecken um rückwärts weiterzugleiten (Bild 7-8)
- » Segel pushen! (Druck auf den Mastfuß geben - Mastarm strecken, Segelarm beugen) (Bild 8)
- » Brettdrehung abwarten (Bild 9)
- » Ausleitung wie Spock/Spock540 (Bild 10-16)
  - a. Brett ca. auf Raumwindkurs
  - b.[1] Für Clew-first Spock: Segel shiften
  - b.[2] Für Clew-first Spock 540: Segel öffnen, Board aufkanten, Segel und Körper nach hinten legen, Körper in Rotationsrichtung drehen, Kopfsteuerung einsetzen!

Vorübungen: Duck Tack (S. 94), Spock (S. 122). Für den Clew-first Diablo: Clew-first fahren (S. 39)

Diablo

INTRO: Kombination: Spock und Duck Tack.
Schwierigkeitsgrad: Hoch.
Gefühl bei Erfolg: „Teuflisch" gut!

Liegst du mit deiner Segelgröße im optimalen Windbereich, das heißt weder über- noch unterpowered, kannst du den Teufel rauslassen.

Fahre auf Halbwind- bis leichtem Raumwindkurs, suche eine wirklich kleine Rampe (so, dass du die 180 Grad Drehung gut hinbekommst) mit einem etwas flacheren Stück dahinter.

Von nun an bis zur Landung funktioniert alles genau gleich wie beim Spock. Das heißt: Absprung, Segelhand loslassen (Bild 2), über Kreuz auf die andere Gabelbaumseite greifen, dabei hinteres Bein anwinkeln um die Nose ins Wasser zu bringen und so den üblichen Drehpunkt zu erzeugen (Bild 3-4). Jetzt auch mit der alten Masthand die Seite wechseln, wobei sich eine etwas breitere Griffposition auf der neuen Gabelbaumseite als hilfreich erweist. Schiebe das Segel anschließend nach Luv und gib so Druck auf den Mastfuß um die weitere Brettrotation einzuleiten. Unterstütze diese Bewegung, indem du das hintere Bein streckst, das vordere beugst und so mit dem Körpergewicht über der Brettmitte bleibst (Bild 5).

Sobald du merkst, dass das Board weiterrotiert, gibst du dem Druck nach, lässt das Segel näher kommen und greifst dann mit der Masthand über Kreuz zum Schothorn (Bild 6-7). Während die alte Segelhand nun den Gabelbaum verlässt, schiebt die Masthand das Rigg weiter nach Luv und zieht das Schothorn zügig am Körper vorbei (in Fahrtrichtung) (Bild 8-9). Anschließend mit der freien Hand auf die andere Seite greifen und das Rigg weiterhin möglichst neutral halten - mit dem Mast in den Wind zeigend (Bild 10). Während dieser relativ instabilen Position ist viel Gefühl gefragt. Nimm auf der neuen Seite möglichst rasch die übliche Griffhaltung ein, hol das Segel dicht und stabilisiere dich (Bild 11-13).

Problem: Das Segel fällt nach hinten ins Wasser, weil zu heftig gezogen wurde ODER es kippt aufgrund zu hohen Drucks nach vorne (hervorgerufen durch zu lasches Ziehen - siehe kleines Bild rechts).

Lösung: Rigg neutral nach Luv schieben!

TIPP: Bei der zweiten Rotation gibt es praktisch keinen Segeldruck, welcher sonst oft kleine Fehler überbrückt. Bleibe deshalb während dieser gesamten Drehung mit dem Körperschwerpunkt bewusst über der Brettmitte!

Shortcuts:

» Halbwindkurs einschlagen (Bild 1)

» Erster Teil wie Spock (Bild 2-5):
  a. Absprung mittels Tief-Hoch-Bewegung
  b. Segelarm loslassen, über Kreuz auf die andere Seite greifen
  c. Gleichzeitig hinteres Bein anwinkeln - Drehpunkt. Kopfsteuerung einsetzen!
  d. Zweite Hand auf der neuen Gabelbaumseite platzieren. Dabei schon etwas breiter greifen
  e. Hinteres Bein strecken, vorderes leicht beugen - Rückwärtsgleitfahrt

» Segel nach Luv schieben und leicht pushen - Druck auf Mastfuß - Brett dreht weiter (Bild 6)

» Mit der Masthand über Kreuz zum Schothorn greifen (Bild 6-7)

» Ursprüngliche Segelhand loslassen, am Schothorn energisch ziehen und darunter durchtauchen (8-10)

» Mit der freien Hand auf die andere Gabelbaumseite wechseln (10-11)

» Brett dreht auf Halbwindkurs. Griffwechsel bis zur normalen Haltung (Bild 11-12)

» Stabilisieren, dichtholen (Bild 13)

7 8 9 10 11 12 13

Fahre den Move wie einen normalen Clew-first Spock an - also Schothorn-voraus, voll im Gleiten. Greife dann etwas breiter, spring durch die bekannte Tief-Hoch-Bewegung auf Raumwindkurs ab und drehe dabei das Segel gleichmäßig mit der Boardrotation (Bild 1-2). Bei der Landung wird - wie ebenfalls bereits bekannt - das hintere Bein gestreckt und das vordere angewinkelt um rückwärts weiterzurutschen (Bild 3-4). Zur Einleitung der weiteren Brettdrehung schiebst du anschließend das Rigg nach Luv (Mastarm strecken, Segelarm beugen) (Bild 5-6).

Nun folgt der schwierige Teil. Greife wie beim normalen Diablo über Kreuz zum Schothorn, ziehe energisch daran und tauche unter dem Segel durch (Bild 7-8). Führe das Rigg dabei möglichst neutral. Lange dann auf der neuen Seite rasch an die Gabel und hole leicht dicht um wieder eine stabile Position zu erreichen (Bild 9-11).

Die Schwierigkeit des Clew-first Diablo entsteht durch die Einleitung auf Raumwindkurs. Daraus erfolgt nämlich auch die Ausleitung auf Raumwindkurs, was ein Dichtholen des Segels wesentlich erschwert! Ein gut aufgerichteter Körper und flinke Hände sind deshalb die notwendigen Voraussetzungen für den Schothorn-voraus Diablo ...

Diabolik

INTRO: Beim Diablo dreht dein Board nicht weit genug? Probier doch einfach das Segel wie bei einer Reverse Duck Jibe zu shiften und verwandle deinen Move so ganz einfach in einen Diabolik!

Schlage Raumwindkurs ein und heble dich wie beim Spock aus dem Wasser. Das bedeutet: Absprung mittels Tief-Hoch-Bewegung (Bild 1-2), Nose taucht als Drehpunkt ins Wasser,

INTRO: Ricardo Campello bewies erstmals, dass man den Spock 540 sogar im Kreuzhang ausleiten kann!

PIPPA

Falle auf Raumwindkurs ab und leite den Pippa wie einen normalen Spock ein: Absprung mittels Tief-Hoch-Bewegung (Bild 1-2), hinteres Bein anwinkeln (Nose = Drehpunkt) über Kreuz umgreifen (Bild 3-4). Wie beim Onehanded Spock wird die alte Masthand auf der anderen Seite gleich neben der neuen platziert, welche daraufhin den Gabelbaum verlässt (Blld 5-6). Führe nun das Segel einhändig nach Luv und wende deinen Körper in die gewünschte Drehrichtung (damit rotiert auch das Board weiter) (Bild 6). Die freie Hand wandert jetzt vor dem Körper herum und greift nach hinten in Richtung Schothorn an die Gabel (Bild 7-8). Ist alles glatt gegangen, musst du warten, bis das Board 360 Grad gedreht hat. Erst anschließend darf das Segel geöffnet und das Schothorn durch den Wind geführt werden (Bild 9-10). Die nun folgende, letzte Drehung gestaltet sich oft schwierig. Halte das Rigg, wie es beim Spock 540 üblich ist, nach hinten (durch den Kreuzhang hier sehr ungewohnt) um den Druck auf den hinteren Fuß zu bringen und damit fertig zu drehen (Bild 11-13). Stabilisiere zuerst im Kreuzhang, bevor du dich umdrehst oder - ganz mutig - gleich zu einem Kreuzhang switch Move übergehst ...

Shortcuts:

- Absprung wie beim Spock: Auf Raumwindkurs abfallen, Tief-Hoch-Bewegung. Nach dem Abheben hinteren Fuß anziehen - Nose = Drehpunkt. Boom-to-Boom shiften (Bild 1-6)
- Board slidet rückwärts. Segel näher zum Körper kommen lassen (Bild 7-8)
- Über Kreuz zum Schothorn greifen, Rigg neutral in den Wind schieben und in Luv am Körper vorbeiziehen (Bild 8-9)
- Durch Segelvorlage Druck auf den Mastfuß Richtung Lee ausüben (Bild 9)
- Board slidet zurück auf alten Kurs - gleichzeitig umgreifen (Bild 10)
- Drehung stoppen und dichtholen (Bild 11-13)

Boom-to-Boom umgreifen (Bild 4-6). Erst ab der Landung unterscheidet sich der Diabolik von seinem Grundmove. Anstatt das Segel zu pushen und nach Luv zu schieben, lässt du es erst etwas näher kommen (Bild 7), schiebst es dann in den Wind und greifst wie bei einer Reverse Duck Jibe über Kreuz zum Schothorn (Bild 8). Dabei ziehst du es in Luv an dir vorbei, wodurch du das Segel shiften kannst (Bild 9). Nach dem Wechsel der Gabelbaumseite bringst du dich mittels weniger Griffe in die normale Position und lässt das Board derweil über Vorwindkurs zurück auf den ursprünglichen Kurs sliden (Bild 10-12). Abschließend muss nur noch das Rigg nach vorne geschoben werden um die Drehung abzufangen (Bild 13).

Shortcuts:

- Absprung bis Landung wie beim Onehanded Spock (Bild 1-5)
- Ursprüngliche Masthand neben der neuen Masthand positionieren (Bild 5-6)
- Neue Masthand loslassen und den Körper mit dem Rücken zum Rigg drehen (Bild 7-8)
- Mit der freien Hand Richtung Schothorn an den Gabelbaum greifen (Kreuzhang!) (Bild 8-9)
- Warten, bis das Board die ersten 360 Grad gedreht hat, erst dann das Schothorn durch den Wind schieben (Bild 10)
- Segel hinten halten. Druck auf den hinteren Fuß geben, weiterdrehen (Bild 10-11)
- Im Kreuzhang kurz stabilisieren, dann den Körper wieder in die Normalposition bringen (Bild 11-13)

Vorübungen: Monkey Jibe (S. 74), Vulcan (S. 120), Spock (S. 122)

INTRO: Mit diesem Move verewigte Greg „Grubby" Allaway seinen Namen in der Windsurfgeschichte. Egal ob wenig Wind oder etwas mehr Druck - die Technik macht's! Nur Überpower lässt viele in einen Loop eindrehen.

Grubby

Anfangs ist es ratsam, den Grubby leicht unterpowered zu versuchen - das oft auftretende Einrotieren in einen Loop wird so eher abgewendet. Weiters solltest du durch weites Abfallen unbedingt den Segeldruck für den Absprung minimieren (Absprung erst auf tiefem Raumwind- oder teilweise sogar fast auf Vorwindkurs). Hebst du bereits vor Raumwindkurs ab, hast du zu viel Druck im Segel, drehst deshalb ein und fällst rücklings ins Wasser.

Suche dir also eine kleine Windwelle in Lee, falle auf Raumwindkurs ab, bleibe in den Schlaufen und ziehe das Segel während der Kurvenfahrt noch näher zu dir (Druck herausnehmen) (Bild 1).

Kurz nachdem du auf tiefen Raumwind- bis Vorwindkurs gedreht hast, hebst du das Board (Tief-Hoch-Bewegung) aus der Kurve heraus gerade so viel aus dem Wasser, dass die Finne nicht greifen und so deine Drehung vorzeitig beenden kann (Bild 2).

Wie sonst auch, gilt hier: Der Kopf lenkt mit! Wende deinen Blick dem Schothorn oder dem gewünschten Endpunkt der Brettspitze nach 180 Grad Drehung zu. Der Körper bleibt die ganze Zeit über, auch während der Sprungphase, gegen die Fahrtrichtung geneigt, wobei nach dem Absprung das hintere Bein angezogen und so die Nose ins Wasser getaucht wird (Bild 3). Dies erzeugt den unbedingt notwendigen Drehpunkt, der auch bei Vulcan und Spock unabdingbar ist. Gleichzeitig mit dem Anwinkeln des Beines musst du beginnen, das Rigg nach hinten zu ziehen, indem du den Segelarm beugst und die Gabel relativ nahe beim Körper hältst (Bild 4). In dieser Position wird das Schothorn durch den Wind geschoben.

Hast du mit der Brettspitze aufgesetzt und schon fast die ersten 180 Grad absolviert, musst du durch Strecken des hinteren Beines und Anwinkeln des vorderen dich und das Material rückwärts im Gleiten halten (Bild 4-6). Gleichzeitig und aus demselben Grund schiebst du auch das Segel mit dem Schothorn nach Luv (Bild 5-6). Achte darauf, dass sich dein Körperschwerpunkt und damit der Druck in der Nähe des Mastfußes befindet - nur so kannst du weiterdrehen. Halte diese Position „starr", gib dem Gegendruck im Segel nicht nach! Warte, bis du die nächsten 90 Grad (Bild 6) geslidet hast und beginne dann erst mit der Ausleitung (Bild 7-9). Winkle dazu das hintere Bein sowie den Segelarm wieder an, damit du näher an das Rigg kommst. So kannst du den aufkommenden Segeldruck mit deinem Körpergewicht abfangen.

Shortcuts:

» Auf Raumwindkurs abfallen

» Kleine Welle in Lee für Absprung sowie flache Stelle dahinter für Landung suchen (Bild 1)

» Segel dicht halten um Druck zu minimieren. Bis auf tiefen Raumwind- bis Vorwindkurs abfallen (Bild 2)

» Absprung mittels Tief-Hoch-Bewegung (Bild 2-3):
 a. Brettsteuerung: Hinteres Bein anziehen - Nose ins Wasser - Drehpunkt
 b. Segelsteuerung: Segelarm beugen - näher zur Gabel rücken, Schothorn durch den Wind führen
 c. Kopf lenkt mit!

» Landung (Bild 4-6):
 a. Hinteres Bein strecken - Gleitfahrt rückwärts
 b. Segelarm strecken - Rigg weiter nach Luv schieben
 c. Starre Verbindung zwischen hinterem Bein und Segelarm, Körperschwerpunkt über Mastfuß

» Brett slidet über neuen Amwindkurs - Drehung abfangen (Bild 7-8)
 a. Hinteres Bein anwinkeln
 b. Segelarm beugen - Rigg kommt näher zum Körper

» Druck abfangen, mit Gefühl dichtholen (Bild 9-10)

Der Grubby kann mit etwas mehr Übung sehr gut durchgeglitten oder bei weniger Wind fast schon auf Halbwindkurs eingeleitet werden.

Knackpunkte:

Ø <u>Problem:</u> Nach dem Absprung sticht die Nose ein, das Material dreht sich nicht.

✓ <u>Lösung:</u> Nicht aus der Geradeausfahrt, sondern aus der Kurvenfahrt heraus abspringen!

Ø <u>Häufigstes Problem:</u> Nach 180 Grad fällst du auf den Rücken.

✓ <u>Lösung:</u> Körpervorlage, hinteres Bein strecken, Segelarm pusht Rigg nach Luv!

Vorübungen: Grubby (S. 134). Für den G. into Carving 360: Carving 360 (S. 102). Für den G. Diablo: Clew-first shiften (S. 38)

Grubby into Carving 360

INTRO: Aus zwei mach eins. Bei viel Speed rotiert man beim Grubby oft weiter in einen 540 - hier ganz einfach das Segel runter legen und schon ist ein Carving 360 angehängt.

Grubby Diablo

INTRO: Wie beim Flaka Diablo wird auch der Grubby eigentlich zu unrecht „verteufelt". Grubby Duck Jibe würde es schon eher treffen. Die Kombinantion der beiden Moves macht den Grubby Diablo aus.

Beginne den Grubby Diablo wie einen normalen Grubby: Abfallen (Bild 1-2), mittels Tief-Hoch-Bewegung abspringen, Segel dabei schon dichter halten um den Druck herauszunehmen und in der Luft das hintere Bein anwinkeln um die Nose ins Wasser zu bringen (Bild 3).

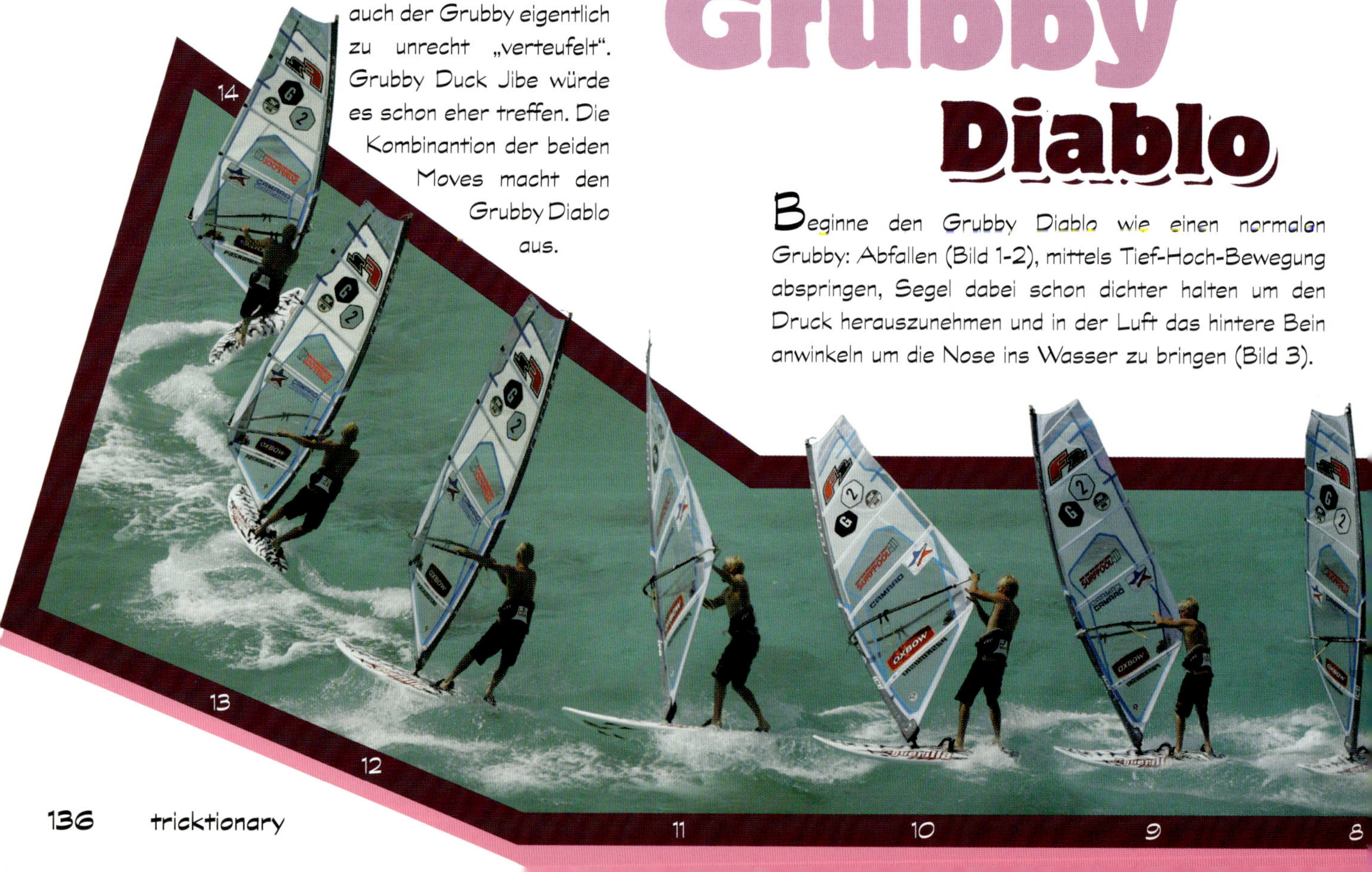

Zur Einleitung fällst du auf tiefen Raumwindkurs ab (Bild 1), holst das Segel schon leicht dicht (Bild 2) und springst mittels der gewohnten Tief-Hoch-Bewegung ab (Bild 3). Die Nose sticht durch Anwinkeln des hinteren Beines zuerst ins Wasser und bildet den Drehpunkt (Bild 4-5). Führe anschließend das Rigg nach Luv, wobei du zur Landung das hintere Bein zum Weitersliden durchstreckst (Bild 6-8). Halte das Segel konstant gegen den Wind (Mastarm beugen, Segelarm strecken) und lass das Brett so weiter um die Kurve rotieren (Bild 8-9). Bei der anschließenden Ausleitung nicht so weit zurücklehnen wie beim normalen Grubby, sondern stattdessen das Rigg auf neuem Vorwindkurs dichtholen (Bild 11), mit dem Schothorn durch den Wind ziehen und nach hinten führen (Bild 12).
Bei nun nach vorne gelehntem Körper (damit das Heck nicht zu weit absinkt) baut sich langsam Gegendruck auf.

Kante jetzt das Brett mittels Fußsteuerung etwas auf und leite so den 360er ein (Bild 13). Der Körper bleibt nach vorne geneigt (hinteres Bein strecken, vorderes anwinkeln), das Segel liegt bei gestrecktem Segelarm und leicht gebeugtem Mastarm hinten (Bild 14). Wie beim Carving 360 drückst du zusätzlich das Schothorn leicht gegen (produzierst so Druck auf dem hinteren Fuß, der das Board drehen lässt) und verharrst in dieser Position, bis die Nose wieder in den Wind zeigt (Bild 16-17). Zum Schluß das Rigg wieder aufrichten, dichtholen und mittels Segelsteuerung (Segel nach vorne lehnen, Bild 18-19) abfallen. Auch echte, zweifach abgesprungene Grubbies wurden schon gesehen und zeigen den Trend zu Kombinations- und Doppelmoves ...

Nimm das Rigg mit, führe das Schothorn durch den Wind, strecke dann den Segelarm und halte den Mastarm leicht gebeugt (Bild 4-5). Bei der Landung wird sofort das hintere Bein gestreckt und das Körpergewicht nach vorne gebracht (Bild 6). Damit gibst du Druck auf den Mastfuß und das Board dreht weiter. Pushe das Segel, bis das Brett nach der Landung ca. 90 Grad rotiert hat (Bild 7). Anschließend winkelst du die Arme an und holst das Rigg näher an deinen Körper, dessen Gewicht jetzt über der Brettmitte lasten sollte (Bild 8).
Erst wenn das Brett Raumwindkurs eingeschlagen hat, beginnst du das Segel zu shiften. Dazu die Masthand loslassen und über Kreuz ans Schothorn greifen (Bild 9).
Nun die Segelhand vom Holm nehmen und mit der anderen Hand (ehemalige Masthand) ordentlich am Schothorn ziehen (Bild 10). Während diesem Zug greift die ursprüngliche Segelhand auf die andere Gabelbaumseite (Bild 11). Mit möglichst wenigen Handgriffen nimmst du eine normale clew-first Position ein und hältst das Segel richtig fest (Bild 12). Abschließend einfach die Kurve fertig carven und stabilisieren (Bild 13-14) oder geradeaus weitergleiten und shiften.

Willy Skipper

INTRO: Mit Vulcan (Air Jibe) und Loop ist der Willy eines DER Einsteiger-Sprungmanöver. Erfinder des Board 180: Ian Boyd und Dave Kalama.

Für den normalen Willy Skipper fährst du am besten auf Halbwindkurs und peilst eine kleine Welle an. Hier genügen bereits 10 bis 20 cm Chop oder die Seite einer Wasserrampe. Um die Landung zu vereinfachen, sieh dich auch gleich nach einem geeigneten, flachen Landepunkt um. Kurz vor dem Absprung richtest du dich auf, nimmst den hinteren Fuß aus der Schlaufe und stellst ihn hinter diese (Bild 1). Damit kann das Heck besser nach Luv gekickt und außerdem zum Absprung leichter unter Wasser gedrückt werden.

Mittels EINER Tief-Hoch-Bewegung (nicht wippen!) springst du nun über den hinteren Fuß leicht nach Luv. Während das vordere Bein diesen Vorgang durch Ziehen in der Schlaufe unterstützt, kickt das hintere das Brett nach oben und Luv (Bild 2-3).
Um weiterhin die Kontrolle zu behalten und einem Aufkanten bei der Landung entgegen zu wirken, lässt du den vorderen Fuß so lange wie möglich (bis zu den ersten 90 Grad der Drehung) in der Schlaufe (Bild 3), während du das Brett damit halbkreisförmig um den Mast führst (siehe Knackpunkt!).
Das Segel agiert bei diesem Manöver „nur" als Fixpunkt zum Festhalten, der außerdem möglichst ruhig und aufrecht gehalten werden sollte. Hole es auf keinen Fall dicht und bleib mit dem Körper nahe beim Gabelbaum (Klimmzugstellung - Arme sind gebeugt! Bild 2-6). Dann ist auch die Gefahr sich nach hinten zu lehnen und somit gleich ins Wasser zu fallen geringer.

Shortcuts:

- » Hinteren Fuß aus der Schlaufe nehmen, dahinter platzieren (Bild 1)
- » Absprung über kleine Windwelle bzw. Wellenseite auf Halbwindkurs (Bild 2)
- » Körper bleibt immer aufrecht! Mittels Tief-Hoch-Bewegung abheben (Bild 2)
- » Vorderer Fuß zieht und führt. Kick mit dem hinteren Fuß nach Luv (Bild 3)
- » Mit vorderem Fuß in der Schlaufe halbkreisförmige Führung um den Masten (Bild 3-4)
- » Fuß rutscht aus der Schlaufe - Brettkontakt halten (Bild 4-5)
- » Landung: Ehem. vorderen Fuß hinter der Schlaufe, ehem. hinteren vor dem Mastfuß platzieren (Bild 6)
- » Nach dem Aufsetzen mit dem Shiften beginnen (Segel aufrecht halten) (Bild 7-8)
- » Körperschwerpunkt langsam zum Heck verlagern, umgreifen, dichtholen (Bild 9-11)

Knackpunkte:

Problem: Du fällst nach dem Absprung auf den Rücken.

Lösung: Körper bewusst aufrecht über dem Board halten! Brettführung siehe unten!

Das Board dreht sich währenddessen mit deiner Führung um dem Mast. Sobald der Fuß aus der vorderen Schlaufe gerutscht ist, positionierst du ihn genau hinter dieser (Bild 4-5), den anderen für einen besseren Halt vor dem Mastfuß (Bild 5-6).

Um anschließend rückwärts im Gleiten zu bleiben, wird das (ehemals) hintere Bein leicht angewinkelt, das vordere gestreckt und der Körper dabei immer über der Brettmitte gehalten (Bild 7-8). Das Board verhält sich während der Rückwärtsfahrt ähnlich wie beim Finne-voraus fahren - durch die Gleitfahrt dreht es sogar noch leichter! Deswegen darfst du nach der Landung nicht einfach warten, sondern musst dich am Rigg festhalten und damit das Brett aktiv lenken. Mit dem Verlangsamen deiner Fahrt nimmst du Druck aus dem Segel und shiftest es abschließend (Bild 9-11).

Problem: Das Board fliegt nach dem Kick zu weit weg. Du kannst nicht darauf landen.

Lösung: Brett mit dem vorderen Fuß (bis ca. 90 Grad in der Schlaufe!) halbkreisförmig um den Masten führen!

Willy Skipper 540

INTRO: Der Willy 540 ist die logische Folge des normalen Willy und dazu natürlich eine Steigerung. Manchmal ergibt er sich sogar „aus Versehen".

1 2 3 4 5 6

Springe einen normalen Willy Skipper - wie auf den Seiten zuvor beschrieben. Das heißt: Hinteren Fuß hinter die Schlaufe stellen, Absprung mittels Tief-Hoch-Bewegung, Board mit dem hinteren Fuß nach Luv kicken und mit dem vorderen in der Schlaufe halbkreisförmig um den Masten führen (Bild 1-7).
Wenn du anschließend gelandet bist, hältst du kurz den Druck im Segel um rückwärts weiterzugleiten und lenkst das Brett mittels Fußsteuerung (Nose-Fuß anwinkeln, Heck-Fuß schiebt - Bild 7). Indem du jetzt die Segelhand loslässt und das Segel aktiv an dir vorbei nach Luv ziehst (Bild 9-10), fällt das Board ab. Damit und mit einem Blick auf die Brettspitze bzw. nach hinten, sollte es wie gewünscht relativ rasch weiterrotieren. Ist dies nicht der Fall, kann der vordere Zehenballen nach der Landung noch stärker belastet werden.
Nachdem du nun mit der alten Segelhand die Gabelbaumseite gewechselt hast, lässt du auch die ursprüngliche Masthand los, wechselst auf die andere Seite und schiebst das Rigg weiter gegen den Wind (Bild 11-12). Durch die Brettdrehung stehst du plötzlich in Back vom Segel da (Bild 12-13). Winkle den Segelarm an um weiterzurotieren und nicht nach hinten ins Wasser gedrückt zu werden (Bild 13). Hast du so in den 540 eingedreht, ist der schwierigste Teil überwunden. Der Rest verläuft nun exakt wie der zweite Teil eines Upwind 360 oder einer Backwind Jibe. Um nicht abgeworfen zu werden, steigst du mit beiden Füßen hinter den Mastfuß (Bild 14). So sinkt das Heck mehr ab und das Board dreht die 540 Grad leichter und schneller fertig (Bild 15-16).

<u>Willy normal:</u> Landung - Segel auffieren - Ende der Gleitfahrt - shiften

<u>Willy 540:</u> Landung - Druck halten - Brettrotation - während der Gleitfahrt shiften

Knackpunkte:

Problem: Sobald das Brett 360 Grad gedreht hat (= Absprungkurs), drückt dich das Rigg nach hinten ins Wasser.

Lösung: Segel bei der Rückwärtsgleitfahrt energischer und weiter nach Luv schieben! Segelarm beugen! Körperschwerpunkt über der Brettmitte halten!

Problem: Das Segel hat bei der letzten Rotation zu viel Druck und fällt vorne ins Wasser.

Lösung: Steige in Back weiter nach hinten – damit dreht das Board leichter! Halte den Segelarm gebeugt, bis das Brett über Vorwindkurs dreht!

Shortcuts:

- Hinteren Fuß hinter die Schlaufe stellen
- Absprung mittels Tief-Hoch-Bewegung (Bild 1-2)
- Hinterer Fuß kickt Board nach Luv (Bild 3)
- Brett mit vorderem Fuß in der Schlaufe halbkreisförmig um den Masten führen (Bild 3-5)
- Landung. Segel kurz dicht halten (Bild 6-7)
- Während des Rückwärtsslidens Segelhand loslassen (Bild 9)
- Rigg am Körper vorbeiziehen um weiter abzufallen. Grifftechnik über Mast oder Boom-to-Boom (Bild 10-11)
- Segel nach Luv schieben, Segelarm gebeugt halten! Druck auf Mastfuß ausüben (Bild 12-13)
- Am Board hinter den Mastfuß steigen (Bild 14)
- Sobald Brett durch den Wind dreht, Segelarm wieder strecken, Rotation abschließen, stabilisieren (Bild 15-16)

Vorübung Lollypop (S. 41)

Lollypop

Intro: Willy Skipper plus Reverse Sail-Body 360 = Lollypop. Dieses Manöver gehört schon zur Königsklasse der Willy-Variationen. Willst du den Lolly beherrschen, bring viel Gefühl für das Segel und natürlich Geduld mit.

Knackpunkte:

Finne-voraus abfallen

Problem: Das Board dreht nach dem Willy nicht ein.

Lösung: Nach der Landung Segel dichtholen und nach vorne neigen um abzufallen. Hinteren Fuß anwinkeln, vorderen strecken. Nach der Einleitung der Rotation Schothorn nach Luv schieben und (WICHTIG!) nach erfolgter Brettdrehung Segelarm lang machen, Mastarm beugen!

Problem: Bei der letzten Segelrotation wirst du nach hinten abgeworfen.

Lösung: Segel durch Strecken des hinteren Armes steiler zum Wind halten - es tritt weniger Gegendruck auf (siehe Knackpunkt Finne-voraus abfallen). Um hier nicht die Balance zu verlieren, Schrittwechsel zuerst ohne Gleiten üben!

Schrittwechsel

SHORTCUTS:

- » Willy Skipper auf Raumwindkurs abspringen (Bild 1-5)
- » Segel nach der Landung dicht halten (Bild 5)
- » Finne-voraus abfallen - Rigg nach vorne neigen (Segelsteuerung) (Bild 6)
- » Während das Board 180 Grad dreht, Segel mitführen (Bild 7-9)
- » Schothorn gegen den Wind schieben, Körper ebenfalls leicht nach Luv neigen (Bild 9)
- » Schothorn steil zum Wind halten - Segelarm strecken, Mastarm beugen (Bild 10)
- » Brett vollendet Drehung. Segelrotation einleiten (Bild 11-13):
  a. Druck im Segel nachgeben (Segelarm anwinkeln)
  b. Körper-Segelrotation durchführen, Konzentration auf den Fußwechsel
- » Zum Stabilisieren sofort Segel dichtholen (Bild 14)

Spring einen normalen Willy Skipper, jedoch nicht auf Halbwind-, sondern auf Raumwindkurs (Bild 1-5). Der Rücken einer kleinen Windwelle eignet sich dafür am besten. Da du teilweise balancetechnisch schwierige Stellungen einnehmen musst, achte besonders auf die Landezone, die sich in einem flachen Stück befinden sollte. Im Unterschied zum normalen Willy öffnest du das Segel nach der Landung nicht, sondern fällst Finne-voraus ab, indem du den Segelarm anwinkelst (dichtholst) und den Mastarm sowie das vordere Bein streckst (Bild 6). Beim Rückwärtsgleiten auf tiefem Raumwindkurs verspürst du nur wenig Druck, dem du in dieser Position standhältst.
Während das Board nun Finne-voraus abfällt, nimmst du das Segel mit der Körper-Brettdrehung mit und führst so das Schothorn in den Wind (Knackpunkt Finne-voraus abfallen) (Bild 6-8).

Um den Gegendruck gering zu halten, streckst du den Segelarm, beugst den Mastarm und stellst so das Schothorn steil zum Wind (Bild 9-10). Inzwischen sollte die Finne wieder greifen und die Boardrotation abgeschlossen sein.
Nun muss noch das Rigg umgedreht werden. Dazu behutsam den Segelarm anwinkeln und den Körper relativ schnell um die eigene Achse drehen. Wichtig dafür ist die Umsteigetechnik (siehe Knackpunkt Schrittwechsel), welche durch die Vorübungen (siehe Seite 41) verinnerlicht werden kann. Im Anschluss an die Segelrotation holst du das Rigg dicht und erzeugst so den notwendigen Druck zum Stabilisieren (Bild 11-14).
Dieser letzte Teil erfordert sehr viel Übung und Geduld. Hast du die Bewegung aber einmal „im Kopf", werden „Ausrutscher" nur noch selten vorkommen.

Vorübungen: Willy Skipper (S. 138). Für den Clew-first Willy: Clew-first fahren (S. 38). Für den Willy Diablo: Duck Tack (S. 94)

Clew-first Willy Skipper

INTRO: Willst du eigentlich einen Schothorn-voraus Spock springen, hast aber zu wenig Wind? Dann versuch einfach den Willy! Er kommt mit wesentlich weniger Druck aus!

! TIPP: Körper und Segel aufrecht halten! Naturgemäß lehnt man sich eher nach hinten, was jedoch ein Wegrutschen des Boards oder, bei zu steilem Aufsetzen, ein abruptes Stoppen zur Folge hat.

Willy Diablo

Als Grundlage muss natürlich auch bei der „Teufelsversion“ der Willy Skipper sitzen. Die Duck Tack samt Vorübungen bringt zusätzlich wesentlich schnelleren Erfolg!

Springe einen Willy Skipper auf Halbwindkurs und suche eine flache Stelle für die Landung aus - denn diesmal ist wirklich Balancegefühl gefragt (Bild 1-5).

Drehe nach dem Aufsetzen mit vollem Speed mittels Segelsteuerung (kurz dichtholen, Druck lastet auf dem vorderen Fuß) in einen Willy 540 (Bild 6-8). Während die Finne nach einer 360 Grad Drehung wieder greift, schiebst du das Rigg nach Luv (Bild 10). Nun wie bei der Duck Tack unterm Schothorn hindurch auf die andere Seite des Segels wechseln (über Kreuz zum Schothorn greifen, Segel neutral nach Luv schieben und so shiften) (Bild 11-12). Da das Board automatisch langsamer wird, ist es sehr schwierig, das richtige Timing fürs Shiften zu finden. Greife das Segel in normaler Position und bleibe in der switch Stellung bis du dich stabilisiert hast (Bild 13-15). Abschließend muss nur noch die Fußstellung gewechselt werden und der „Teufelswilly“ ist geglückt!

Für den Clew-first Willy solltest du logischerweise clew-first gleiten können und den Willy Skipper beherrschen. Shifte also auf Schothorn-voraus und schlage Raumwindkurs ein. Peile eine kleine Windwelle mit Flachstück dahinter an (Bild 1).

Der Absprung erfolgt genau wie beim normalen Willy Skipper. Achte allerdings speziell bei der clew-first Variante darauf, dass du mit dem Segel und deinem Körper immer komplett aufrecht und über dem Brett (hier sogar der Brettmitte/dem Mastfuß) bleibst und schon fast nach vorne springst (mit der Brettdrehung mit) (Bild 3-4).

Da sich das Segel beim Schothorn-voraus Absprung nach der 180 Grad Drehung bereits in der normalen Position befindet, musst du, sobald du in der Luft bist, nur das Rigg etwas öffnen (Bild 3-6). Federe die Landung mit den Knien ab (Bild 6-7) und halte das Segel neutral, damit du nicht nach vorne heruntergezogen wirst (Bild 8). Warte, bis sich deine Rückwärtsgleitfahrt verlangsamt hat, nimm das Segel wieder dicht und der Clew-first Willy ist geschafft (Bild 9-10).

Aus der Bewegung des Segelöffnens lässt sich übrigens auch sehr gut ein Clew-first Willy 540 ableiten ...

Shortcuts:

- » Auf clew-first shiften (Bild 1)
- » Absprung wie beim normalen Willy auf tiefem Raumwindkurs (Bild 2-3)
- » Körper bleibt aufrecht über der Brettmitte (Bild 4)
- » Segel mit der Boarddrehung öffnen (Bild 4)
- » Landung abfedern, Segel neutral halten (Bild 5-7)
- » Erst wenn du langsamer geworden bist, Segel dichtholen (Bild 8-10)

Ø Problem: Beim „Durchtauchen" bekommt das Segel Druck von hinten und fällt nach vorne ins Wasser.

✓ Lösung: Rigg neutral halten, etwas früher nach Luv schieben und danach energischer am Schothorn ziehen!

Shortcuts:

- » Willy Skipper auf Halbwindkurs springen (Bild 1-5)
- » Nach der Landung wie beim Willy 540 weiterrotieren (Bild 6-9)
- » Sobald das Board 360 Grad gedreht hat, Segel nach Luv schieben (Bild 10-11)
- » Unter dem Schothorn hindurch auf die andere Seite „tauchen" (Bild 11-13)
- » Normale Griffposition einnehmen, stabilisieren (Bild 13-15)
- » Fußstellung wechseln

Vorübung: Upwind 360 (S. 108)

Wind um die 2-3 Beaufort und Flachwasser laden geradezu ein, den Gecko zu probieren. Zu empfehlen wäre auch ein modernes Freestyleboard, das sich wegen seiner Kürze und Drehfreudigkeit am besten dafür eignet.
Steuere auf auf Halbwindkurs, richte deinen Körper auf, hake aus dem Trapez aus und gehe mit beiden Füßen in die Schlaufen. Um dabei nicht nach hinten runter zu fallen oder anzuluven, muss das Körpergewicht durch ein leicht gebeugtes vorderes Bein in die Nähe des Mastfußes bzw. über die Brettmitte gebracht werden. Während du dich so nach vorne lehnst, hältst du das Segel dicht um weiter einen gewissen Vortrieb zu haben. Zusätzlich kantest du das Board nach Luv auf (Bild 1). Das ermöglicht - durch die reduzierte Angriffsfläche - das unbedingt notwendige Abtauchen der Nose, was gleichzeitig den Knackpunkt des Gecko und Schothorn-voraus Gecko bildet. Hänge dich zusätzlich an die Gabel und lehne mit gestreckten Beinen nach vorne (Bild 2).
Schiebe nun das Rigg wie beim Upwind 360 oder Flaka nach vorne und lege es auf den Wind (Bild 3). Mit dem aufkommenden Gegendruck kannst du dich stabilisieren, dosiert angewinkelte Arme verstärken den Druck (Bild 3).
Halte das Segel während der Brettrotation ungefähr auf Halbwindkurs (in Back). Die hintere Hälfte des Boards hebt sich aus dem Wasser und dreht sich herum (Bild 3-5). Du „landest" wieder, die Nose taucht dabei langsam auf und schon hast du die ersten 180 Grad gedreht (Bild 5-6). Jetzt ist es wichtig, das Gewicht wieder vorne zu halten und durch konstante Vorlage des Segels Druck auf den Mastfuß auszuüben, der das Board weiterrotieren lässt (Bild 7-8). Anschließend öffnest du das Rigg und führst das Schothorn durch den Wind (Bild 9). Mit dem sich entwickelnden Zug luvst du fertig an, stabilisierst dich, steigst noch aus den Schlaufen und kannst den Gecko dein „Haustier" nennen (Bild 10-11).

INTRO: Mit dem Gecko erfanden die Bonaire-Kids den Flaka ohne Gleiten - eigentlich eine perfekte Vorübung um die Bewegung des Swayze kennen zu lernen. Wir sehen den Gecko hier als eigenständiges Manöver, das sich ideal zum Rumtricksen bei Schwachwind eignet.

Ø Problem: Die Nose geht nicht unter - der Gecko endet immer in einem Upwind 360.

✓ Lösung: Das Brett stark aufkanten! Die Beine gestreckt halten, den Körper nach vorne neigen.

GECKO

INTRO: Auch Schothorn-voraus erfüllt der Gecko seinen Zweck als Vorübung - und zwar für Manöver wie etwa den Clew-first Flaka oder auch die Conca Tack.

Eingeleitet wird er nahezu gleich wie der normale Gecko, in beiden Schlaufen und mit dem Körper über die Brettmitte gelehnt. Jetzt shiftest du noch auf Schothorn-voraus und hältst das Segel mit breitem Griff. Schiebe es schon leicht nach vorne und kante gleichzeitig das Board stark nach Luv auf um die Nose abtauchen zu lassen (Bild 1-2).
Während sich die hintere Hälfte des Boards aus dem Wasser hebt, schiebst du das Rigg weiter gegen den Wind (Bild 3-4). Sobald die ersten 90 Grad der Drehung geschafft sind, wird das Schothorn durch den Wind geführt um Gegendruck zu erzeugen (Bild 4-5).
Zur Unterstützung der weiteren Rotation übst du Druck auf den Mastfuß aus, indem du das Segel nach vorne hältst (Bild 5-7).
Bei und nach der „Landung" muss das Rigg dann noch weiter ausgestellt, der Segelarm gestreckt und der Mastarm gebeugt werden. So dreht das Board - nachdem die Nose aufgetaucht ist - weiter (Bild 7-8).
Im Unterschied zum normalen Gecko muss hier das Segel länger gegen den Wind gehalten werden (Bild 9-10), da sonst ein Dichtnehmen und damit die Vollendung nicht möglich ist.
Hat das Board den Vorwindkurs durchfahren, schließt du die Rotation ab, stabilisierst die clew-first Stellung, steigst aus den Schlaufen und shiftest schließlich (Bild 10-13).

Vorübungen: Upwind 360 ohne Gleiten (S. 37), Upwind 360 (S. 108), Gecko (S. 146)

FLAKA SWAYZE

INTRO: Der Swayze wurde vor einigen Jahren von Web Pedrik erfunden, der den Move nach seinem Lieblingsschauspieler Patrick Swayze benannte. Da dieser gesprungene und geslidete Upwind 360 dem Taka auf der Wellenlippe sehr ähnlich ist, haben ihn seine Mitstreiter kurzerhand in Flaka (Flatwater+Taka) umgetauft.

Peile einen kleinen Wellenrücken in Lee an und falle darauf hin auf tiefen Raumwindkurs ab (Bild 1). Kurz bevor du abspringst, nimmst du das Segel in der Kurvenfahrt extrem dicht - „überziehst“ es - und verlagerst dein Körpergewicht über die Brettmitte (Bild 2-3). Durch diese Bewegung (wie eine sehr schwache Laydown Jibe), verringerst du den Druck im Segel wesentlich, was es optimal steuerbar macht. Das Einsetzen der Kopfsteuerung wirkt sich ab hier ebenfalls sehr positiv aus. Visiere daher beim Abheben am besten den Punkt an, an dem die Nose aufsetzen soll (Bild 4).

KNACKPUNKTE:

Ø Problem: Nach der Landung drückt dich das Segel nach hinten ins Wasser.

✓ Lösung: Segelarm angezogen lassen und so das Rigg neutraler nach Luv schieben!

Ø Problem: Das Board verkantet. Folge: Sturz nach vorne.

✓ Lösung: Körper schon beim Absprung aufrechter und damit das Brett in der Luft flacher halten. Hinteres Bein zur Landung strecken!

Ø Problem: Das Segel fällt nach Luv, du wirst aus den Schlaufen gerissen.

✓ Lösung: Segelarm gebeugt und so das Rigg näher am Körper halten. Anschließend neutral nach Luv schieben.

Ø Problem: Bei der Landung fällt das Segel nach Lee, das Board rutscht seitlich.

✓ Lösung: Segelarm gebeugt halten. Rigg aktiver und früher nach Luv schieben!

Shortcuts:

- » Auf tiefen Raumwindkurs abfallen (Bild 1)
- » Segel überziehen (Bild 2-3)
- » Absprung über kleinen Chop (Bild 4)
- » Segel neutral nach vorne schieben (Bild 5-6)
- » Hinteren Fuß anwinkeln - Brettspitze bildet Drehpunkt (Bild 7)
- » Um die Nose herumsliden (Bild 8-9)
- » Hinteren Fuß leicht strecken, vorderen anwinkeln, über der Brettmitte bleiben (Bild 9-10)
- » Segel zur Brettspitze schieben, Segelarm beugen - Druck lastet auf Mastfuß (Bild 11)
- » Schothorn durch den Wind führen. Segelarm strecken, Mastarm beugen - Drehung stoppen (Bild 12-15)

Mit Hilfe der angepeilten Welle hebst du mittels einer Tief-Hoch-Bewegung ab (Bild 4) und solltest in der Luft nur wenig Druck im Segel verspüren. Schiebe es mit gestrecktem Mastarm sowie bewusst gebeugt gehaltenem Segelarm sofort nach oben und neutral schräg nach vorne (Bild 4-6).
Knackpunkt: Drehpunkt!
Anfangs ist es mangels Gefühl für die Bewegung nahezu unmöglich, die halbe Drehung allein durch die Fußsteuerung hinzubekommen. Deswegen muss auch hier die Brettspitze als Drehpunkt fungieren. Winkle dafür das hintere Bein an und lass so die Nose ins Wasser einspitzeln (Bild 7-8). Indem du nach dem Absprung das Segel nach Luv schiebst, neigt sich auch dein Körper etwas dem Wind zu und lässt dadurch eine seitliche Bewegung mitsamt dem Equipment entstehen, was ein tieferes Einstechen der Brettspitze verhindert (Bild 7-9). Einmal aufgesetzt, streckst du den hinteren Fuß und winkelst im Gegenzug den vorderen an um so über der Brettmitte zu bleiben und nach der Landung nach hinten weiterzugleiten (Bild 9-11). Sollten noch keine 180 Grad geschafft sein, wird die restliche Strecke einfach durchgeslidet, da die Finne meist sowieso noch nicht greift.

Der schwierigste Teil wäre damit schon gemeistert. Auch wenn du dich nicht mehr rückwärts im Gleiten bzw. Sliden befindest, sind die folgenden Schritte trotzdem die selben.
Nach der Landung ist es vor allem wichtig, die Balance zu halten und Druck ins Segel zu bekommen um die zweiten 180 Grad zu schaffen. Dosiere die Kraft wie bei der Backwind Jibe oder beim zweiten Teil des Upwind 360 und schiebe das Segel mit gebeugtem hinteren Arm nochmal nach vorne in Richtung Brettspitze, damit mehr Druck auf den Mastfuß (Richtung Lee) lastet (Bild 9-11).
Sobald sich das Schothorn durch den Wind bewegt - üblicherweise bei den letzten 90 Grad (Bild 12-13) - ist es an der Zeit, die Rotation abzubremsen. Strecke dazu einfach den Segelarm, beuge den Mastarm und hol so das Segel wieder näher zu dir (Bild 13-15). Das Beherrschen des Upwind 360 erleichtert hier diesen letzten Schritt.
Die Erfahrung zeigt, dass einem der Flaka entweder liegt oder einfach nicht. Manche brauchen Monate oder sogar Jahre dafür, andere lernen ihn innerhalb weniger Trainingseinheiten. Dauert es dir zu lange, solltest du so oft wie möglich die Vorübungen durchgehen um die Drehung quasi in den Kopf zu bringen!

Vorübungen: Flaka (S. 148). Für den Clew-first Flaka: Clew-first fahren (S. 39), Conca Tack (S. 92), Clew-first Gecko (S. 146)

INTRO: Manche sagen sogar, onehanded wäre der Flaka einfacher als normal. Ob das bei dir auch der Fall ist, kannst du mit unseren Ausführungen ganz einfach selbst herausfinden.

ONEHANDED FLAKA

SHORTCUTS:

- Einleitung: Abfallen, Segel auf tiefem Raumwindkurs überziehen, Körper aufrichten, Segel nach vorne schieben (Bild 1-3)
- Absprung mittels Tief-Hoch-Bewegung, gleichzeitig Masthand loslassen (Bild 4-5)
- Rigg neutral schräg nach vorne schieben (Bild 5-6)
- Segelhand pusht leicht in Drehrichtung und nach vorne (Bild 6)
- Hinteres Bein beugen, vorderes leicht strecken - Nose = Drehpunkt (Bild 6)
- Landung: Hinteres Bein strecken, vorderes anwinkeln und Gewicht darauf verlagern (Bild 7)
- Rigg mit der Segelhand nach Luv schieben (nicht sofort pushen!) - Segel auf den Wind legen - Mast kommt hoch (Bild 7-8)
- Masthand wieder an der Gabel positionieren (Bild 8-9)
- Druck auf Mastfuß beibehalten bis das Board weiterrotiert (Bild 10-11)
- Wenn das Schothorn durch den Wind dreht (ca. Back-Raumwindkurs): Segel nach vorne schieben, Körper aufrichten Gewicht hinter den Mastfuß bringen (Bild 12-14)

Für den Clew-first Flaka ist erst mal guter Druck im Segel erforderlich. Dadurch steigt zwar die Schwelle der Überwindung, garantiert jedoch richtiges Abspringen.

Shifte also auf Schothorn-voraus, bleibe in beiden Schlaufen und beschleunige auf tiefem Raumwindkurs (Bild 1-3). Anschließend wird das Segel leicht nach hinten gelegt (siehe „überziehen" beim normalen Flaka) und dazu noch weiter abgefallen (Bild 4-5). Schiebe nun das Rigg über die Innenseite des Sprunges nach Luv (Bild 6). Gleichzeitig mit dem Absprung sollte das Schothorn bereits durch den Wind gedreht sein und leichter Gegendruck auftreten (Bild 6-7).

In der Luft winkelst du das hintere Bein an um die Nose als Drehpunkt ins Wasser zu bringen (Bild 7-8). Halte das Segel mit gebeugten Armen relativ aufrecht und nahe beim Körper! Sobald das Board aufsetzt (und weit genug gedreht hat), streckst du das hintere Bein und energisch die Arme (zur Unterstützung der Rotation den Segelarm etwas stärker) (Bild 9). Ein gebeugtes vorderes Bein hält den Körperschwerpunkt dabei über der Brettmitte.

Behalte diese Position bei und gib so Druck auf den Mastfuß (Bild 10-11). Hast du rückwärts über den Halbwindkurs rotiert, kommt wieder Druck ins Segel (Bild 12), welchem du aber mit gebeugten Armen widerstehst und derweil die Boardrotation vollendest (Bild 12-13). Befindest du dich clew-first stabil auf tiefem Raumwindkurs, muss zum Abschluss nur noch das Rigg geshiftet werden (Bild 14-16).

Das bereits bekannte Abfallen und Überziehen des Segels auf tiefem Raumwindkurs ändert sich auch beim einhändigen Flaka nicht (Bild 1-2). Befindet sich anschließend nur wenig Druck im Segel, richtest du es auf und schiebst es neutral nach vorne (Bild 3). Gleichzeitig bringst du deinen Körper (der sich bereits in die gewünschte Rotationsrichtung dreht) über das Board und springst über einen kleinen Chop/Wellenrücken ab (Bild 4). Hier verlässt die Masthand den Gabelbaum und wird entweder demonstrativ vom Körper weg gestreckt oder einfach hängen gelassen (Blld 4-6). Während sich der Segelarm immer weiter streckt, bringt das gebeugte hintere Bein die Brettspitze als Drehpunkt ins Wasser (Bild 6).

Nach der Boarddrehung in der Luft muss eben dieses Bein zur Landung wieder gestreckt und das vordere gebeugt werden (Bild 7). Das hält einerseits das Brett rückwärts im Gleiten und vermeidet andererseits ein Absinken des Hecks. Der schwierigste Teil wäre somit bereits geschafft. Halte das Rigg nun einhändig mit der Segelhand nach Luv und lege es so auf den Wind. Dieser erzeugt Gegendruck, der über den Mastfuß aufs Board übertragen wird und es weiterrotieren lässt (Bild 7-8). Der Mast bewegt sich so wieder näher zum Körper und die freie Hand kann sich den Holm greifen (Bild 8-9). Meist sind hier schon 2/3 der Rotation abgeschlossen und du befindest dich auf Back-Halbwind- bzw. Raumwindkurs, wo dann das Segel zum Einfangen des Windes geöffnet wird.

Die Ausleitung des Onehanded Flaka deckt sich nun wiederum mit jener des normalen Swayze: Körper aufrichten, Schwerpunkt hinter den Mastfuß bringen und zum Abschluß das Segel nach vorne schieben um die Rotation zu stoppen (Bild 10-14).

Willst du das Ganze noch stylisher aussehen lassen, so zelebriere das Manöver überhaupt onehanded. Das bedeutet, dass die Segelhand auch die komplette zweite Rotation übernimmt und dazu nach der Landung etwa in die Mitte der Trapeztampen oder gar noch weiter nach vorne rutscht.

Shortcuts:

» Auf clew-first shiften (Bild 1-5)
» Tiefen Raumwindkurs einschlagen (Bild 3-5)
» Segel „überziehen" (nach hinten dichtholen) (Bild 6)
» Rigg vor dir auf die Innenseite der kommenden Rotation führen (Bild 6)
» Segel nach Luv schieben und Schothorn schon durch den Wind drehen - leichter Gegendruck (Bild 6)
» Absprung: Rigg nahe am Körper. Hinteres Bein anwinkeln - Brettspitze geht als Drehpunkt ins Wasser (Bild 6-8)
» Landung (Bild 9-10):
  a. Hinteres Bein und Segelarm energisch strecken
  b. Vorderes Bein anwinkeln, Mastarm etwas gebeugt halten
» Position beibehalten. Auf Halbwindkurs langsam dichtholen. Arme anwinkeln, Körper aufrichten (Bild 11-13)
» Die clew-first Stellung stabilisieren und abschließend shiften (13-15)

Vorübungen: Flaka (S. 148). Für den Flaka 720: Clew-first shiften (S. 38)

Problem: Beim Shiften stoppt die Drehung des Boards. Folge: Du fällst nach hinten ins Wasser.

Lösung: Warte, bis die Brettrotation eindeutig angefangen hat und shifte erst anschließend!

INTRO: Auch beim Flaka hat sich der Teufel praktisch bloß eingeschlichen. Das Diablo ergibt sich eigentlich nur aus einem eingebauten Shiften auf clew-first - also eher ein Flaka Duck (Jibe). Dennoch ist er nach dem Onehanded die einfachste Abwandlung des Swayze.

Vom Absprung bis zur Landung besteht beim Flaka Diablo kein Unterschied zum normalen Flaka.
Das bedeutet: Abfallen, Schothorn überziehen (Bild 1-3), Absprung nach vorne (Bild 4-5), Nose als Drehpunkt

INTRO: Doppelt gesehen oder wirklich gesprungen? Seit der Flaka 720 2004 „auf den Markt kam", wird fast nichts mehr als unmöglich angesehen!

FLAKA 720

Richtig viel Geschwindigkeit, guter Druck und nahezu perfektes Beherrschen des Flakas sind die Grundvoraussetzungen für den 720.
Beim Doppelswayze wird der erste Flaka nicht auf ganz so tiefem Raumwindkurs gesprungen, die übrige Einleitung bleibt jedoch die selbe. Das heißt: Segel stark überziehen und abspringen (Bild 1-2). Die anschließende Boarddrehung führst du mehr durch die Fußsteuerung anstatt mit Hilfe des üblichen Drehpunktes herbei. Das bedeutet, dass die ersten 180 Grad fast komplett in der Luft absolviert werden (Bild 2-4).
Sobald das Brett nach der Landung weiterdreht, wartest du etwas länger als normal, bevor du das Schothorn durch den Wind führst (Bild 4-7). Normalerweise würdest du jetzt die Drehung stoppen. Hier jedoch öffnest du das Rigg und übst mittels Fußsteuerung bewusst mehr Druck auf das Heck aus. Mit Hilfe des Segels, das auf Halbwindkurs nach hinten geneigt wird, bringst du dabei noch mehr Druck auf das Board, was dieses in den

FLAKA Diablo

ins Wasser bringen und Segel neutral nach vorne schieben (Segelarm kurz halten) (Bild 6-8).
Nach der Landung sollte noch genug Speed vorhanden sein um ordentlich rückwärts weiterzugleiten. Wie sonst auch, schiebst du das Segel nach Luv und hältst gegen - ohne den Segelarm zu strecken! Der Druck, der so auf den Mastfuß wirkt, lässt das Board weiterrotieren (Bild 9). Hat es zu drehen begonnen, wird das Rigg auf clew-first geshiftet. Die dazu erforderliche Grifftechnik automatisierst du am besten durch die „Clew-first shiften"-Vorübung (Seite 38).

Lass die Masthand los, greife über Kreuz zum Schothorn und versuche dabei mit dem Körper aufrecht zu bleiben (Bild 10). Ziehe das Rigg in weiterer Folge nahe am Körper vorbei und lange dann mit der ehemaligen Segelhand auf die neue Gabelbaumseite (Bild 11-12). Während dem Umgreifen rotiert das Board weiter und erreicht bald neuen Halbwindkurs. Aufgrund des niedrigen Druckes, der hier auf das Brett wirkt, sollte die Finne greifen und dir so wieder etwas mehr Halt geben (Bild 12-13).
Da du dich während des Moves größtenteils nicht mit Hilfe des Segels stabilisieren kannst, solltest du darauf achten, dass dein Körpergewicht immer über der Brettmitte bleibt.
Beendet wird der Flaka Diablo eigentlich in der clew-first Haltung (Bild 14-15). Ob anschließend einfach geshiftet, eine Halse gefahren oder etwa ein Clew-first Spock angehängt wird, bleibt dir überlassen ...

zweiten Flaka weitersliden lässt (Bild 7-9). Steht das Brett ein zweites Mal in den Wind, schiebst du das Rigg schnell aktiv nach vorne zur Nose und legst es auf den Wind (Bild 10). Hinteres Bein sowie Mastarm sind dabei gestreckt. Das Ende des Flaka 720 entspricht dann wiederum genau dem des normalen Swayze (Bild 11-13). Oft wird der Doubleflaka mangels Speed zum Flaka into Upwind 360. Schaffst du es, wie die Profis zweimal abzuspringen, kannst du dich als einer der ersten an den Triple-Swayze wagen (welcher Gerüchten zufolge nicht mehr fern ist)!

Vorübungen: Duck Tack (S. 94), Diablo (S. 132), Flaka (S. 148)

MEEV

INTRO: Kevin Mevissen, der Namensgeber dieses Manövers, gewann 2003 erstmals die European Freestyle Pro Tour und trug auch 2005 den Titel „European Champion“. Als Grundmove für den Meev diente ihm der Flaka, welcher zum Gelingen definitiv sitzen sollte - denn der zweite Teil der 360° Drehung muß hier ohne Hilfe des Segels absolviert werden.

SHORTCUTS:

» Auf tiefen Raumwindkurs abfallen. Segel dichtholen (überziehen) (Bild 1)

» Abspringen. Gleichzeitig Rigg nach vorne schieben und hinteren Fuß anziehen (Bild 2-4)

» Mit der ehemaligen Masthand über Kreuz zum Schothorn greifen, dabei Segel noch weiter nach Luv schieben (Bild 4-5)

» Segelhand loslassen (Bild 6)

» Nachdem das Board 180 Grad gedreht hat - Segel nach hinten kippen lassen (Bild 7)

» Kräftig am Schothorn ziehen (Bild 7)

» Über der Brettmitte bleiben, damit das Board die restlichen 180° dreht (Bild 8)

» Mit der anderen Hand (ursprüngliche Segelhand) zum Gabelbaum oder Masten greifen (Bild 9)

» Zum Hochziehen des Segels den Körperschwerpunkt zur Brettspitze verlagern (Bild 9-10)

» An die Gabel greifen und dichtholen (Bild 11-12)

KNACKPUNKTE:

- Problem: Das Segel fällt nach Luv ins Wasser.
- Lösung: Früher und energischer am Schothorn ziehen.
- Problem: Du fällst nach Luv vom Board.
- Lösung: Halte deinen Körper bewusst aufrechter.

Die Einleitung des Meevs erfolgt wie beim Flaka. Das heißt: Abfallen, Segel überziehen und Absprung nach vorne (Bild 1-3). Um nun hinter dem Segel vorbei zu kommen, musst du mit der Masthand über Kreuz in Richtung Schothorn greifen, und das am besten schon bevor die ersten 90 Grad gedreht sind (Bild 4-6). Sonst bist du zu spät dran und das Segel rotiert wie bei einem Flaka Diablo.

Wenn das Board 180 Grad geschafft hat - normalerweise nach der Landung - wird es Zeit, die Segelseite zu wechseln. Sobald das Rigg beginnt etwas nach hinten zu kippen, ziehst du energisch am Schothorn (Bild 7). So bekommt das Segel wieder einen Schwebeimpuls (Bild 8). Der Move gelingt immer verschieden, manchmal bleibt das Rigg praktisch aufrecht, manchmal liegt es fast komplett im Wasser und muss durch einen kurzen Ruck wieder nach oben geholt werden. Wichtig ist in jedem Fall, dass der Körper während der restlichen 180 Grad mit angewinkeltem Bein nach vorne lehnt (Bild 9). Der Schwerpunkt liegt so auf dem vorderen Fuß was ein Absinken des Boards eher unwahrscheinlich macht. Außerdem kannst du nur so die Drehung stoppen. Hast du alles richtig gemacht, musst du nur noch das Segel hochziehen (Bild 10), schnell an den Gabelbaum greifen (Bild 11) und dichtholen (Bild 12).

Vorübungen: Upwind 360 (S. 108), Flaka (S. 148), Shove-it (S. 193)

Für den Absprung beim Shaka benötigst du in erster Linie viel Geschwindigkeit, guten Druck und eine steile Welle. Anfangs sollte diese mindestens 30cm hoch sein, später ist der Move bei viel Power sogar im Flachwasser möglich.

Greife an der Gabel etwas breiter, steuere das Tal vor der Welle an und schlage einen Haken nach Luv, auf den steilsten Teil zu (Bild 1-2). Kurz vor dem Abheben holst du das Segel näher zu dir und bringst deinen Körper über das Board. Außerdem gehst du in die Knie und legst das Rigg in weiterer Folge durch Strecken des Mastarmes und Anwinkeln des Segelarmes schon leicht nach vorne (in Fahrtrichtung) (Bild 2-3). Spring durch energische Körperstreckung am höchsten Punkt der Welle ab (Bild 3-4).

Sobald du dich in der Luft befindest, lehnst du dich voll auf das Segel und bringst es durch Beugen des Segelarmes in die Waagrechte (Bild 5-6). Diese Bewegung ähnelt zwar jener des Shove-its, der Mast zeigt hier aber in die ursprüngliche Fahrtrichtung (Bild 4-6)!

Wie bei vielen Manövern lautet auch hier die Devise: Der Kopf lenkt mit (Bild 7)!

Das Segel wird mit gestreckten Armen hinten und unten gehalten, das Brett zeigt in den Wind. Die Beine bleiben gestreckt, wobei der vordere Fuß das Board in die gewünschte Drehrichtung zieht (Bild 7-8). Befindest du dich am höchsten Punkt, muss das Rigg langsam aufgerichtet und nach Luv geschoben werden. Führe es dazu mit dem Mastarm nach vorne und beuge den Segelarm mit der Drehung immer mehr um dem aufkommenden Gegendruck entgegenwirken zu können (Bild 8-10).

Die Landung erfolgt relativ flach, besser mit dem Bug zuerst, wobei das Brett bereits durch den Wind gedreht hat und dein Segelarm weiterhin angewinkelt bleibt (Bild 10-11).

Federe die Landung mit den Knien ab und lehne dich nach vorne, über den Mastfuß, damit das Heck nach dem Aufsetzen nicht absinkt und du weiterrotieren kannst (Bild 12).

Das Beherrschen des Flakas oder Upwind 360 hilft nun bei der Ausleitung. Gib Druck auf den Mastfuß und lass das Brett mit gestrecktem Mastarm sowie gebeugtem Segelarm um die Kurve sliden (Bild 12). Hat das Schothorn durch den Wind gedreht, muss abschließend nur noch das Segel geöffnet werden um wieder Druck aufzubauen und die Rotation abzufangen (Bild 14-18).

KNACKPUNKTE:

Ø Problem: Du springst ab, bringst das Segel aber nicht nach unten/vorne.

✓ Lösung: Versuche exakt beim Absprung den Segelarm bewusst zu beugen und den Mastarm zu strecken. Dabei bewegt sich der Körper fast automatisch nach vorne!

Ø Problem: In der Luft bekommst du zu viel Gegendruck - das Segel drückt dich nach hinten ins Wasser.

✓ Lösung: Das Rigg nach dem Absprung tiefer halten. Den Segelarm mit der fortschreitenden Drehung beugen (siehe Bild 8-9) - nicht pushen!

Shaka

INTRO: Shove-it plus Flaka ergibt laut Ricardo Campello Shaka. Beim Worldcup in Pozo überraschte und überzeugte er mit diesem Move die Judges und wurde in der Saison 2002 das erste Mal Weltmeister.

SHORTCUTS:

- Auf Halbwindkurs viel Geschwindigkeit aufnehmen
- Eine möglichst steile Welle anpeilen, an der Gabel breiter greifen (Bild 1)
- Auf die Wellenlippe hin stark anluven, Körper über dem Board und Segel dicht halten, leicht in die Knie gehen (Bild 2)
- Absprung (Bild 3-5):
  a. Segel auf den Wind legen: Mastarm strecken, Segelarm beugen
  b. Durch energisches Strecken der Beine abspringen
- Körper auf das Segel lehnen und dieses mit gestreckten Armen hinten halten (Bild 5-6)
- Der Kopf lenkt mit! Blicke in gewünschte Drehrichtung (Bild 7)
- Boarddrehung durch Ziehen mit dem vorderen Fuß (Bild 7)
- Mit der Rotation steigt der Segeldruck. Segelarm wieder anwinkeln (Bild 8-10)
- Landung (Bild 11-12):
  a. Mit den Knien abfedern, Körperschwerpunkt über dem Mastfuß
  b. Mastarm strecken, Segelarm beugen - Druck auf Mastfuß
- Ausleitung wie Upwind 360 oder Flaka. Sobald das Schothorn durch den Wind dreht, Segel öffnen und abschließend Rotation abfangen (Bild 13-18)

Wymaroo

INTRO: Die Flachwasser Gu-Screw hat ihren Namen vom Gorge-Local Chris Wyman, der den Move bekannt gemacht hat. Die Bewegung ist ungewöhnlich und nicht allzu einfach auszuführen ... aber ein guter Wymaroo hat einfach Style!

Grundsätzlich vereinfachen starker Wind und kleines Material die Drehbewegung des Wymaroo um einiges.
Leite ihn zuerst wie eine Powerhalse in beiden Schlaufen ein. Das bedeutet: Abfallen, in die Knie gehen und in die Kurve fahren. Dabei auf Körpervorlage (Mastarm nach vorne strecken) Wert legen und schön eng carven (Bild 1-3).
Der Absprung ist eine komplexe Bewegung, bei der du dich selbst praktisch ohne Lift möglichst hoch aus dem Wasser katapultieren und eindrehen musst.
Aus der Kurve heraus springst du auf Vorwindkurs durch energisches Strecken der Beine nach Lee ab und ziehst dabei das Board mit dem vorderen Fuß unterstützend nach oben (Bild 4-5). Leite die Drehung ein, indem du das weit geöffnete Segel über den Kopf bringst und dich nach Lee wirfst (Bild 4-6). Dabei holst du das Rigg erst beim Abheben mit der Segelhand dicht (also relativ spät) und schiebst es dann mit gestreckter Masthand nach vorne, in die Sprungrichtung. Nimm dabei das Board mit und halte die Knie in der Luft gebeugt (Bild 5-7).
Einmal herumrotiert, landest du - wie für den Wymaroo fast üblich - auf dem Rücken oder dem Gesäß in Wasserstartposition (Bild 9-10). Achte darauf, dass du das Brett vor der Landung so weit wie möglich mitdrehst (Bild 10-11)! Halte dann die Gabel schon mit gestreckteren Armen um schneller mehr Wind einzufangen und Druck aufzubauen (Bild 9-12). Rasches Aufstehen bzw. Wasserstarten beschließt den Wymaroo und ist am Ende ganz normal (Bild 13-15).

TIPP: Beim Absprung ist das Segel weit geöffnet und wird über den Kopf gezogen. Erst wenn du abgehoben hast, nimmst du es mit dem Segelarm dicht!

Shortcuts:

- » Viel Geschwindigkeit aufnehmen
- » Eine enge Powerhalse in beiden Schlaufen einleiten (Bild 1-3)
- » Segel immer weiter öffnen, Körper über der Brettmitte halten, in die Knie gehen (Bild 1-3)
- » Auf Vorwindkurs aus der Kurve heraus durch energisches Strecken der Beine abspringen (Bild 4)
- » Körper dabei nach Lee werfen, Segel über den Kopf ziehen (Bild 5-7)
- » Erst in der Luft das Segel dichtholen. Beine gebeugt halten (Bild 8-9)
- » Landung auf dem Rücken oder dem Gesäß. Board vor der Landung so weit wie möglich drehen. Arme strecken um Wind einzufangen (Bild 9-12)
- » Aus der Wasserstartposition in beiden Schlaufen aufsteigen (Bild 13-14)

7 6 5 4 3 2 1

POSI-GRIP
FANATIC
POISON

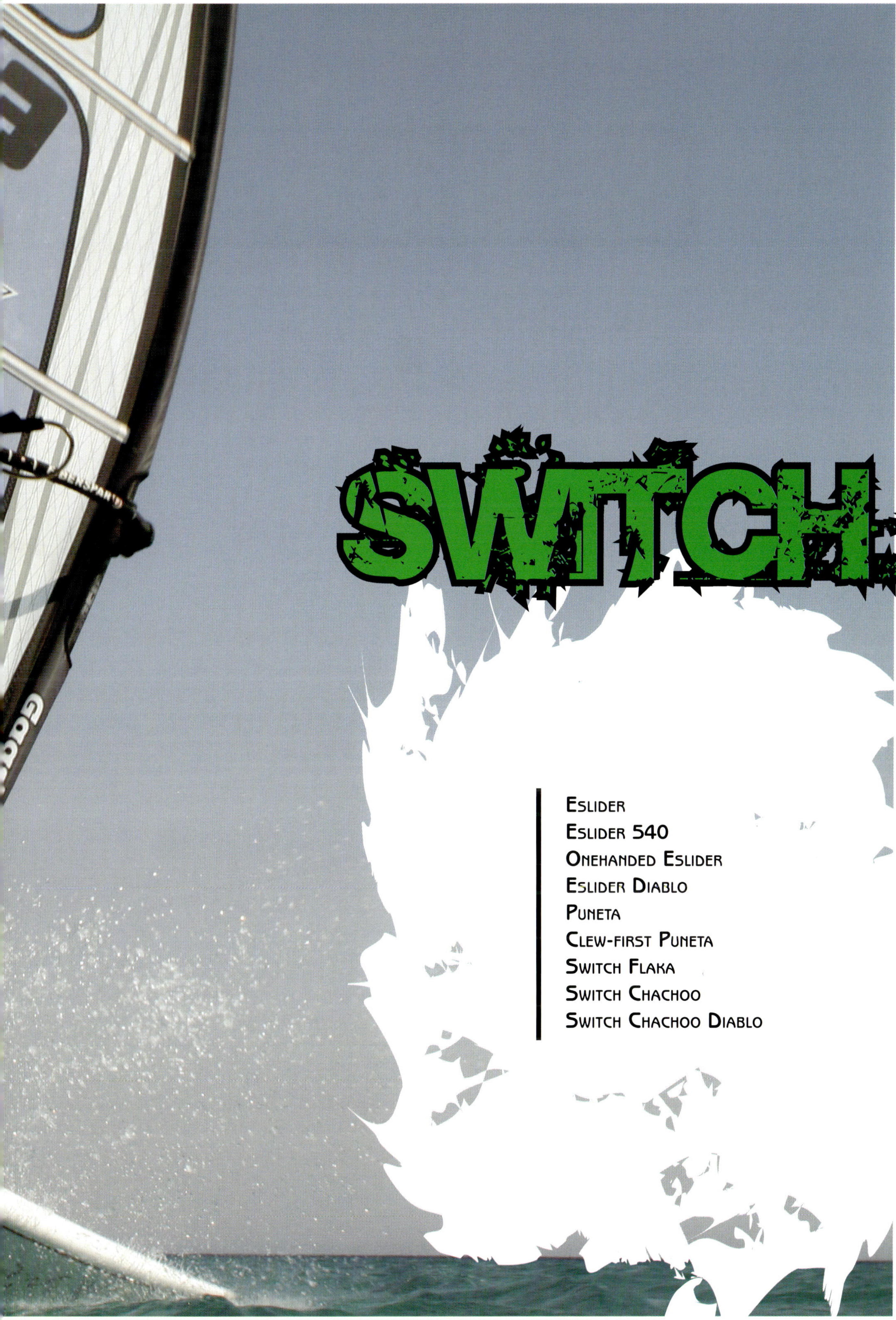

SWITCH

- Eslider
- Eslider 540
- Onehanded Eslider
- Eslider Diablo
- Puneta
- Clew-first Puneta
- Switch Flaka
- Switch Chachoo
- Switch Chachoo Diablo

Eslider

INTRO: Verkehrt in den Schlaufen stehen, gleiten und dann auch noch abspringen? Der verkehrte Grubby verlangt als eines der ersten switch-stance Manöver ganz schöne Verrenkungen. Der normale Grubby und eventuell der Lollypop beschleunigen das Gelingen.

Als erstes wechselst du auf switch (siehe S. 42) und nimmst wieder Geschwindigkeit auf. Wie beim Grubby ist es besser, sich bei Überpower zurückzuhalten, denn auch die nötige Überwindungskraft um nach vorne zu springen, steigt, je mehr Speed und Druck sich im Segel befindet.

Peile eine kleine Windwelle in Lee an, die dir auf Raumwindkurs für den Absprung dient. Falle ab, nimm das Segel ein wenig dichter und heble währenddessen das Brett aus dem Wasser (Bild 1-3). Winkle das hintere Bein an um die Nose einspitzeln zu lassen und damit, wie üblich, einen fixierten Drehpunkt zu erzeugen (Bild 4-6). WICHTIG: Beim Absprung den Segelarm beugen und den Mastarm strecken, damit das Rigg näher beim Körper bleibt (Bild 3-4).

Die ersten 180 Grad sind beim Eslider bald geschafft. Anfangs wirst du vielleicht nicht weiterdrehen, das Segel shiften und so einen halben Eslider stehen. Zur Vervollständigung muss nach der Halbkreisdrehung die Streckung bzw. Beugung der Gliedmaßen genau umgekehrt werden. Zur Landung also den hinteren Fuß durchstrecken und den vorderen anwinkeln um das Board rückwärts im Gleiten zu halten und das Körpergewicht über der Brettmitte zu positionieren (Bild 8-9). Gleichzeitig schiebst du das Segel mit dem Schothorn genau in den Wind. Das heißt: Segelarm strecken und durch Beugen des Mastarmes mit dem Körper nahe beim Masten bleiben (Bild 9). Lass hier das Schothorn durch den Wind drehen und nütze den aufkommenden Gegendruck zum Stabilisieren und Weiterdrehen. Das Timing spielt in dieser sehr instabilen Position ein wichtige Rolle. Du solltest auf alle Fälle den Druck im Segel, mit dessen Hilfe dann automatisch auch Druck auf den Mastfuß ausgeübt wird, standhalten (Bild 10). Warte, bis das Board mindestens weitere 90 Grad gedreht hat, bevor du dann mit der letzten Segelrotation beginnst (Bild 11-12).

Meist wird der Eslider auf tiefem Raumwindkurs beendet. Je später du die Segeldrehung einleitest, desto eher kann in einen Eslider 540 eingedreht werden (siehe nächste Seite).

Shortcuts:

- Switch-stance Position einnehmen (Bild 1)
- Kleinen Chop in Lee anpeilen
- Zum Absprung auf tiefen Raumwindkurs abfallen (weniger Segeldruck)
- Segel dicht halten (Bild 1-2)
- Abspringen, Boarddrehung einleiten, hinteres Bein anwinkeln um Nose ins Wasser zu bekommen (fixer Drehpunkt) (Bild 3-6)
- Schothorn nach Luv führen (Bild 6-7)
- Landung (Bild 8-9):
  a. Hinteres Bein strecken (Board gleitet weiter)
  b. Segelarm strecken (Rigg nach Luv schieben)
- Position beibehalten, Druck lastet für weitere Rotation auf Mastfuß (Bild 10)
- Nach leichter Brettdrehung Schothorn vorsichtig durch den Wind schieben. Gegendruck baut sich auf (Bild 10)
- Timing wichtig! Während das Board die letzten 90 Grad dreht - Segel shiften (Bild 11-12)
- Dichtholen, Kurs korrigieren (Bild 12-14)

Knackpunkte:

Problem: Beim Sliden fällt das Segel nach Luv.

Lösung: Mastarm anwinkeln, Segel nahe beim Körper halten und diesen wiederum aufrichten!

Problem: Nach der Landung drückt oder zieht dich das Segel nach hinten ins Wasser.

Lösung: Segelarm und hinteres Bein strecken, vorderes Bein anwinkeln (Körper steht über der Brettmitte). Mastarm beugen, Segel steil zum Wind halten!

Problem: Das Brett verkantet bei der Ausleitung.

Lösung: Halte während des Slidens den Körper stärker nach Luv geneigt und das Körpergewicht auf den Fußballen!

Vorübungen: Eslider (S. 162). Für den Eslider Diablo: Reverse Duck Jibe (S. 68)

Onehanded Eslider

Problem: Das Rigg fällt nach 180 Grad nach Lee ins Wasser.

Lösung: Vor dem Absprung mit der Segelhand näher zu den Trapeztampen rutschen. Schon während der Landung das Segel einhändig, aktiv nach Luv führen.

Eslider 540

Wird mit dem Segelshiften beim normalen Eslider zu lange gewartet, passiert der 540 als Steigerung oft auch zufällig.

Erst peilst du switch-stance einen kleinen Chop an, fällst dann ab (Bild 1-2), springst hoch und nimmst das Segel bei der 180 Grad Brettdrehung mit (Bild 3-6). Nach der Landung schiebst du es nach Luv, wobei der Segelarm lang und der Mastarm kurz gehalten wird. Der Körper ist stark nach vorne gelehnt (Bild 7-8).

In dieser Position gegendrücken und die weitere Brettrotation abwarten. Behalte die eingenommene Körperhaltung einfach länger als normal bei. Rotiere so mit angewinkeltem Mastarm um die eigene Achse (Bild 9-10). Dreht das Board über Vorwindkurs, gibt es zwei Möglichkeiten zur Ausleitung: Entweder die Drehbewegung nützen um wie bei einer Halse zu shiften (wie André in der Sequenz, Bild 11-14), oder zuerst die clew-first Position stabilisieren und erst anschließend das Segel herumdrehen.

Steige auf switch-stance um und falle zum Absprung hin auf Raumwindkurs ab. Rutsche mit der Segelhand etwas näher zu den Trapeztampen und springe wie beim normalen Eslider ab (Bild 2). Einmal in der Luft, verlässt die Masthand den Gabelbaum, während die Segelhand das Rigg nach hinten schiebt (Bild 3).
Drehe das Board (um den bereits bekannten Drehpunkt Nose) um 180 Grad und führe das Segel wie üblich, hier jedoch nur mit einer Hand, in den Wind (Bild 4-6). Mit starker Körpervorlage und schon leicht gestrecktem Segelarm muss das Rigg nach der Landung noch stärker nach Luv gepusht werden (Bild 7-8).
Greife anschließend wieder an die Gabel und halte es mit gebeugtem Mastarm und gestrecktem Segelarm um Druck auf den Mastfuß auszuüben und weiterzudrehen (Bild 8-9). Indem du das Segel dichtholst und hinten hältst, stoppst du die Drehung. Abschließend folgt eine normale Eslider-Ausleitung (Bild 10-11).

Shortcuts:

» Auf switch-stance umsteigen
» Abfallen, Segelhand näher an den Trapeztampen platzieren (Bild 1)
» Absprung (Nose ins Wasser - Drehpunkt) (Bild 2-4)
» Board herumdrehen, dabei Masthand loslassen - onehanded (Bild 3-4)
» Segel einhändig mit dem Schothorn in den Wind führen, Segelarm langsam durchstrecken (Bild 4-6)
» Board hat 180 Grad gedreht. Starke Körpervorlage einnehmen, Segel nahe beim Körper halten (Bild 7-8)
» Board dreht weiter. Wieder an die Gabel greifen (Bild 8-9)
» Rigg herumdrehen und dichtholen (Bild 10-11)

Hängst du an den Eslider eine Reverse Duck Jibe an, hast du die Diablo-Version geschafft. Bevor es jedoch soweit ist, springst du einen normalen Eslider und hältst das Segel wie beim 540 länger gegen. Während der Wind es anschließend aufrichtet, wird das Schothorn ähnlich der Reverse Duck Jibe nahe am Körper vorbeigezogen und schnell auf die andere Seite gelangt. Führe den Griffwechsel bis in die normale Position durch und halte die Gabel mit angewinkelten Armen gut fest um dem schnell aufkommenden Segeldruck am Ende standhalten zu können.

Eslider
Diablo

PUNETA

INTRO: Was sich Kauli Seadi bei der Namensgebung des Puneta gedacht hat, möchten wir hier nicht näher erläutern ... jedoch kreierte er damit eines der ersten switch Manöver, den Switch-stance Spock.

KNACKPUNKTE:

Ø Problem: Bei der Landung verkantet das Board, das Segel kann nicht mehr nach Luv geschoben werden - du fällst nach hinten.

✓ Lösung: Kopfsteuerung einsetzen! Aktiver und etwas höher, nach vorne, in Fahrtrichtung abspringen! Brett durch Beinarbeit aktiver drehen. Segel energisch gegen die Fahrtrichtung bzw. nach Luv schieben!

Ø Problem: Beim Sliden verkantet das Board oder das Segel drückt dich nach hinten ins Wasser.

✓ Lösung: Segelarm beugen, Mastarm strecken und gegenhalten. Zusammen mit starker Körpervorlage wird so das Verkanten und der Abgang verhindert!

SHORTCUTS:

» Einleitung auf Raumwindkurs mit viel Speed (Bild 1)
» Absprung durch Tief-Hoch-Bewegung (Bild 2)
» Der Segelarm pusht und unterstützt so die Rotation (Bild 2)
» Hinteren Fuß anziehen. Nose = Drehpunkt (Bild 3-5)
» Segel mittels Boom-to-Boom oder Mastgrifftechnik shiften (Bild 4-6)
» Landung mit Körpervorlage - hinteren Fuß strecken, vorderen beugen (Bild 6-8)
» Rigg am Körper vorbeiziehen und nach Luv schieben (Bild 6-8)
» Segelarm anwinkeln, Mastarm strecken - Druck auf Mastfuß (Bild 8)
» Position beibehalten, gegendrücken - Board dreht weiter (Bild 9)
» Wenn Brett über Vorwindkurs dreht, Schothorn durch den Wind führen (Bild 9-10)
» Rotation durch Segelsteuerung abfangen (Bild 11-12)

GRIFFTECHNIK: Normen wendet oben die etwas schnellere Boom-to-Boom Technik an.
Simon greift unten über den Masten auf die andere Seite.

Je mehr Power und Speed du hast, desto besser wirst du den Puneta nach der Landung weitersliden können. Auf Raumwindkurs befördert dich eine Tief-Hoch-Bewegung aus dem Wasser, wobei das hintere Bein in der Luft sofort angezogen wird, damit die Nose ins Wasser eintaucht und den altbekannten Drehpunkt bildet (Bild 1-4). Hältst du das Rigg mit der Segelhand bis zum Absprung auf Zug und pushst knapp vor dem Abheben kurz dagegen, verschafft dir das einen zusätzlichen Lift und unterstützt deine Rotation (Bild 2-3).

Sobald das Board etwas über 90 Grad gedreht hat, lässt du die Segelhand los um - vorzugsweise - Boom-to-Boom auf die andere Seite zu greifen (siehe Grifftechnik Boom-to-Boom S. 59). Positionierst du die Hand zuerst am Masten unterhalb des Gabelbaumes, kannst du das Segel zwar anfangs möglicherweise leichter nach Luv ziehen, das Shiften selbst geht aber langsamer vonstatten.

Einmal gelandet, wird der hintere Fuß gestreckt und der vordere etwas gebeugt. So bleibt der Körperschwerpunkt über der Brettmitte, was das Rückwärtsgleiten und Weiterdrehen wesentlich verbessert und ein Absinken des Hecks verhindert (Bild 8).

Wie immer lenkt auch hier der Kopf mit! Blickst du gleich nach dem Absprung in die gewünschte Drehrichtung, vermindert sich nicht nur die Gefahr des Verkantens, auch die notwendige Überwindungskraft mit dem Körper „nach vorne" zu springen, wird geringer.

Sicher kommst du anfangs oft „nur" bis zum Switch-stance Vulcan. Um auch die zweite 180 Grad Drehung zu schaffen, ziehst du das Segel sofort nach der Landung nahe am Körper vorbei und schiebst es nach Luv (Bild 7-8). Dabei den Segelarm beugen und den Mastarm strecken. Verharrst du in dieser Position und hältst dem Druck stand, folgt durch den switch-stance Absprung eine relativ einfache Ausleitung in normaler Schlaufenstellung (genau gleich wie beim Upwind 360 in den Schlaufen) (Bild 8-11). Abschließend noch das Segel öffnen um die Drehung abzufangen (Bild 12) und schon ist der Puneta geschafft!

Vorübungen: Switch-stance fahren (S. 42), Upwind 360 (S. 108), Clew-first Spock (S. 128)

CLEW-FIRST PUNETA

INTRO: Der Puneta reichte den Freestyle-Cracks noch nicht und so probierte man einfach noch die clew-first Variante. Der erste Eindruck eines höheren Schwierigkeitsgrades täuscht. Durch das Wegfallen des Shiftens könnte der Schothorn-voraus Puneta sogar früher gelingen, als sein Verwandter.

SHORTCUTS:

» In switch-stance clew-first Haltung auf tiefem Raumwindkurs guten Speed aufnehmen (Bild 1-2)

» Absprung nach Lee mittels Tief-Hoch-Bewegung (Bild 3)

» Dabei Segel in die Drehung führen. Körperneigung konstant halten - näher zum Rigg kommen (Bild 4)

» Hinteren Fuß anwinkeln, Brettspitze als Drehpunkt ins Wasser bringen (Bild 5)

» Bei der Landung hinteren Fuß durchstrecken, vorderen beugen (Bild 6)

» Rigg energisch nach Luv schieben, Mastarm strecken, Segelarm gebeugt halten (Bild 7-8)

» Kopfsteuerung beachten (Bild 8-9)

» Stabilisieren und durch „Abfallen mittels Segelsteuerung“ die Rotation abfangen (Ausleitung = Upwind 360 oder Puneta) (Bild 9-13)

Knackpunkte:

Zu viel Vorlage. Beide Arme gestreckt!

Ø Problem: Zu viel Körpervorlage beim Rückwärtssliden. Folge: Segel fällt nach Luv ins Wasser.

✓ Lösung: Körper aufrechter und Segel näher beim Körper halten (Segelarm beugen!).

Ø Problem: Nach den ersten 180 Grad folgt ein Abgang nach hinten.

✓ Lösung: Körperschwerpunkt über der Brettmitte halten, hinteres Bein strecken, vorderes anwinkeln! Segel energischer nach Luv schieben und dem Gegendruck nicht nachgeben. Segelarm gebeugt halten um Druck auf den Mastfuß auszuüben (unterstützt die Brettdrehung).

Ø Problem: Zuviel Rückenlage. Folge: Nach dem Absprung fällst du nach hinten.

✓ Lösung: Körper über das Board bringen und mit dem Material mitspringen! Hinteres Bein nach der Landung durchstrecken!

Sprungtechnik

Beachte hier die konstante Körperneigung! Bei der Landung das hintere Bein strecken, das vordere anwinkeln.

Für den Switch-stance clew-first Spock brauchst du in erster Linie viel Power um beim Umsteigen auf switch und Umgreifen auf Schothorn-voraus im Gleiten zu bleiben. Klarerweise ist die Voraussetzung für diesen Move das Beherrschen des switch-stance clew-first Gleitens. Anfangs sicher eine schwierige Stellung um richtig Speed aufzunehmen. Hast du aber den Dreh raus, ist der Move vom Prinzip her einfacher als der normale Puneta.

Mit ordentlicher Geschwindigkeit fährst du - in switch-stance clew-first Stellung - auf tiefem Raumwindkurs und suchst dabei einen kleinen Wellenrücken (Bild 1). Zum Absprung etwas in die Knie gehen und das Segel schon leicht in die Drehung führen (öffnen). Richte deinen Körper auf (über der Brettmitte) und komme so näher zur Gabel (Arme gebeugt) (Bild 2-3). Durch eine Tief-Hoch-Bewegung abdrücken und - sobald du in der Luft bist - die Brettnase durch Anziehen des hinteren Fußes als Drehpunkt ins Wasser tauchen (Bild 4-5). Bleibe mit dem Körperschwerpunkt immer über dem Mastfuß. Da das Shiften entfällt, kann das Segel zum Stabilisieren benutzt werden. Sichere dein Rückwärtsgleiten und -sliden, indem du bei der Landung dein hinteres Bein durchstreckst und das vordere beugst (Bild 6)!

Dazu das Segel zügig nach Luv schieben um die weitere Drehung einzuleiten (Bild 6). Durch Anwinkeln des Segelarmes und dezenten Gegendruck gibst du Druck auf den Mastfuß, was wiederum die Brettdrehung unterstützt. (Bild 7).

Der Rest gleicht der Puneta-Ausleitung oder auch einem Upwind 360 (Bild 8-13).

Switch Flaka

INTRO: Neben Grubby und Spock kann natürlich auch der Flaka switch-stance gesprungen werden. Wegen seines hohen Schwierigkeitsgrades ist er recht selten gesehen, aber mit den richtigen Tipps und Tricks und gutem Beherrschen der normalen Ausführung gelingt er vielleicht schneller als gedacht.

Mit ordentlich Druck im Segel steigst du auf switch-stance um und nimmst nochmal guten Speed auf. Die folgende Einleitung verläuft dann wie beim normalen Flaka, nur eben switch. Das bedeutet zuerst einen kleinen Chop in Lee suchen und darauf hin, auf tiefen Raumwindkurs abfallen (Bild 1). Dabei überziehst du das Segel (stark dichtholen) und schiebst es beim Abheben nach vorne und oben (Bild 2-4). Das unterstützt den Absprung, auf den du dich besonders konzentrieren solltest, da es deutlich schwieriger und ungewohnter ist, switch-stance in den Flaka hinein zu springen. Setze aktiv die bekannte Tief-Hoch-Bewegung ein und winkle in der Luft sofort dein hinteres Bein an (Brettspitze wird zum Drehpunkt) (Bild 5-6).

KNACKPUNKTE:

Problem: Nach den ersten 180 Grad wird das Segel durch den Wind gedrückt.

Lösung: Segelarm ANGEWINKELT lassen, Mastarm strecken, Körpervorlage beibehalten.

Problem: Zu viel Rückenlage. Folge: Das Brett verkantet - du wirst während der zweiten 180 Grad nach hinten abgeworfen.

Lösung: Mehr Körpervorlage, Segelarm gebeugt halten!

Shortcuts:

» Auf switch-stance umsteigen, kleinen Chop in Lee suchen (Bild 1)
» Darauf hin abfallen, Segel überziehen (stark dichtholen) (Bild 2)
» Absprung (Bild 3-5):
  a. Tief-Hoch-Bewegung
  b. Segel nach vorne und oben schieben
» In der Luft hinteres Bein anwinkeln. Nose = Drehpunkt (Bild 6)
» Bei der Landung hinteres Bein nach hinten durchstrecken, vorderes anwinkeln (Körpervorlage) (Bild 7-8)
» Segelarm gebeugt halten, Mastarm strecken - Druck auf Mastfuß (Bild 7-8)
» Board dreht weiter - auf neuem Halbwind- bis Raumwindkurs langsam Segel öffnen (Bild 9-10)
» Körper nach hinten lehnen um aufkommenden Druck abzufangen (Bild 10)
» Schothorn durch den Wind schieben. Mittels Fuß- und Segelsteuerung anluven (Bild 11)
» Zur Unterstützung der Brettdrehung hinteren Fuß belasten (Bild 11)
» Board vollendet Drehung. Segel nach vorne schieben um Rotation zu stoppen (Bild 12)
» Stabilisieren, Fußstellung wechseln

Anschließend legst du das Segel wie gewohnt auf den Wind. Durch die switch-stance Position ist die Versuchung groß, hier gleich mit dem Segelarm zu pushen um weiterzudrehen. Diese Reaktion ruft aber meist einen Abgang nach hinten hervor, weil die Brettdrehung dadurch abgewürgt wird. Strecke stattdessen den Mastarm und halte den Segelarm gebeugt (in Back abfallen!) (Bild 7).
Damit das Heck nach der Landung nicht absinkt, sondern ein Weitergleiten garantiert ist, wird beim Aufsetzen sofort das hintere Bein gestreckt und das vordere angewinkelt (Bild 8).
Während das Brett nun slidet, behältst du die bereits eingenommene Segelposition bei. Öffne das Rigg erst wieder, wenn das Board neuen Raumwind- bis sogar Halbwindkurs erreicht hat (Bild 9-10). Schlägt das Schothorn durch den Wind, so ist der dabei entstehende Segeldruck relativ hoch, was ein Abfangen der Rotation, noch dazu switch-stance, schwierig macht. Lehne dich beim Öffnen schon wieder leicht nach hinten (Bild 10) um mittels Fußsteuerung (die Belastung liegt auf dem hinteren Fuß) anschließend das Brett bewusst in die gewünschte Drehrichtung zu drücken (Bild 11).
Bei hinten gehaltenem Segel vollendet das Board die Drehung. Hol das Rigg wieder nach vorne, stoppe so die Rotation und stabilisiere dich (Bild 12). Mit dem abschließenden Wechsel der Fußstellung hast du den Switch Flaka erfolgreich gemeistert.

SWITCH CHACHOO

INTRO: Mit einem hohen Schwierigkeitsgrad ordnet sich der Switch Chachoo weit oben in den meisten Manöver-Wunschlisten ein. Erfinder des Moves ist natürlich die El Yaque Crew rund um Ricardo.

Auf switch-stance umsteigen und in Lee einen kleinen Chop mit flachem Landepunkt dahinter suchen sind die ersten Schritte zum Erfolg. Wie bei der Duck Jibe ist es günstiger, zum Segelshiften etwas weiter zurück zu greifen, sonst könnte dich der Druck vom Board fegen.

Für den anschließenden Absprung sind 3 Dinge zu beachten:

- Einleitung: Auf tiefem Raumwindkurs aus der Kurve heraus abspringen (Bild 1-3).
- Das Segel beim Abheben am Körper vorbei nach vorne schieben (Bild 3-4). So bleibt es bis zur Landung näher bei dir.
- Mit der Masthand über Kreuz zum Schothorn greifen (Bild 4).

Wie bei den meisten Sprungmanövern muss die Drehung auch diesmal um die Brettspitze erfolgen. Dazu winkelst du das hintere Bein an und ziehst gleichzeitig energisch das Schothorn an dir vorbei nach Lee (Bild 6-7).

Nun gibt es zwei Möglichkeiten: Du kannst so stark am Schothorn ziehen, dass das Segel gleich bei der Landung gegen den Wind zeigt. Dabei muss aber auch mit dem Board sehr weit gesprungen werden, was das Risiko des Verkantens erhöht.

Bei der zweiten Variante (siehe große Bildsequenz) hat das Segel nach der Landung noch keine 180 Grad gedreht. Du hängst rückwärts gleitend, praktisch Schothorn-voraus am Segel und kannst so die weitere Drehung besser einleiten (Bild 8-10).

Trotz der neuen Heckkonstruktionen, die das Eintauchen bei falscher Belastung verhindern sollen, ist eine Verlagerung des Körpergewichtes nach vorne, über den Mastfuß (vorderen Fuß beugen), unbedingt notwendig (Bild 9-11)!

Während das Board in die zweiten 180 Grad slidet, wird das Rigg halbkreisförmig von hinten nach vorne geschoben und so auf den Wind gelegt (Bild 9-12). Lass einen gewissen Gegendruck aufkommen und belaste so bald wie möglich den Mastfuß (Segelarm beugen, Mastarm strecken) um die weitere Brettrotation zu unterstützen (Bild 12).

Die Ausleitung des Switch Chachoo gleicht dann exakt jener des Puneta und Clew-first Puneta. Das bedeutet: Sobald du merkst, dass das Schothorn durch den Wind geführt werden muss, verlagerst du dein Körpergewicht etwas mehr auf den hinteren Fuß, belastest so das Heck stärker und drehst damit leichter weiter (Bild 14-15).

Lass das Rigg nun durch einen angewinkelten Segelarm immer näher zu dir kommen (Bild 13). Hat das Brett den Vorwindkurs durchslidet, öffnest du das Segel um wieder Druck hineinzubekommen (Bild 14-15) und stabilisierst zum Abschluß deine Position.

Sollte das nicht schwierig genug gewesen sein, kann mit dem Switch Chachoo Diablo noch eins drauf gesetzt werden (siehe Bildsequenz rechts).

Problem: Bei der Landung sinkt das Heck ab.

Lösung: Den Körper bewusst mehr nach vorne lehnen (beim Aufsetzen vorderes Bein anwinkeln, hinteres strecken!).

Problem: Während des Slidens fällst du auf den Rücken.

Lösung: Segel aktiver nach Luv schieben. Versuche den Körperschwerpunkt über dem Mastfuß zu halten!

DIABLO

Beim Switch Chachoo Diablo wird aus der Puneta-Ausleitung „einfach" eine Diablo. Schwierigkeit dabei: Die instabile switch-stance Stellung könnte einen erfolgreichen Abschluss noch gefährden ...

Shortcuts:

- Auf switch umsteigen und einen kleinen Wellenrücken mit flacher Landestelle suchen (Bild 1)
- Mit der Segelhand nach hinten rutschen (Bild 1)
- Absprung auf tiefem Raumwindkurs. Dabei Segel nach vorne schieben, mit der Masthand über Kreuz zum Schothorn greifen und energisch daran ziehen (Bild 2-5)
- Mittels Fußsteuerung Nose ins Wasser bringen (Bild 6)
- Bei und nach der Landung hinteres Bein strecken, vorderes beugen (Bild 7-9)
- 1. Möglichkeit: Sofort nach dem Aufsetzen Segel gegendrücken - Puneta Ausleitung
- 2. Möglichkeit: Weniger heftig am Rigg ziehen, es aber bei der Landung Schothorn-voraus (rückwärts im Gleiten) auf Zug halten. Segel halbkreisförmig nach Luv schieben (Bild 9-11)
- Segelarm beugen, Mastarm strecken - Druck auf Mastfuß. Schothorn dreht durch den Wind. Rotation abfangen, stabilisieren (Bild 12-17)

EXTREME

- Ponch
- Ponch into Flaka
- Shove-it into Spock
- Bob
- Funnell
- Caña Brava
- Tucan
- Gozzada
- Spock 900
- Chachoo
- Voquech
- Clock
- Funnell Clock

INTRO: Namensgeber Kevin Ponichtera erfand mit dem Ponch ein extremes und für die meisten Windsurfer zu der Zeit unerreichbares Manöver. In der Bewegung dem Wave-Goiter sehr ähnlich, wird der Ponch auch mit einer relativ kleinen Windwelle und viel Power im Flachwasser gesprungen.

Ponch

Fahre mit höchst möglicher Geschwindigkeit (Raumwindkurs) und suche einen möglichst steilen Wellenrücken in Lee. Falle darauf hin auf fast Vorwindkurs ab, überziehe das Segel und springe dann wie beim Flaka ab (Bild 1-4). Dabei schiebst du das Segel aber nicht nach vorne, sondern energisch nach Luv und unten (Bild 5). Lege viel Wert auf die Einleitung, denn einmal in der Luft, kannst du nicht mehr sehr viel an der Drehbewegung ändern. Da ein Lift, wie etwa beim Loop, entfällt (außer bei sehr viel Wind), musst du die notwendige Höhe durch einen „explosiven" Absprung selbst erzeugen. Je energischer und radikaler du das Segel bei der Einleitung nach unten wirfst, desto schneller wird deine Rotation.

Der Körper dreht sich automatisch mit dem Rigg mit und du ziehst das Board nach. Um Stauchungen zu vermeiden und die Drehung noch zu beschleunigen, bleiben die Knie bis nach der Landung angewinkelt (Bild 5-10). Streift das Segel während der Rotation die Wasseroberfläche, ist das nicht weiter tragisch (Bild 6-9). Sobald das Board auf der Wasseroberfläche aufschlägt, stemmst du deinen Körper Richtung Brettmitte und in Fahrtrichtung. Ziehe dabei stark am Gabelbaum - vorzugsweise mit der Masthand - um das Segel so wieder aufzurichten (Bild 9-10). Durch die Rotationsgeschwindigkeit sollte das Board praktisch automatisch die restliche Drehung absolvieren. Da das Segel bei der Ausleitung starken Druck entwickelt, ist es gar nicht so schwierig, den Ponch durchzugleiten!

Problem: Das Segel bleibt nach der Landung im Wasser.

Lösung: Bei der Einleitung mehr Speed aufnehmen und bei der Landung stärker gegenstemmen! Das Segel aktiv aufrichten!

Problem: Durch das Einspitzeln der Nose stoppt die Boardrotation ungefähr bei der halben Drehung. Folge: Abgang nach unten.

Lösung: Vor dem Absprung tiefer abfallen und anschließend explosiver abspringen. Das Segel wie bei einer Flaka-Einleitung überziehen!

SHORTCUTS:

- Viel Geschwindigkeit aufnehmen und einen Wellenrücken in Lee suchen (Bild 1)
- Auf Raumwindkurs abfallen, Speed halten (Bild 2-3)
- Segel überziehen und erst auf fast Vorwindkurs abspringen (Bild 3-4)
- Rigg energisch nach hinten und unten „schießen" (Bild 4-5)
- Board dreht sich automatisch mit. Knie und Arme gebeugt halten (Bild 6-8)
- Nach der Landung Körper in Fahrtrichtung stemmen (Bild 9-10)
- Durch die verbleibende Körperrotation und den Druck das Segel aufrichten und die Drehung beenden (Bild 11-12)

Ponch into Flaka

Für Ricardo Campello war der Ponch into Flaka „The Future". Ob er generell in solchen verrückten Kombinationen die Zukunft sah oder diesen speziellen Move als „The Future" betitelte, ist uns nicht bekannt.

Auf alle Fälle brauchst du dafür enorm viel Speed und Power. Kann der Ponch sehr schnell gedreht werden, kommst du aus dieser Rotation mit viel Geschwindigkeit heraus, sodass das Board beim Hochziehen des Segels sehr leicht weiterrutscht. Nütze diesen Umstand um das Brett in einen Spinout zu drücken und schiebe das Rigg nach vorne in die Drehung des Flaka. Bist du schnell genug, kannst du es Ponch into Flaka nennen.

Shove-it into Spock

Intro: Selbst in Bonaire, bei totalem Flachwasser, gehört der Shove-it Spock zum Repertoire der Profis. Anfangs wirst du aber noch einen steilen Chop zum Abheben brauchen. Das Beherrschen der beiden einzelnen Bestandteile erleichtert den Lernvorgang.

Fahre mit vollem Speed auf Halbwindkurs und suche weiter vor dir (nicht in Luv) eine steile, kurze Welle für den Absprung (Bild 1-2). Es ist besser, noch ein wenig weiter abzufallen um die Rampe zu erreichen, als auf Amwindkurs anzuluven. An der Welle angekommen, springst du wie beim Shove-it ab. Das bedeutet: Einen extremen Haken nach Luv schlagen (Bild 3), dabei mit dem Körper über das Board kommen und durch energisches Strecken der Beine abheben (Bild 4). Während der Segelarm das Rigg dichtnimmt, bewegt der gestreckte Mastarm das Top nach vorne und in Richtung Wasseroberfläche (Bild 5).

Indem du anschließend mit der Segelhand pushst, führst du die für diesen Move übliche Schaufelbewegung aus, welche das Rigg wieder aufrichtet (Bild 6). Gleichzeitig tretest du das Board, wie wenn du den Shove-it tweaken* würdest, nach hinten und oben und drehst es schließlich für eine Spock-Landung herum (Bild 6-7). Die Nose berührt möglicherweise das Wasser und unterstützt so die Drehbewegung zusätzlich.

Wichtig dabei: Bei der Landung den hinteren Fuß zum rückwärts Weiterrutschen durchstrecken (Bild 8-9)!

Mittlerweile hast du nach dem Pushen die Segelhand losgelassen und greifst nun an den Masten oder gleich Boom-to-Boom auf die andere Seite (Bild 7-8). Um zu verhindern, dass das Schothorn an der Wasseroberfläche streift und dich dadurch nach hinten abwirft, ziehst du das Segel hier energisch nach Luv (Bild 8-9). Der erste Teil wäre somit abgehakt. Lass die alte Gabelbaumseite komplett los, greife mit der frei gewordenen Hand and den Boom und schiebe das Segel noch weiter gegen den Wind um das Board weiterrotieren zu lassen (Bild 10-11). Sobald das Brett Halbwindkurs erreicht, gilt es zu entscheiden, ob du das Schothorn durch den Wind schiebst, das Segel shiftest und somit das Manöver mit einem normalen Spock beendest (Bild 12-16) oder den Segelarm gebeugt hältst und einen Spock 540 ausleitest.

* „tweaken" siehe Table Top, Seite 195

! TIPP: Segel pushen

Wie bei einem radikalen Shove-it drückst du auch hier das Rigg mit der Segelhand von dir weg. Indem du sie anschließend loslässt, drehst du dich samt dem Brett herum!

Ø Problem: Das Schothorn streift im Wasser. Folge: Du kannst das Rigg nach der Landung nicht mehr aufrichten.

✓ Lösung: Den Mastarm bereits in der Luft gebeugt halten. Sobald du dann den Segelarm loslässt, (gleich nach dem Pushen), ziehst du das Segel in die Aufrechte, mit dem Ziel, es nach der Landung nach Luv zu schieben!

Shortcuts:

» Auf Halbwindkurs maximale Geschwindigkeit aufnehmen, steilen Chop VOR dir suchen (Bild 1)

» Absprung (Bild 2-4):
  a. Auf steilste Stelle hin extremen Haken nach Luv schlagen
  b. Körper übers Brett bringen. Füße energisch strecken (Tief-Hoch-Bewegung)
  c. Rigg mit Segelarm dichtnehmen, Mastarm strecken - Segel runter legen

» In der Luft extreme „Schaufelbewegung" (Bild 5-6):
  a. Segelarm pusht Rigg energisch weg. Mastarm beugen
  b. Hinteres Bein dreht Board nach oben und wie beim Spock herum

» Zur Landung Segelarm loslassen - zum Mast oder Boom-to-Boom greifen (Bild 7-8)

» Segel durch Zug sofort aufrichten (Bild 8-9)

» Hinteres Bein energisch strecken um weiterzurutschen (Bild 9)

» Alte Gabelbaumseite verlassen. Auf neuer Seite Rigg nach Luv schieben (Bild 10-11)

» An der Gabel normale Position einnehmen. Auf Halbwindkurs:
  a. Shiften und Spock ausleiten (Bild 12-16)
  b. Segelarm gebeugt halten und Spock 540 ausleiten

Vorübungen: Reverse Duck Jibe (S. 68). Für den Bob: Clew-first Spock (S. 128). Für den Funnell: Clew-first Puneta (S. 168)

INTRO: Auch der Move mit dem ungewöhnlichen Namen „Bob" wurde in der „Manöverschmiede" El Yaque erfunden. Im Unterschied zum Funnell unten, wird der Bob in normaler Fußstellung eingeleitet, der Funnell switch-stance.

BOB

Guter Druck, eine flache Stelle am Wasser sowie konstanter Wind bilden die idealen Voraussetzungen für die Einleitung eines Bobs. Falle auf tiefen Raumwindkurs ab und konzentriere dich darauf, das Board auf Kurs und flach auf dem Wasser zu halten. Richte deinen Körper auf und verlagere so den Schwerpunkt weiter nach vorne (Bild 1). Nun wird das Segel so weit geöffnet, bis kein Druck mehr spürbar ist (Bild 2). Anschließend schiebst du das Rigg neutral nach Luv. Die Masthand sollte jetzt bereits losgelassen haben und schon auf dem Weg über Kreuz zum Schothorn sein (Bild 3), welches du damit an dir vorbei, nach hinten (zum Heck) ziehst (Halte es aber nahe am Körper) (Bild 4).
Schwebt das Segel nun in Luv, greifst du mit einer (wie Normen oben) oder beiden Händen wieder an die Gabel und gehst gleichzeitig als Vorbereitung für den Absprung in die Knie (Bild 5). Schiebe das Rigg durch den Wind und drücke dich dabei allein durch Fußarbeit ab (Bild 6). Einmal abgehoben, muss wie üblich der hintere Fuß angezogen und die Brettspitze als Drehpunkt ins Wasser gebracht werden (Bild 7-9). Gleichzeitig mit dieser Aktion führst du das Segel nach vorne, mit deiner Rotation mit. Dem aufkommenden Gegendruck wirkst du entgegen und übst so Druck auf den Mastfuß aus, was das rückwärts Gleiten sowie die weitere Rotation unterstützt (Bild 9-10).
Nachdem du bei der Landung den hinteren Fuß energisch durchgestreckt hast (Bild 9-10), folgt abschließend die Ausleitung eines normalen Clew-first Spock 540s (Bild 10-13).

FUNNELL

INTRO: Ricardo Campello benannte dieses Manöver nach seinem 2004 tödlich verunglückten Freund und Windsurfkollegen Andy Funnell.

Steige auf switch-stance um und nimm nochmal ordentlich Geschwindigkeit auf (Bild 1). Falle auf tiefen Raumwindkurs ab und schiebe das Segel nach Luv (Bild 2). Hier tendiert man meist dazu, sich nach Lee zu lehnen, was aber leicht zum Übergewicht führt oder eine Kurvenfahrt zur Folge hat, aus der du schwer abspringen kannst. Achte deshalb darauf, dass dein Körperschwerpunkt über der Brettmitte bleibt!
Liegt das Segel dann in Luv, greifst du wie bei einer Reverse Duck Jibe auf die andere Gabelbaumseite (Bild 3-4). Um den Absprung zu erleichtern und die folgende 180 Grad Drehung zu unterstützen, sollte sich das Segel relativ nahe beim Körper befinden (Arme beugen, Bild 4).

SHORTCUTS:

- Auf switch-stance umsteigen (Bild 1)
- Speed aufnehmen, auf tiefen Raumwindkurs abfallen (Bild 1)
- Segel öffnen, neutral nach Luv schieben und wie bei der Reverse Duck Jibe umgreifen (Bild 2-4)
- Körper über Brettmitte halten, Arme beugen (Bild 5-6)
- Absprung mittels einer Tief-Hoch-Bewegung (Bild 7)
- Dabei Segel öffnen (Schothorn durch den Wind) und mitdrehen (Bild 7-9)
- Hinteres Bein anwinkeln - Nose = Drehpunkt (Bild 8)
- Nach der Landung Segel energisch nach Luv schieben (Segelarm beugen, Mastarm strecken). Zum Weitergleiten hinteren Fuß strecken (Bild 10-12)
- Ausleitung: Entspricht dem Puneta oder Switch Chachoo (Bild 13-16)

SHORTCUTS:

- » Ordentlich Geschwindigkeit aufnehmen
- » Auf tiefen Raumwindkurs abfallen, flache Stelle fürs „Segelwerfen" suchen (Bild 1)
- » Körper über die Brettmitte bringen. Segel öffnen - Druck minimieren (Bild 2)
- » Rigg nach Luv schieben (Bild 3-5):
  - a. Masthand loslassen
  - b. Rigg mit Segelarm neutral nach Luv schieben
  - c. Freie Hand am Schothorn platzieren - Segel mit einem Ruck nach hinten ziehen
  - d. Auf der neuen Seite normale Griffposition einnehmen
- » Absprung: Tief-Hoch-Bewegung. Segel nach vorne schieben (Bild 6)
- » In die Drehrichtung blicken - Kopfsteuerung (Bild 5-6)
- » Hinteres Bein anziehen - Brettspitze = Drehpunkt (Bild 7)
- » Segel nach vorne und Luv schieben (Bild 8-9)
- » Landung - Rigg energisch gegen den Wind pushen (Bild 9)
- » Hinteres Bein strecken - unterstützt die Rückwärtsgleitfahrt (Bild 9-10)
- » Ausleitung wie Spock bzw. Spock 540 (Bild 10-13)

KNACKPUNKT BOB UND FUNNELL:

Problem: Schiebst du das Segel nach Luv, fällt es nach hinten oder kippt vornüber.

Lösung: Fällt es nach hinten, solltest du vorher weiter abfallen! Kippt es nach vorne, musst du es zuerst weiter öffnen um den Zug nach vorne rauszunehmen!

Kurz bevor du abhebst, schiebst du das Rigg, ähnlich dem Clew-first Puneta, in die Sprungrichtung und öffnest das Schothorn für den Wind (Bild 5-6). Eine Tief-Hoch-Bewegung und die dazugehörige Fahrgeschwindigkeit hieven dich samt Material, aber ohne Hilfe des Segels aus dem Wasser (Bild 7). Einmal in der Luft, wird der hintere Fuß angewinkelt um den Drehpunkt um die Brettspitze zu erzeugen (Bild 8-9). Drehe währenddessen das Rigg weiter und schieb es nach der Landung von hinten gleich nach Luv um die weitere Rotation einzuleiten (Bild 9-11). Ein angewinkeltes vorderes sowie ein gestrecktes hinteres Bein helfen dir beim Weitersliden und verhindern das Absinken des Hecks (Bild 10). Die restliche Drehung entspricht dann exakt dem zweiten Teil eines Puneta oder Switch Chachoos (Bild 12-16).

Vorübungen: Für den Caña Brava: Flaka Diablo (S. 152), Meev (S. 154). Für den Tucan: Willy Skipper (S. 138)

INTRO: Die ersten Bilder vom Worldcup in Bonaire 2005 mussten sich sogar die Profis einige Male ansehen um zu verstehen, dass der Caña Brava eigentlich ein einhändig, hinter dem Rücken geshifteter Flaka Diablo ist ...

Caña Brava

Im Prinzip ähnelt der Caña Brava einem Flaka Diablo oder Meev, bei dem du kurzzeitig mit dem Rücken zum Segel stehst und anschließend onehanded auf Schothorn-voraus shiftest. Das hervorragende Beherrschen des Flakas gilt hier natürlich als wichtige Voraussetzung. Als Abwandlung von eben diesem, gestaltet sich die Einleitung fast genau gleich, es muss lediglich bereits zu Beginn eine breitere Griffposition eingenommen werden (Bild 1-2). Anschließend abfallen, das Segel überziehen und eine Tief-Hoch-Bewegung zum Abheben ausführen, wobei das Rigg nach vorne geschoben wird (Bild 3-4).

In der Luft ziehst du das hintere Bein an und drehst dich so um die Nose (Bild 5). Bei der Landung folgt nun die Neuerung: Du rutschst mit der Segelhand noch weiter zum Schothorn, schiebst das Segel - weiter als normal - neutral nach Luv und lässt dabei die Masthand los (Bild 6). Dein Körper ist und bleibt dabei in die Fahrtrichtung gedreht.

Nachdem du beim Aufsetzen das hintere Bein gestreckt hast (um weiterzurutschen) tauchst du jetzt unter dem Schothorn hindurch auf die andere Seite (Bild 6-7). Führe das Rigg dabei mit der einen Hand am Schothorn hinter deinen Rücken und platziere die andere zügig auf der neuen Seite des Booms (Bild 7-8).

Währenddessen dreht sich das Board zurück auf den Absprungkurs und das Segel damit über Lee auf clew-first (Bild 8-10). Lass schlußendlich noch die alte Gabelbaumseite los und beende das Manöver Schothorn-voraus (Bild 10-13). Ob du jetzt shiftest oder locker noch einen clew-first Move dranhängst, bleibt dir überlassen ...

Shortcuts:

» An der Gabel eine breite Griffposition einnehmen (Bild 1)
» Weitere Einleitung wie Flaka: Abfallen, Segel überziehen, Absprung, Nose wird zum Drehpunkt (Bild 2-3)
» Segelhand rutscht noch weiter zum Schothorn, Segel neutral nach Luv schieben, Masthand loslassen (Bild 3-5)
» Unterm Schothorn durchtauchen, dabei das Rigg mit der Segelhand hinter den Kopf führen (Bild 6-7)
» Mit der freien Hand auf die neue Gabelseite greifen (Bild 8)
» Board rotiert weiter. Sobald es auf ursprünglichem Kurs ist, alte Seite komplett loslassen (Bild 9-12)
» Manöver in Schothorn-voraus Stellung ausleiten (Bild 13)

Intro: Man möchte meinen, ein Willy Skipper mit Brettdrehung in die andere Richtung sollte nicht so schwierig sein. Doch der Tucan hat es wirklich in sich!

Tucan

Zur Einleitung auf leichten Raumwindkurs abfallen und den Körper etwas aufrichten (Bild 1-2). Fahre mit gemäßigter Geschwindigkeit und verlagere dabei dein Gewicht leicht nach vorne (Bild 2). Mit beiden Füßen in den Schlaufen wird nun das Board wie beim Chop Hop aus dem Wasser gehoben (Bild 3-4). Am Wendepunkt in der Luft kickst du es dann mit dem hinteren Fuß von dir weg (nach Lee) und ganz leicht nach oben (Bild 5), wobei du aus den Schlaufen rutschst. So sticht die Brettspitze ins Wasser ein und bildet den altbekannten Drehpunkt (Bild 6). Achte darauf, dass das Board nicht zu steil aufkommt, sonst stoppt deine Fahrt abrupt.
Um nun mit den Beinen nicht einfach so in der Luft zu hängen, ziehst du sie erst an und positionierst anschließend wie beim Willy Skipper einen Fuß vor, den anderen hinter dem Mastfuß (Bild 6-8). Die Landung erfolgt mit leichter Rückenlage - damit kann das Brett leichter weiterrutschen. Platziere das Gewicht über dem Mastfuß, neutral auf beide Beine verteilt, und stabilisiere deine Rückwärtsfahrt (Bild 8-10). Zum Schluß einfach das Segel shiften oder ganz cool noch eine Rotation dranhängen.

Shortcuts:

» Mit normaler Geschwindigkeit auf Raumwindkurs abfallen (Bild 1)
» Gewicht nach vorne verlagern (Bild 2)
» Mit den Füßen in beiden Schlaufen abspringen (Bild 3-4)
» Am Wendepunkt das Heck mit hinterem Fuß nach Lee und oben kicken (Bild 5)
» In der Luft beide Füße anziehen. Anschließend, zum Aufsetzen, einen vor, den anderen hinter dem Mastfuß positionieren (Bild 6-7)
» Landung. Gewicht lastet neutral über dem Mastfuß - rückwärts sliden (Bild 8-9)
» Stabilisieren (Bild 10), Segel shiften

Vorübungen: Für den Gozzada: Switch-stance fahren (S. 42), Jizz (S. 90). Für den Spock 900: Spock (S. 122)

INTRO: Verdrehter geht's fast nicht mehr! Der Absprung beim Gozzada erfolgt im Kreuzhang (mit dem Rücken zum Segel) und switch-stance. Beherrschst du diese Stellungen sowie den Puneta, steht dem „verrückten" Move nichts mehr im Wege!

GOZZADA

Mit richtig gutem Druck im Segel steigst du als erstes auf switch-stance um und nimmst nochmal Geschwindigkeit auf. Die Segelhand wird am Gabelbaum nach vorne geführt und nahe der Masthand platziert. Diese verlässt anschließend ihren Platz und positioniert sich, nachdem du dem Rigg den Rücken zugekehrt hast, hinter dir an der Gabel (Bild 1). Hänge dich jetzt wieder richtig ans Segel um weiterhin genug Speed zu behalten. Achte dabei auf den Brettkurs und suche eine kleine Welle für den Absprung.

Drücke dich - um die weitere Drehung zu unterstützen - mittels einer Tief-Hoch-Bewegung aus einer leichten Kurve heraus nach Lee ab. Während des Abhebens lässt du die Segelhand los (Bild 2) und langst schnell auf die andere Seite des Riggs (Bild 3-6). Dabei wird das hintere Bein in der Luft angewinkelt und die Nose als Drehpunkt ins Wasser gebracht (Bild 3-4). Zur Landung streckst du das hintere Bein wieder durch um rückwärts weiterzurutschen. Der Rest verläuft gleich wie beim Puneta. Als erstes musst du durch energisches Pushen des Segels nach Luv die Rotation weiterführen (Bild 7). Dabei ist dir der anfängliche Schwung vom Umgreifen beim Absprung behilflich.

Dann den Segelarm beugen und das Rigg nach Luv halten (Bild 8-9). Haben Board und Segel durch den Wind gedreht, streckst du die Arme um Druck ins Segel zu bekommen, stoppst dabei die Rotation und nimmst abschließend eine stabile Position ein (Bild 10-13).

SHORTCUTS:

» Auf switch-stance umsteigen, Kreuzhangposition einnehmen
» Erneut Geschwindigkeit aufnehmen (Bild 1)
» Zum Absprung auf tiefen Raumwindkurs abfallen (Bild 1-2)
» Tief-Hoch-Bewegung, dabei Segelhand loslassen (Bild 2-3)
» Absprung. Hinteres Bein anwinkeln - Brettspitze = Drehpunkt (Bild 3-4)
» Mit freiem Arm auf die neue Riggseite greifen (Bild 5)
» Landung. Hinteres Bein strecken, vorderes beugen (Bild 5-7)
» Alte Masthand loslassen. Normale Position auf neuer Seite einnehmen (Bild 6-7)
» Segel nach Luv schieben und pushen (Bild 7-8)
» Segelarm beugen (Bild 8)
» Brett rotiert weiter (Bild 8-10)
» Schothorn durch den Wind schieben. Arme strecken, stabilisieren (Bild 9-13)

INTRO: Sogar Remko meinte, dass dieses Manöver schwierig zu erklären wäre - er denkt dabei so wenig wie möglich nach ...

Spock 900

Die wichtigsten Voraussetzungen für den doppelten Spock sind viel Speed und Flachwasser.

Der erste Spock wird auf Raumwindkurs eingeleitet. Damit kannst du ihn wirklich mit voller Geschwindigkeit durchsliden und dann beim zweiten nochmal richtig abspringen (Bild 1-7) - vorausgesetzt dein Körper bleibt bis dahin relativ aufrecht über dem Brett.

Hat das Board 360 Grad gedreht, öffnest du normalerweise das Segel um einen einfachen Spock auszuleiten. Hier aber hältst du es etwas länger mit gebeugtem Segelarm in Luv von dir (Bild 8) und springst dann aus dieser Backfahrt heraus ab (Bild 9). Die Nose geht als Drehpunkt ins Wasser, das Rigg wird ähnlich einem Clew-first Spock nach Luv geschoben (Bild 10-11). Zur Landung energisch das hintere Bein strecken und das Segel pushen um den Rest noch fertigdrehen zu können (Bild 12-16). Tja, eigentlich ganz einfach, oder?

Flachwasser 4-5 Bft.

Vorübungen: Chachoo: Spock (S. 122), Grubby (S. 134). Voquech: Switch-stance/Clew-first fahren (S. 42/38), Flaka (S. 148)

Chachoo

INTRO: Dieser Move hat es in sich! Ihn relativ sicher zu stehen, schaffen fast nur die Weltbesten - und trotzdem bleibt durch den Segelwurf und die damit verbundene Freihändigkeit immer ein Restrisiko bestehen.

Nimm ordentlich Speed auf, hänge dich aus dem Trapez aus und falle auf Raumwindkurs ab (Bild 1). Für einen besseren Hebel greifst du an der Gabel breiter und schiebst das Segel kurz vor dem Absprung schon nach Luv (Bild 2). Drücke dich dann auf tiefem Raumwind- bis Vorwindkurs aus dem Wasser und drehe das Board wie beim Spock (Nose = Drehpunkt) (Bild 3-6). Beim Abheben selbst, greift die Masthand schon über Kreuz zum Schothorn (Bild 3).

Während das Brett 180 Grad dreht, lässt du die ehemalige Segelhand los (Bild 4) und führst das Schothorn einhändig mit dir nach Lee (Bild 5-6) .

Ein gestrecktes hinteres Bein nach der Landung lässt dich rückwärts weiterrutschen (Bild 6). Erst nach dem Aufsetzen gibst du dem Schothorn noch einen Klaps nach unten

Voquech

INTRO: Soviel steht fest: Der Schwierigkeitsgrad eines Switch-stance clew-first Flakas oder einfach Voquech gilt als „extrem"!

Mit richtig gutem Druck im Segel shiftest du es auf clew-first und steigst auf switch-stance um. Nachdem auf Raumwindkurs nochmal beschleunigt wurde (Bild 1), folgt eine Flaka-ähnliche Einleitung. Nimm also das Segel etwas nach hinten (wie wenn du ausholen würdest) und schlage dabei tiefen Raumwind- bis Vorwindkurs ein (Bild 2-3). Aus

Shortcuts:

- An der Gabel breiter greifen, auf Raumwindkurs abfallen. Mast schon leicht nach Luv schieben (Bild 1-2)
- Mit der Masthand über Kreuz zum Schothorn greifen und gleichzeitig abspringen (Bild 3)
- Board drehen (Nose = Drehpunkt), Schothorn nach Lee mitführen (Bild 4-5)
- Landung: Hinteres Bein strecken, Fersen belasten, Segel nach dem Aufsetzen nach unten werfen (Bild 6)
- Brett hat rotiert. Segel schwebt wieder hoch - an die Gabel greifen und aufrichten (Bild 7)
- Rigg sofort drehen um Wind einzufangen (Bild 8-9)
- Spock 540 Ausleitung: Brettrotation vollenden, Segel hinten halten, stabilisieren, Fußstellung wechseln (Bild 9-11)

und lässt es dabei los (Bild 6). Außerdem ist es jetzt enorm wichtig, die Fersen stärker zu belasten um damit die unbedingt erforderliche Brettdrehung einzuleiten (Bild 6-7).

Das ist der unsicherste und schwierigste Teil, denn nur wenn du alles richtig gemacht hast, schwebt das Segel kurz über der Wasseroberfläche und kommt anschließend wieder hoch (Bild 6-7). Nun sind dir trotz der kurzzeitigen Freihändigkeit quasi die Hände gebunden. Es heißt einfach warten, bis das Board weiterrotiert und das Segel wieder hochkommt. Ist dies der Fall, greifst du die Gabel erst mit der neuen Segelhand, nimmst dann die Masthand dazu und richtest es vor dir wieder auf (Bild 7-8). Anschließend muss durch Öffnen der Wind eingefangen werden (Bild 9), bevor eine Spock 540 Ausleitung den Chachoo beschließt (Bild 9-11).

dieser Kurve heraus springst du ab (Bild 4), drehst das Board dabei wie beim Switch Flaka, behältst die Körperneigung gegen den Wind bei und das Segel nahe bei dir (Bild 5-6).

Hat das Brett rotiert, setzt du auf und streckst dabei deinen hinteren Fuß nach hinten um rückwärts zu rutschen (Bild 7). Zur Einleitung der weiteren Drehung muss außerdem das Segel nach Luv gepusht werden (Segelarm strecken) (Bild 7). Warte kurz, bis du merkst, dass das Board weiterslidet und lehne deinen Körper dann schon leicht nach hinten um den bald aufkommenden Druck abfangen zu können (Bild 8-10). Die Füße drehen das Board aktiv herum, du behältst deine Arme angewinkelt und stabilisierst die switch-stance clew-first Position (Bild 12-14).

Clock

INTRO: Die Anfahrt lässt einen Clew-first Spock vermuten, doch plötzlich folgt eine Grubby-Ausleitung. Remko meint dazu nur: „Mann braucht halt ganz schnelle Händchen!!“

Shifte auf Schothorn-voraus und nimm nochmal Speed auf (Bild 1). Der Absprung erfolgt dann auf Raumwindkurs, wobei du die Brettrotation wie üblich mit der Nose als Drehpunkt einleitest (Bild 2-3). Im Unterschied zum Clew-first Spock stößt du das Segel jetzt beim Abheben mit der Masthand von dir weg und greifst über Kreuz zum Schothorn (Bild 3-4).

Funnell Clock

INTRO: Einfach ansehen und staunen! Selbst die Profis beißen sich an solchen Kombinationsmoves oft die Zähne aus.

Während das Board die ersten 180 Grad dreht, musst du jetzt sehr rasch auf die andere Seite der Gabel umgreifen. Die ursprüngliche Segelhand, welche als erstes die neue Gabelbaumseite erreicht, schiebt das Schothorn schnell nach Luv (Bild 6-7).
Mittlerweile setzt das Brett wieder auf und das hintere Bein wird gestreckt (Bild 7). Das Rigg muss nun mit gebeugtem Mastarm und gestrecktem Segelarm nach Luv gehalten werden um auch die weitere Rotation zu garantieren (Bild 8-9).
Zur Ausleitung wartest du wie beim Eslider, bis das Board ca. auf Halbwindkurs steht (Bild 10), drehst dann das Segel herum und nimmst es dicht (Bild 11-13).

Steige auf switch-stance um, fall auf tiefen Raumwindkurs ab und wirf das Segel wie beim Funnell nach Luv (vor dich) (Bild 1-3). Greife anschließend nur mit der ursprünglichen Segelhand auf die neue Gabelbaumseite (Bild 3-4), bevor du das Rigg vom Wind wieder aufrichten lässt (Bild 5).
Springe dann wie üblich ab und beginne das Board zu drehen (Bild 6-8). Währenddessen hältst du die Gabel vor dir und greifst mit der freien Hand wieder auf die alte Seite zurück (Bild 6-8).

Eine extreme Vorlage zur Brettspitze (hinteren Fuß strecken, vorderen anwinkeln) bei der Landung verhindert einen Abgang nach hinten und hält dich im Gleiten (Bild 8-9).
Greife bis zur Rückwärtsgleitfahrt wieder mit beiden Händen an den Boom und stelle das Schothorn steil nach Luv (Bild 9-11).
Indem du den Mastarm beugst und den Segelarm nach Luv schiebst, übst du Druck auf den Mastfuß aus, welcher das Board weiterrotieren lässt (Bild 11-13).
Am Ende dann einfach warten, bis das Board die 360 Grad vollendet hat und abschließend das Segel durch den Wind drehen (Bild 13-15).

RIDER:

Ludo „Joss" Jossin
F-12

Fabian Weber
G-999

WAVE

- Wellen abreiten
- Shove-it
- Front Loop
- Table Top
- Back Loop
- Push Loop

INTRO: Die folgenden sechs Seiten geben einen kleinen Einblick in das Windsurfen in Wellen. Neben dem normalen Wave-riding beinhalten sie noch fünf „übliche" Sprünge.

WAVE-riding

GRUNDREGELN BEIM SURFEN IN WELLEN:

» Surfer auf dem Weg nach draußen haben Vorrang vor denen, die Richtung Ufer fahren.
» Der Erste, der sich auf einer Welle befindet, hat das Vorrecht diese abzureiten.
» Treffen zwei Surfer in einer Welle aufeinander, hat derjenige Vorrang, der sich näher am brechenden Teil befindet.

DIE MÖGLICHKEITEN, WELLEN ABZUREITEN:

FRONTSIDE: Das Segel steht zwischen dir und der Welle. Dabei vernichtest du Höhe, weil du „down the line" surfst.
BACKSIDE: Du befindest dich zwischen Welle und Segel. Trotz geringerer Geschwindigkeit kann hier Höhe gewonnen werden.

(Frontside) Bottom Turn (BILD 1-3)

Fährst du eine Welle hinunter, würdest du diese bald hinter dir lassen, da du schneller bist als sie. Ein Bottom Turn - auf Deutsch „Bodenkurve" - im Wellental bringt dich wieder zurück auf die Welle.

TIPPS FÜR DEN BOTTOM TURN:

» Fahre die Welle hinunter und nimm dabei viel Geschwindigkeit auf.
» Greife an der Gabel breiter.
» Mittels Kantenbelastung (Füße in den Schlaufen) leitest du eine scharfe Kurve ein (wie eine Powerhalse).
» Knie anwinklen, Segel dicht halten, Masthand strecken und damit das Segel in die Kurve legen.

(Frontside) Cutback (BILD 4-9)

Um nach einem Bottom Turn die Welle nicht nach hinten verlassen zu müssen/zu verlieren, fährst du, oben angekommen, wieder in eine scharfe Kurve, die dich wieder zum Wellental dreht. Dabei sind Lip-Slides (Rutschen über den Wellenkamm) sowie Aerials (Absprung aus einem Cutback heraus vor die Welle) möglich.

TIPPS FÜR DEN CUTBACK:

» Verlagere die Kantenbelastung von den Fußballen auf die Fersen um auf der Welle einen Haken zu schlagen.
» Wichtig: Platziere die Segelhand etwas weiter vorne,sonst nimmst du das Segel zu sehr dicht und „rutschst" aufgrund des hohen Druckes auf der Welle aus (Spinout).
» Ziehe das Board mittels Fußsteuerung energisch Richtung Wellental. Dabei wird fast automatisch ein Spray produziert.

HIGH JUMP

Nur über Wellen lässt es sich wirklich hoch springen - selbst gerade Sprünge nach oben geben einem immer wieder ein tolles Gefühl - irgendwie wie fliegen!

» Fahr auf eine steile Rampe zu - wenn möglich auf Halbwindkurs (abhängig von Wind- und Wellenrichtung) und drücke dich wie bei einem Chop Hop ab.
» Ziehe das Board mit dem vorderen Fuß nach oben und verlagere dein Gewicht dabei etwas nach hinten.
» Während du das vordere Bein streckst, ziehst du das hintere etwas an.
» Der Segeldruck sollte konstant gehalten werden. Öffnest du das Rigg, lenkt das Brett nach Luv. Holst du dicht, fällt das Board in der Luft ab.
» Nach einigen Sekunden bewegst du dich wieder Richtung Wasser. Halte den Segeldruck aufrecht um die Landung etwas abzubremsen. Setze mit dem Heck zuerst auf (Nosedive ist auch möglich, aber schwieriger zu stehen). Achtung: Komplett flache Landungen aus einigen Metern Höhe könnten das Brett in Mitleidenschaft ziehen!

Backside Cutback

Kommt der Wind auflandig oder schräg auflandig, wird backside abgeritten. Fahre dazu parallel zur Welle. Auf ein steiles Stück hin luvst du mittels Fußsteuerung stark an, winkelst dabei den Segelarm an und streckst den Mastarm, wodurch das Segel nach unten kippt. Die Welle schiebt dich jetzt nach Lee. Sobald das Rigg unten liegt, pushst du mit der Segelhand, damit sich das Segel durch den Gegendruck wieder aufrichtet und du es wieder dichtnehmen kannst. Machst du das schnell genug und erwischst das richtige Timing, springst du dabei ab und landest vor bzw. auf der Welle, bereit für weitere „Cool Moves“ ...

SHOVE - IT

Der Shove-it leitet sich eigentlich vom oben gezeigten Backside Cutback ab. Beherrschst du ihn, hast du mehr Gefühl für die Bewegung und bist dem Backside Air, wie der Shove-it auch genannt wird, einen großen Schritt näher.

Shove-its werden aber nicht nur in Wellen (siehe Sequenz ganz unten) sondern auch im Flachwasser gesprungen. Dazu ist aber viel Power und Übung notwendig.

Als Einsteiger lernst du diesen Move deshalb über eine steile Welle, die du seitlich oder frontal anfahren kannst, am leichtesten. Schlage Halbwindkurs ein und nimm richtig guten Speed auf um aus dem Wasser zu kommen (Bild 1)!

Auf den Absprungpunkt hin, luvst du mittels Fußsteuerung extrem an (Bild 2), wobei du dein Körpergewicht über das Board und anschließend weiter nach Lee bzw. vorne verlagerst. Damit sich das Rigg Richtung Wasseroberfläche bewegen kann, nimmst du das Segel mit dem Segelarm dicht und streckst den Mastarm (Bild 2-3). Diese Bewegungskombination (Körper nach vorne, Segel nach unten) hebt, zusammen mit dem Wind, das Board hoch (Bild 3-4).

Ist das Segel in der Horizontalen (oder wie bei der Flachwasser-Sequenz schon nach unten geneigt), pushst du mit der Segelhand und schiebst das Rigg nach vorne (typische Schaufelbewegung!) (Bild 4-5). Damit wird ein gewisser Gegendruck erzeugt, durch den sich das Segel wieder aufrichtet (Bild 6-7). Federe abschließend die Landung mit den Knien ab und nimm das Rigg wieder dicht (Bild 7-9).

Flachwasser

Ø Problem: Du stichst bei der Schaufelbewegung mit der Brettspitze ein und wirst abgeworfen.

✓ Lösung: Du „tweakst“ zu viel. Strecke das hintere Bein nur nach oben, wenn du hoch in der Luft bist! (Im Flachwasser also nicht ratsam.)

WELLE

! TIPP: Die Erfahrung zeigt, dass man selbst nur schwer einschätzen kann, wie weit das Segel wirklich nach unten geneigt ist und es anfangs meist noch ziemlich aufrecht bleibt. Versuche deshalb gleich nach dem Absprung zum Segeltop zu blicken!

INTRO: Der Front Loop (oder Forward Loop) unterscheidet sich vom Speed Loop durch die Höhe der Absprungrampe und jener des Fluges. Normalerweise rotiert man beim Front Loop ebenfalls etwas seitlich, dennoch kann es manchmal sein, dass die Drehung komplett über das Top erfolgt (z.B. zu viel Power -> zu offenes Segel -> gestreckter Körper). Daraus ergeben sich dann meist Überrotationen und rasante Abgänge.

Front Loop

Rutsche als erstes mit der Segelhand weiter zum Schothorn. Visiere eine Welle an und hänge dich kurz vor dem Absprung aus dem Trapez aus. Am höchsten Punkt der Rampe drückst du dich ab und, je nach Höhe, beginnst du früher (kleinere Rampe) oder etwas verzögert (hohe Rampe) mit dem Eindrehen. Dazu sind wie beim Speed Loop (S. 118) die berühmten drei Punkte wichtig (siehe auch Vorübung Loop S. 44):

1. Segelarm energisch anziehen (Bild 2-4).
2. Hinteres Bein anziehen: Das Board kommt näher zum Körper und fällt in der Luft ab. Du bleibst dadurch trotz der Fliehkräfte in den Schlaufen (Bild 3-4).
3. Kopfsteuerung: Blicke nach hinten! Konzentriere dich anfangs darauf, bewusst aufs Schothorn, zu den hinteren Schlaufen oder auf das Heck zu schauen (Bild 5).

Je energischer du diese drei Bewegungen durchführst, desto schneller wird deine Rotation. Beachte dabei die Höhe der Absprungrampe. Bei hohen Wellen solltest du das Eindrehen etwas verzögern, sonst rotierst du über!
Wichtig ist, dass du während der Rotation eingerollt, „tucked“ bleibst (Bild 2-6). Damit widerstehst du den auftretenden Fliehkräften und beschleunigst die Drehung.
Danach musst du nur noch warten, bis du fertig rotiert hast, öffnest zur Landung das Segel leicht und machst die Beine länger (wegen Stauchungsgefahr nicht durchstrecken!) um die Rotation zu verlangsamen und den Aufprall abzufedern.
Einmal aufgesetzt, nimmst du zur abschließenden Stabilisation das Rigg energisch dicht (Bild 8-9).

Wie schon in den Vorübungen erwähnt, stellt die Überwindung im Kopf das Hauptproblem für Loop-Einsteiger dar. Die wichtigste Regel für die Vorwärtsrolle ist also Zuversicht und Selbstvertrauen vor und während des Sprunges.

Die ersten Table Top Versuche sehen meist nicht besonders radikal aus, da das Board nicht so weit nach oben, sondern lediglich leicht nach Luv gedreht und ein wenig aufgekantet wird. Diese so genannten „Donkey Kicks“ (siehe oben) eignen sich sehr gut als Vorübung bzw. langsame Annäherung an den Table Top. Je mehr du dich an die Bewegung gewöhnst, desto radikaler kannst du dann das Brett aufdrehen und den Table Top (samt deinem Körper) “tweaken“ (siehe kleines Bild unten rechts).

Table Top

Der Absprung erfolgt über eine steile Rampe, wenn möglich auf Halbwindkurs (Bild 1). Schon beim Abheben lehnst du dich leicht nach hinten, öffnest anschließend das Segel und schiebst das Board allein mit dem hinteren Fuß aktiv über Luv nach oben (Bild 2-3). Halte den Oberkörper unter dem Segel, welches dir als Balancehilfe dient. Ab der Hüfte verdrehst du deinen Körper und streckst so das Brett am Rigg vorbei nach oben (Bild 4).

Hast du den Scheitelpunkt deines Sprunges erreicht, ist es Zeit, das Board für die Landung wieder nach unten zu drehen (Bild 5). Bei hohen Sprüngen kannst du dir hier Zeit lassen, ansonsten solltest du diese Bewegung ebenfalls aktiv und schnell ausführen.

Benütze das Segel um wieder in eine aufrechte Position zu gelangen. Setze mit dem Heck zuerst auf und federe das Ganze mit den Beinen ab (nie gestreckt landen!) (Bild 6-8). Vermeide zu flache Landungen um einem Materialbruch zu entgehen!

Intro: Geringere Überwindungskraft als beim Front Loop, aber eine wesentlich schwierigere Landung zeichnen die „Rückwärtsrolle" aus.

BACK LOOP

Der Absprung des Back Loop erfolgt über eine sehr steile und hohe Rampe, auf Halbwind- bis Amwindkurs. Kurz davor greifst du an der Gabel etwas breiter um anschließend mehr Kontrolle über das Segel zu haben.
Springe mit leicht gebeugten Armen (Segel dicht halten) so hoch wie möglich in den Wind, ähnlich einem normalen High Jump (Bild 1-3). Das hintere Bein bleibt dabei angewinkelt um das Board nahe am Körper zu halten. Bringe es durch konstante Rückenlage nun fast über dich (Bild 4). Am höchsten Punkt fällt der Blick über die Schulter in die gewünschte Drehrichtung (Kopfsteuerung!). Dadurch öffnest du das Segel ganz automatisch und die Brettspitze dreht sich nach unten (Bild 5-7).
Während du jetzt mit der Nose voran Richtung Wasser fällst, hältst du das Segel dicht und visierst mit weiterhin angezogenen Beinen den Landepunkt an (Bild 8-9). Dein Eintauchwinkel sollte nicht zu steil sein, aber auch nicht zu flach. Das eine wird dich nach vorne abwerfen, das andere lässt dich überdrehen. Halte nach dem Aufsetzen das Segel hinten um fertig zu drehen und das Board wieder auftauchen zu lassen (Bild 9-11).

Ø Häufigster Fehler: Sofort nach dem Absprung eindrehen.

✓ Lösung: Abheben, bis zum höchsten Punkt warten und erst dann die Rotation mittels Kopfsteuerung einleiten.

Push Loop

INTRO: Der Push Loop hat den Ruf, die „gefährlichste“ Loopvariante zu sein (abgesehen von Double oder gar Triple Loops). Das bestätigt sich bei einem Fehlverhalten - denn dann knallt man aus relativ großer Höhe auf sein Material. Bei Starkwind ist er aber einfacher zu stehen als Back oder Front Loops.

Vor dem Absprung hängst du dich aus dem Trapez aus und greifst an der Gabel etwas breiter um besser steuern zu können. Springe über eine hohe, steile Welle ab und, wie bei einem Back Loop, in den Wind (Bild 1-2).
Einmal in der Luft, leitest du hier - im Gegensatz zum Back Loop - die Rotation sofort ein, indem du den Kopf in den Nacken wirfst, zum Segeltop schaust (Bild 3) und außerdem die Beine anziehst (Bild 4).
Automatisch rotierst du nach hinten und nimmst dabei das Segel mit, welches sich nun zwischen dich und die Wasseroberfläche schiebt (Bild 5-6).
Um die Drehung abzuschließen und nicht hier zu stoppen (und bei der Landung aufs Material zu fallen), pushst du das Rigg mit dem Segelarm - ähnlich dem Shove-it - von dir weg und richtest es (und dich) damit wieder auf (Bild 7-8). Die zuerst sehr schnelle Rotation wird so abgefangen und du kannst jetzt zu einer kontrollierten Heck-voraus Landung ansetzen. Zum Abfedern das Segel offen und die Beine gebeugt halten (Bild 9-11).

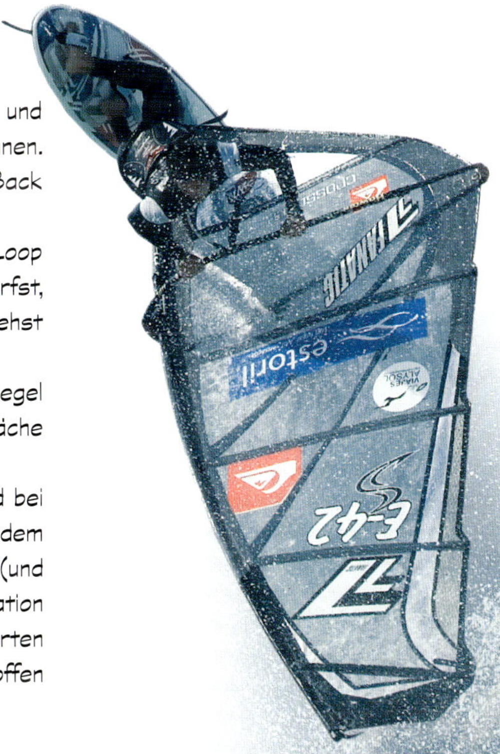

! TIPP: Wie beim Speed oder Front Loop ist es hier wichtig, alle Bewegungen konsequent durchzuführen um nicht nach der halben Drehung stehen zu bleiben und dann aufs Segel oder die Gabel zu knallen.
Vorher geübte hohe Sprünge oder Back Loops geben Selbstvertrauen und vermeiden eventuelle Fehler.

Beaufort-Tabelle

Beaufort (Bft.)	m / sec	km / h	Knoten	an Land	auf See
0 Windstille	0 - 0,2	unter 1	unter 1	Rauch steigt gerade empor	spiegelglatte See
1 leichter Zug	0,3 - 1,5	1 - 5	1 - 3	Windrichtung nur durch Rauch erkennbar	schuppenförmige Kräuselwellen
2 leichte Brise	1,6 - 3,3	6 - 11	4 - 6	Wind im Gesicht fühlbar, Blätter säuseln	kurze, kleine Wellen, Kämme brechen noch nicht
3 schwache Brise	3,4 - 5,4	12 - 19	7 - 10	Blätter und Zweige bewegen sich	Kämme beginnen zu brechen, Schaum meist glasig
4 mäßige Brise	5,5 - 8,9	20 - 28	11 - 15	Zweige und Äste werden bewegt, Staub hebt sich	noch kleine Wellen, aber vielfach Schaumkämme
5 frische Brise	9 - 11	29 - 38	16 - 21	kleine Bäume beginnen zu schwanken	mäßig lange Wellen mit Schaumkämmen
6 starker Wind	11-13,9	39 - 49	22 - 27	Pfeiffen an Drahtleitungen, Schirme schwer zu benutzen	Bildung großer Wellen beginnt, überall weiße Schaumkämme
7 steifer Wind	14- 17	50 - 61	28 - 33	fühlbare Hemmung beim Gehen	See türmt sich, Schaumstreifen in Windrichtung
8 stürmischerWind	17,1- 20,8	62 - 74	34 - 40	bricht Zweige von den Bäumen, erschwert das Gehen erheblich	hohe Wellenberge, Gipfel beginnen zu verwehen
9 Sturm	20,9 - 24,4	75 - 88	41 - 47	kleine Schäden an Häusern und Dächern	dichte Schaumstreifen, Rollen der See, Gischt verweht
10 schwerer Sturm	24,5 - 28,4	89 - 102	48 - 55	im Binnenland selten, entwurzelt Bäume, bedeutende Schäden	sehr hohe Wellenberge, See durch Schaum weiß
11 orkanartiger Sturm	29-33	103 - 117	53 - 63	im Binnenland sehr selten, verbreitete Sturmschäden	außergewöhnlich hohe Wellen, Sicht durch Gischt stark behindert
12 Orkan	über 33	über 117	über 63	extreme Sturmschäden	Luft mit Schaum und Gischt angefüllt, See vollständig weiß

Glossar

abfallen: Vom Wind weg steuern
ablandig: Wind bläst vom Land aufs Wasser
abriggen/aufriggen: Segel ab-/aufbauen
Achterliek: Hintere Kante des Segels vom *Top* bis zum *Schothorn*
Aerial: Sprung von der Wellenlippe
Amwindkurs: Kurs schräg gegen den Wind (notwendig zum *Aufkreuzen* und *Höhe* machen)
angleiten: Schwelle von der *Verdrängerfahrt* in die Gleitfahrt
anluven: Zum Wind hin steuern
auffieren: Segel öffnen um Druck rauszulassen
aufkreuzen: Fahrt im steilst möglichen Winkel gegen den Wind, umdrehen, wiederum Fahrt im steilst möglichen Winkel gegen den Wind = den Wind kreuzen. Zick-Zack-Fahrt gegen den Wind. Möglichkeit um *Höhe* zu gewinnen (machen)
auflandig: Wind bläst vom Wasser aufs Land
Auftrieb: Je mehr *Volumen* das Brett hat, desto weniger sinkst du ein. Gesamtvolumen minus Material- und Körpergewicht ergibt den Restauftrieb. Befindet sich das Brett in Fahrt, entsteht ein hydrodynamischer Auftrieb.

Backbord: Linke Seite in Fahrtrichtung gesehen
Backfahrt: Steuern auf der *Leeseite*. Segel steht zwischen dir und dem Wind
Base: Englisches Wort für *Mastfuß*
Beaufort: Einheit für Windstärke. Abkürzung: Bft.
Board: Englischer Ausdruck für Brett
Böe: Plötzlicher Windstoß. Wird zum Angleiten bei Schwachwind genützt
Boom: Englisches Wort für *Gabelbaum*
Bug: Vorderer Teil des Brettes

Camber: Zangenförmige Kunststoffspange, die die Segellatten vom *Mast* weg drückt und damit einen Bauch produziert. Vorwiegend bei *Racesegeln* zu finden
clew-first: Englische Bezeichnung für *Schothorn*-voraus

dichtholen: Segel gegen den Winddruck näher zum Körper ziehen

Extension: Englischer Ausdruck für *Mastverlängerung*

Fahrtwind: Kommt immer von vorne und entsteht durch die Fahrt
Finne: Schwertartige, an der Unterseite des *Hecks* montierte Platte zur Richtungsstabilität
Finnenkasten: Schlitzartige Vorrichtung zum Einschrauben der *Finne*
Footpads: Relativ weiche Kunststoffmatten im Bereich der *Fußschlaufen*. Zur Verbesserung der Standfestigkeit und zur Dämpfung von Wellen und Schlägen
Frontstück: Vorderstes Stück des *Gabelbaums*, wird am *Mast* befestigt
Fußsteuerung: Steuerung des Brettes mittels Aufkanten und Gewichtseinsatz
Fußschlaufen: Am Brett verschraubte Schlaufen für besseren Halt. Zwei vorne, jeweils auf einer Seite, und eine oder zwei hinten in der Mitte

Gabelbaum/Gabel: Horizontal montierter Aluminium- oder Carbonbügel zum Spannen des Segels zwischen *Mast* und *Gabelbaumende*. Unbedingt notwendige Festhaltemöglichkeit am Segel
Gabelbaumende: Endstück des *Gabelbaums* mit *Trimm*vorrichtung für das *Schothorn*
gleiten: Zustand, wenn das Board durch die Kraft des Windes im Segel über das Wasser rutscht. Sollte ein großes Ziel eines jeden Anfängers sein
Grundstellung: Warte- und Sicherheitsposition am Brett. Segel wird nur am Masten gehalten und flattert mit dem Wind
Gybe: Britisch-Englischer Ausdruck für *Halse*

Halbwindkurs: Brett fährt genau 90 Grad zum Wind (seitlich). Normaler Kurs, bei dem man keine Höhe verliert
Halse: Umkehrmanöver, bei dem das *Rigg* mit dem *Schothorn* über die Brettspitze dreht und man selbst so die Segelseite wechselt
Harness: Englisches Wort für *Trapez*
Heck: Hinterer Teil des Brettes
Höhe: Distanz von einem bestimmten Punkt aus gesehen nach *Luv* (*Höhe gewinnen*) oder *Lee* (*Höhe* verlieren)

IMCS: *International Mast Check System*, gibt die Masthärte an

Jibe: Amerikanisch-Englischer Ausdruck für *Halse*

Kurs: Fahrtrichtung des Brettes bezogen auf den Wind

Latten: Dünne Kunststoffstangen im Segel, die das *Profil* stabilisieren
Lee: Vom Wind abgewandte Seite
Luv: Dem Wind zugewandte Seite
loose leech: Segelprofil, bei dem das *Achterliek* in der Nähe des *Tops* ohne Spannung ist. Je stärker das *Vorliek* durchgezogen wird, desto mehr loose leech ensteht. Gleicht *Böen* aus

Mast: Stange (meist in zwei Hälften teilbar), auf der das Segel aufgespannt ist
Mastfuß: Verbindungsteil zwischen *Mastverlängerung* und Brett
Mastspur = Mastschiene: In das Deck des Brettes eingelassene Spur/Schiene zur Montage des *Mastfußes*
Masttasche: Vorrichtung an der vorderen Kante des Segels zum Hineinschieben des *Mastes* in das Segel. Am unteren Ende meist mit einem Protektor für den *Mastfuß* ausgestattet
Mastverlängerung: Verbingungsrohr zwischen *Mast* und *Mastfuß*
Monofilm: Transparente Segelfolie aus thermoplastischem Polyester. Leichter als Segeltuch, dehnt sich weniger. Heutzutage üblich

Neopren: Surf-Bekleidung aus besagtem gummiartigen Material zur Verhinderung der Auskühlung auf dem Wasser
Nose: Englischer Ausdruck für Brettspitze

Powerjoint: Englische Bezeichnung für den elastischen, allseitig dehnbaren Teil des *Mastfußes*
Profil: Form und Wölbung des Segels; Formverlauf der *Finne*

Race: Rennen. **Raceboard:** Auf Rennen ausgelegtes Brett
Raumwindkurs: Fahrt schräg mit dem Wind/nach *Lee*. Schnellster Kurs, mit den geringsten Segelkräften
Rigg: Segel inklusive *Mast*, *Mastverlängerung* und *Gabelbaum*

Schlag: Gefahrene Distanz zwischen zwei Umkehrmanövern
Schothorn: Hintere Ecke des Segels zwischen *Achter-* und *Unterliek*. Wird mittels *Tampen* mit dem *Gabelbaum* verbunden
Schwert: Profilierte Platte ähnlich der *Finne*, nur größer und länger. Meist zum Aus- und Einklappen in der Mitte von Schulungsbrettern bzw. großen Boards. Erhöht die Kippstabilität und vermeidet seitliches Abdriften
Shape: Form eines Brettes
shiften: Segel umdrehen; zum Beispiel von normaler Position auf *Schothorn*-voraus und umgekehrt
Shorty: Neoprenanzug mit kurzen Ärmeln und kurzen Füßen
Sideshore: Windrichtung parallel zum Ufer
Spinout: Strömungsabriss und seitliches Ausbrechen der *Finne* beim *Gleiten*
Startshot: Leine vom *Frontstück* der *Gabel* bis zum *Mastfuß*, zum Aufziehen des Segels
Steuerbord: Rechte Seite in Fahrtrichtung gesehen
switch-stance: Für die Fahrtrichtung verkehrte Fußstellung

Tack: Englisches Wort für *Wende*
Tampen: Spannungsschnüre zwischen Segel und *Gabelbaum* oder Segel und *Mastfuß*
Tape (Silvertape): Starkes Klebeband. Häufig verwendet zum Abdichten von kaputten Stellen in Segel und Brett oder auch vorsichtshalber zum Abkleben von Hand- und Fußflächen (Blasen)
Top: Spitze des Segels
Trapez: Hüftgurt (Hüfttrapez) oder hosenähnlicher Gurt (Sitztrapez) mit metallenem Haken im Bauchbereich. Zum Einhaken in die *Trapeztampen* für kräftesparendes Windsurfen
Trapeztampen: Schlaufe mit Gummiüberzug an jeder Seite des Gabelbaums zum Einhängen des *Trapezhakens*
Trimm: Einstellung des Segels (viel/wenig Bauch, hart, weich, ...)

Unterliek: Untere Kante des Segels zwischen *Schothorn* und *Mastfuß*

Variotop: Die Spitze des Segels ist mit einem Gurt versehen, sodass man den Mast über das Segel variabel hinausstehen lassen kann. Kleinere Segel können so mit längeren Masten gefahren werden
Verdrängerfahrt: Langsame Fortbewegung ohne zu gleiten
Volumen: Rauminhalt des Brettes, welcher auch dort verzeichnet ist. Dient zur Ermittlung des *Auftriebes* und ist neben Länge und Breite ausschlaggebend für die Stabilität
Vorliek: Vorderkante des Segels vom *Top* bis zum *Mastfuß*
Vorwindkurs: Direkter *Kurs* von *Luv* nach *Lee*. Brett steht genau mit dem Wind, Segel 90 Grad dazu - *Gleiten* ist unmöglich

Wende: Umkehrmanöver, bei dem man nach dem *Anluven* die *Nose* durch den Wind dreht und vor dem *Mastfuß* herum geht

Unterstützt von:

F2
arrows
Fanatic
North Sails
JP Australia
NeilPryde
tabou
Gaastra
mistral
Naish

www.adventure-windsurfing-boracay.com

club Dahab
Happy Surfpool www.happy-surfpool.com

www.windsurfingkamasutra.com

Special thanks to:
Gary Crossley
Nicolas Ménage
Gladys Restelli
www.windsurf.co.uk
www.wetandsalty.com

DANKE